中國古籍十二講

李致忠 芦婷婷 著

北京联合出版公司
Beijing United Publishing Co.,Ltd.

中国古籍十二讲

卷首的话

2015年，在第二十个世界读书日到来之际，国家图书馆启动了"国图公开课"活动。公开课依托国家图书馆所藏海量资源，以传播中华优秀传统文化、提高公众文化生活品质为宗旨，开设一系列专题课程，通过线上与线下相结合的模式，供社会公众免费学习。时至今日，已推出《汉字与中华文化》、《论古琴的文化精神》、《丝绸之路与丝路之绸》、《昆曲》、《中国伟大发明》等一系列专题讲座。2016年，馆里安排我就古籍方面的内容开展专题讲座，作为国图公开课推出。我遂将以前的文章翻检出来，经过筛选，拎出十二个选题分专题进行讲座，名之曰"中国古籍十二讲"。

十二讲都讲什么？挺费踌躇。公开课不同于学校的专业课，专业课要有系统，要章节连贯，最终完成一门课程的教授。公开课是专题性讲座，这一讲和那一讲，彼此不相连贯，难以几讲只谈一个专题，而是每讲必须完成一个专题，这就很不好安排。好在要我讲的内容是中国古籍，因此凡涉古籍者都可以谈。既谈古籍，率先应当交代的恐怕应该是中国古籍的起源。中华民族有五千年文明，而且是连续不断的文明。究其原因，最根本的就是中国的书籍起源早。惟有有了书籍，知识才可以得到广泛传播，经验才得以有效介绍，思想才可以得到阐扬，主张才可以有效传扬，历史进程才得以总结，所以第一讲便设计了"中国书籍的起源及其装帧形制的演变"。此题本是《中国古代书籍史》研究阐释的内容，拿来作为中国古籍公开课的第一讲，可能是听众、读者容易接受的开篇。

根据国务院办公厅《关于进一步加强古籍保护工作的意见》，全国古籍保护计划实施已近十年。十年来，在全国古籍普查及珍贵古籍申报评审中，先后发现珍贵古籍三百多种，其中写、刻的佛经就有138种之多。这些新发现古籍都是什么，始终未能及时向全国各族人民进行报告。我作为其中的知情者，有义务借公开课之机，向听众作一汇报。但囿于讲座的时间限制，无法全面展开，故只能拣其中最具代表性的几种，分三次讲授。第二讲"宋刻《开宝藏》及辽刻小字《契丹藏》零种的新发现"、第三讲"宋刻标抹本《四书章句集注》的新发现"、第四讲"陈老莲《水浒叶子》初刻本的再发现"，就都属于这个范畴。

《文苑英华》是继《昭明文选》之后的总集名著。从北宋雍熙三年（986）修竣进呈，到最后由致仕宰相周必大于南宋嘉泰四年（1204）校刻版行，前后经过了二百多年。其间所经的曲折，有很多故事和经验教训，是历代官修大书所应汲取的，故将之列为第五讲。

《锦绣万花谷》乃市井类书，2012年匡时春拍过云楼藏书中的代表性拍品，曾轰动京城，撬动全国，落槌时竟拍出两亿多，是近年来古籍拍卖最抢眼的一次。可是这部书的辑者到底为谁，卖家道不明，买家也说不清。为此在前人考证的基础上，继续考索，力争给世人一个较清晰的交代，借以满足知识界的渴望，也给寻常百姓讲个有趣的故事，故有了"《锦绣万花谷》编者为谁的再探讨"一文发表。现在将之作为第六讲，进一步广泛征询学界的意见。

南宋唐仲友在台州任上贪赃枉法、裙带干政、骄奢淫逸、利用配犯伪刻楮币、开雕《荀子》等书私自发卖，尝被当时两浙东路茶盐司提举朱熹连章状告。近当代有人描述此事，多被说成唐仲友刻《荀子》而遭朱熹弹劾，给人的印象似是朱熹过于霸道，连刻一《荀子》都要遭到他的状告。真相到底如何，久想向世人说个明白，还历史一个真面目。此为将之作为古籍十二讲之一的内心考虑。

清代阮元作《十三经校勘记》并在南昌府学刻《十三经注疏》，一个很重要的原因，就是他自负手中握有十一种宋刻十行本《十三经注疏》。事实反复证明，他当年所说的十一种宋刻《十三经注疏》各书，绝大多数已不是宋刻本，而是元刻明修本，个别已是明翻本。阮刻《十三经注疏》，在中国经学史上占有重要地位，影响并滋养

中国几代学人,直到今天仍为学界所珍视。但也毋庸讳言,阮刻《十三经注疏》确也存在不少问题。今天在古籍普查与珍贵古籍申报评审中,不但有元刻明修十行本《十三经注疏》整部帙的残书发现,其零种更是屡见不鲜,因而给了我们重新梳理十行本《十三经注疏》的客观条件。第八讲《宋刻十行本〈十三经注疏〉》便缘此在公开课上得以安排。

元刻宋孟元老《东京梦华录》,乃现存该书的最早刻本。《东京梦华录》所记大多是宋徽宗崇宁至宣和(1102—1125)间北宋都城汴梁(今开封)的情况。其于开封的城垣、河道、桥梁、宫室、官署、街巷、坊市、店铺、酒楼,以及朝仪郊祭、时令节日、民俗风情、饮食起居、歌舞百戏等无所不包,确可说是文字版的《清明上河图》,是研究北宋都市及经济社会生活的重要文献。如此一部重要而有趣的著述,其作者果真就叫孟元老吗?在不少学人心里始终是个结。既然是个结,历代都有人想解开它。从清人常茂徕、到民国年间邓之诚,到20世纪80年代孔宪易,一路考来,惟孔宪易先生考索的方向、路径对头,但也未能彻底到位。我是在孔先生成果的基础上继续前探,故原文称为《东京梦华录作者续考》,纳入本讲座第九讲时,改题为《〈东京梦华录〉及其作者考》。

《千家诗》是旧时蒙童的重要读物,它与《三字经》、《百家姓》、《千字文》一道,构成所谓"三百千千"的教科书体系。从明代宣德年间起,上至皇宫大内的内书堂,下至穷乡僻壤的私塾,近涉《红楼梦》里大观园的女眷,远到高丽、琉球等,都有《千家诗》在流传,可谓家弦户诵,尽人皆知。然而,如此脍炙人口的《千家诗》究竟出于谁手,来自何方;谁率先为之作注,并用以教授童蒙;谁为之步韵增和、图解诗意等诸多问题,从来人云亦云,未予深究。第十讲《明内府写本〈明解增和千家诗注〉》就试着想解开上述诸迷。

中国古籍已有几千年历史,中间虽有天灾、人祸、虫蛀、鼠啮等破坏,但至今存世者,仍是浩如烟海。其中历代皇家、各级官府的公藏能躲开各种灾难,迄今仍能流传于世者,屈指可数。绝大部分存世之书,特别是那些珍贵版本,还是私人藏书家递藏护持下来的。他们的历史功绩是不可磨灭的。宋刻"两陶集"能传至今天,饱含几代藏书家的心血,极具典型意义。故以"昔时陶陶室,今日在国图"为题,作为古籍十二讲中的第十一讲,借以揭示动人而有趣的珍藏故事,褒扬他们悉心搜求,精心爱护,最终化私为公的高尚品质。

我一生热衷的专业领域,是版本目录之学。其中的古书版本鉴定,是版本目录之学的核心内容。我讲公开课,没有一讲谈版本鉴定,可能会使一些人失望,所以第十二讲特意安排了《古书版本鉴定》。"鉴定"一词,概括的解释是"辨别并确定事物的真伪与优劣"。具体到古书,"鉴定"则主要是指对古书版本的"鉴别与考定"。它与书画鉴定家们所说的"虚鉴与实证"基本相同。"虚鉴"是指凭借眼力搜索所得之版式行款、字体刀法、印纸墨色、刊工、讳字等纸面上显现出来的风格特点与考据,先在内心做出的大致判断,也就是通常所说的通过"观风望气"所得出来的判别。"实证"是指对书内、书外所捕捉到的可资考证的文献证据,如序、跋、凡例、书牌、刊记,乃至碑传、墓志等反映出来的证据加以有逻辑的考辨及所得出的结论。然后将"虚鉴"与"实证"两者有机地结合起来,最终就能得出可靠的鉴定意见。所以鉴定既是鉴定者由眼入神并进行初步判别的心路过程,也是鉴定者寻求考据并加以逻辑思维最后得出结论的考证过程。

这十二次讲座的前期准备,虽然有我发表过的文章作支撑,但要将之变成有文字有画面的图文并茂的讲义,还要花很大功夫,甚至是再创作。这项任务的完成,全赖我的学生、国家图书馆博士后芦婷婷助力。借此书出版之际,特向她表示衷心的感谢。

这十二讲集中安排在今年最热的时段,这次暴晒,下次暴雨,幸赖每次都有一批热心的听众捧场,算是圆满完成。这里顺便向发起这次讲座的馆领导及国家古籍保护中心,向承办这次讲座的社教部同事,向每次前来捧场助讲的听众,致以诚挚的谢意。

就在讲座进行过程中,北京联合出版有限责任公司夏艳博士来我这里办事,看到了我的讲座课程表,便热情洋溢地说:"这个讲座挺好,讲完之后若有意将文稿出版,本公司愿给予支持"。为此,课程讲完后,我又重新将讲义审读一遍。删繁补漏,

润饰文字，严密逻辑，连贯语气，使之更为顺畅。现在此稿要交付出版社了，我还有几句话想说：一是感谢国家图书馆，特别是古籍馆为讲座及本书提供馆藏古籍图片；二是本书个别图片如人物图像，来自网络，在此正式声明；三是书中引文、行文、表述、判断、结论，凡有不当之处，请各位读者不吝赐正。

李致忠
2016 年 8 月 17 日于北京

中国古籍十二讲

目次

001/第一讲　中国书籍的起源及其形制的演变
021/第二讲　宋刻《开宝藏》及辽刻小字《契丹藏》零种的新发现
033/第三讲　宋刻标抹本《四书章句集注》的新发现
045/第四讲　陈老莲《水浒叶子》初刻本的再发现
063/第五讲　太平兴国三大书之一《文苑英华》
087/第六讲　《锦绣万花谷》及其辑者考
099/第七讲　宋唐仲友刻《荀子》遭劾真相
115/第八讲　宋刻十行本《十三经注疏》
133/第九讲　《东京梦华录》及其作者考
143/第十讲　明内府写本《明解增和千家诗注》
159/第十一讲　昔时陶陶室　今日在国图
189/第十二讲　古书版本鉴定
203/后　记

中国古籍十二讲

第一讲　中国书籍的起源及其形制的演变

一、中国书籍的起源

所谓书籍，最简明的诠释就是指典籍、载籍、经籍。在书史研究者看来，不是有文字者皆为书。他们认为正规书籍是指以传播知识、介绍经验、阐述思想、宣扬主张等为目的，经过编辑或创作，书写、刻、印在一定形式材料上的著作物。这是我们当代人给书籍下的定义。

《隋书·经籍志》总序从另一角度表述云："夫经籍也者，机神之妙旨，圣哲之能事，所以经天地、纬阴阳、正纪纲、弘道德。"意谓，书籍乃人们透过智慧思维而反映出来的妙旨，是圣哲具备的特有能事，所以它有矫正纲纪，弘扬人类道德，保持社会发展稳定的功用。可知书籍不是一般的社会产品，它首先是人们智慧物化出来的结晶，并借助某种物质为载体显现出来，所以它既具有一般社会产品的物质形态，又具有一般物质产品不具备的意识形态，因此有人说书籍是物化了的思维，凝固了的意识，很有道理。

以上述正规书籍的概念，来衡量中国书籍的起源时代，我们既可以找到它产生的时代下限，也可以找到它产生的时代上限。

孔安国古文《尚书序》曰："古者伏羲氏之王天下也，始画八卦，造书契，以代结绳之政，由是文籍生焉。"又说："伏羲、神农、黄帝之书，谓之《三坟》，言大道也；少昊、颛顼、高辛、唐、虞之书，谓之《五典》，言常道也。"孔安国生活于西汉时期，孔子十世孙。在说了上述这段话之后，也许怕时人会追问这些书怎么到现在一种也不见流传，所以其在古文《尚书序》中继续补充说："先君孔子生于周末，睹史籍之烦文，惧览之者不一，遂乃定《礼》、《乐》，明旧章；删《诗》为三百篇；约史记而修《春秋》；赞《易》道以黜《八索》；述《职方》以除《九丘》；讨论《坟》、《典》，断自唐、虞以下，讫于周。芟夷烦乱，剪截浮辞，举其宏纲，撮其机要，足以垂世立教。"意谓三皇五帝时的那些书，经过孔子定《礼》、《乐》，明旧章；删《诗》为三百篇；简约旧史而修《春秋》；赞《易》道，而废黜《八索》；述《职方》，以废除《九丘》。同时"芟夷烦乱，剪截浮辞，举其宏纲，撮其机要"，使之足以垂世立教。一句话，前边所说三皇五帝时的那些书，经过孔子的删润整理，成了后来所说的六艺。而这六艺，便成了孔子教授学生的课本，所以说"足以垂世立教"。

当然，也许有人会提出质疑，孔安国为古文《尚书》作传，历来被说成是一种伪说，不足为凭。这样我们就要引述与孔安国同时代人司马迁的几段话，来进一步加以证实。司马迁《史记》卷四十七《孔子世家》曰：

> 孔子之时，周室微而《礼》、《乐》废，《诗》、《书》缺。追迹三代之礼，序《书传》……故《书传》、《礼记》自孔氏。

> 古者《诗》三千余篇，及至孔子，去其重，取可施于礼义……以备王道，成六艺。

> 孔子晚而喜《易》，序《彖》、《系》、《象》、《说卦》、《文言》。读《易》，韦编三绝。

> 子曰："弗乎弗乎，君子病没世而名不称焉。吾道不行矣，吾何以自见于后世哉？"乃因史记作《春秋》。

这几段话与孔安国的上述说法大同而小异，表明《周易》早在孔子之前已经有了，否则就谈不上他晚而喜《易》，且翻阅得遍数较多，致使《周易》的编简之绳都断了几次。又追记三代之礼，序《书传》，所以《书传》、《礼记》始自孔子。此前诗有三千多篇，经过孔子筛选，而成为《诗》三百篇。且根据各国记史之书，而修撰《春秋》。进一步证明，孔子生活的春秋末年以前，确已有了书，只不过经过孔子的"芟夷烦乱，剪截浮辞"，最终形成了《易》、《书》、《诗》、《礼》、《春秋》、《乐》等六经，并用这些书来教授学生。

孔子

孔子名丘，字仲尼，鲁国曲阜（今山东曲阜）人。生于公元前551年，卒于公元前479年。上引既然说孔子"赞《易》道以黜《八索》；述《职方》以除《九丘》；讨论《坟》、《典》，断自唐、虞以下，讫于周"。说明《三坟》、《五典》、《八索》、《九丘》在孔子之前已经形成，并且久已流行。否则孔子依什么为底本进行删汰订定呢？由此，我们可以将中国正规书籍产生的时代下限定在孔子生活的时代之前，即孔子生活的春秋末年以前，中国书籍已经起源。

下面我们来谈中国书籍起源的时代上限。

《史记》卷二《夏本纪》记载："帝启，禹之子。其母，涂山氏之女也。有扈氏不服，启伐之，大战于甘。将战，作《甘誓》。"宋陈经《尚书详解》卷七《甘誓》篇下小注曰："夏书。"表明远在夏启之时已有了像《甘誓》这样的作品，虽然还只是一篇，但它是有目的和宗旨的论述，具备书的特质。

《汉书》卷二十三《刑法志》载："夏有乱政，而作《禹刑》；商有乱政，而作《汤刑》；

周有乱政，而作《九刑》。"表明夏、商、周三代都已有了刑法。春秋后期，郑国子产铸《刑书》，晋国赵鞅铸《刑鼎》，昭示国人。东汉王充《论衡》卷十二《谢短篇》更说："古礼三百，威仪三千，刑亦正刑三百，科条三千。出于礼，入于刑。礼之所去，刑之所取。"可知法律之文，夏、商、周都有。

《尚书·多士篇》曰："成周既成，迁殷顽民，周公以王命诰……惟尔知，惟殷先人，有册有典，殷革夏命。"孔安国《尚书传》曰成周即"洛阳下都"，"殷大夫士，心不则德义之经，故徙近王都教诲之"。唐孔颖达《正义》曰："顽民，谓殷之大夫士从武庚叛者，以其无知，谓之顽民。民性安土重迁，或有怨恨，周公以成王之命诰此众士，言其须迁之意。"南宋吕祖谦撰、其门人时澜增修之《增修东莱书说》卷二十四，解释曰："以其父祖之旧闻而开谕之也。……尔先人典册所载殷革夏命之事，历然可考。我周之革商，正如是耳。"

这是在迁移殷之顽民，而顽民有怨愤牢骚，周公口衔王命，出来讲话的训辞。说的是：你们应该知道，你们的先人在革夏命之后，也将夏之顽民迁到了王都附近，这在你们先人的册书典籍中是有记载的。我们今天所为，乃是你们先人早已做过的事情，有什么怨气牢骚可发的！因此这里的"惟殷先人，有册有典"，向被引来作为书籍起源的证据之一。

殷革夏命在公元前17世纪，孔子生活的时代在公元前551年至前479年的春秋末期。据此，我们把中国典籍起源并逐渐发展的时代锁定在距今2500至4000年前这段历史跨度内，应该是可信的。比起所谓3000年前两河流域楔形文字经典、5000年前埃及象形文字《死灵书》，其内容要丰富得多、正规得多、深刻得多。比起1200年前希伯莱文木板礼书，那就更要早得多、丰富得多。

人的思维表达通常是两种途径，一种是用语言传扬出去，一种是用文字表述出来。任何情况下，只要一动用文字，就有个附着材料问题。没有载体，文字永远无法显现。书籍，是人们逻辑思维的文字表述，没有行之有效的附着材料，或者说没有行之有效的文字载体，永远产生不了书籍。所以书籍能否产生，前提不仅要有文字，还要有相应的制作材料。

孔子生活的春秋末期以前所出现的这些书,是书写在什么载体,或者说是用什么材料制作而成呢?比孔子生活的时代稍晚,战国初期的墨翟回答了这个问题。

《墨子》卷二《尚贤篇下》曰:

> 古者圣王既审尚贤,欲以为政,故书之竹帛,琢之槃盂,传以遗后世子孙。

《墨子》卷八《明鬼篇》曰:

> 古者圣王必以鬼神为,其务鬼神厚矣。又恐后世子孙不能知也,故书之竹帛,传遗后世子孙。咸恐其腐蠹绝灭,后世子孙不得而记,故琢之槃盂,镂之金石以重之。

"书之竹帛"固可"传遗后世子孙",但又怕它们"腐蠹绝灭","后世子孙不得而记",故又将之"琢之盘盂,镂之金石",以求其永无腐烂、虫蛀绝灭之虞。而最能传递先王之道,令墨翟等后世子孙得而知之者,还是《墨子》下面这段话。

《墨子》卷四《兼爱篇下》曰:

> 何知先圣六王之亲行也?子墨子曰:"吾非与之并世同时,亲闻其声、见其色也,以其所书于竹帛,镂于金石,琢之盘盂,传遗后世子孙者知之。"

上述这些墨子的说法,并非有意为我们阐述书籍的制作材料。墨子只是站在其生活的时代,追述从前,描绘当时,告诉人们竹、帛、金、石等材料,是可以承载文字并传道授教的。墨子这种生动鲜明的描绘,可以说是对纸书出现以前书籍制作材料的高度概括。

东汉王充《论衡》卷十二《量知篇》也说:"夫竹生于山,木长于林,未知所入。

截竹为简,破以为牒,加笔墨之迹,乃成文字。大者为经,小者为传记。断木为椠,析之为板,力加刮削,乃成奏牍。夫竹木,麤苴之物也,雕琢刻削,乃成为器用,况人含天地之性,最为贵者乎!"意思是说竹、木这类粗苴之物,不知要被用到哪里,但经过人们有目的的加工,就能变成书籍的制作材料,何况饱含天地灵性的人类,经过教育培养,多可成材。其实不仅文献中有这方面的大量记载,近年出土的大量简牍,更以实物证明了这一点。

竹简和缣帛承担书籍制作材料有两三千年,对传播中华文明,起过不可磨灭的功绩。但缣贵而简重,并不便于人。探索新的取代物,是我们先人曾经追求的目标,于是有了纸。

早在蔡伦改进造纸术之前,中国已经有了纸。无论文献记载,还是考古发现,都证明了这一点。只不过那时的纸质粗糙,尚不能用来写字。经不断发展,到纸用来制作书籍,应是汉代的事情。

唐马总《意林》卷四摘引东汉应劭《风俗通义》说:"光武车驾徙都洛阳,载素、简、纸经凡二千辆。"此话是说东汉光武帝刘秀登基之后,将都城从长安迁往洛阳,其中所搬运的经籍就装有两千车。而所载两千车的书籍中,有的用缣帛写成,称为"素";有的用竹木写成,称为"简"。这里的"纸"指什么?如果真是纸,则至少说明在西汉后期,已经懂得用纸来写书。古人虽有将缣帛就说成纸的习惯,但这里的"素",指的已经是缣帛,故与其相对应的"纸",应当就是真正的纸。

东汉贾逵长于《春秋左氏传》,汉章帝令他从学《公羊传》的学生中选出二十人,教以《左氏传》,并"与简、纸经、传各一通"(南朝宋·范晔:《后汉书》卷六十六《贾逵传》)。这里的纸经、纸传究竟是纸还是缣帛,历史上的大多数人都含混地称其为纸。

至汉和帝时,尚方令蔡伦则认识到"自古书契多编以竹简,其用缣帛者谓之为纸。缣贵而简重,并不便于人",他"乃造意用树肤、麻头及敝布、鱼网以为纸,元兴元年奏上之。帝善其能,自是莫不从用焉,故天下咸称'蔡侯纸'"(南朝宋·范晔:《后汉书》卷七十八《蔡伦传》)。蔡伦是第一位意识到几千年"书之竹帛"却"缣贵而简重"

的弊端，遂刻意造出"天下莫不从用"之好纸的人。这一革新创造使书籍制作材料发生革命性转折，为中华文明与人类进步做出不朽贡献。

北宋苏易简《文房四谱》卷四载："崔瑗与葛元甫书：'今送《许子》十卷，贫不及素，但以纸耳。'"崔瑗字子玉，主要活动于东汉章帝至顺帝时期。在其写给葛元甫信中说到：现在送给你的《许子》十卷，本应用缣帛来写，但因家贫，买不起丝织品，只好以纸写之。表明至崔瑗活动的那个时代，用纸写书已是较为普遍的事情。

晋代傅咸写过一篇《纸赋》，对纸大加赞美："夫其为物，厥美可珍。廉方有则，体洁性真。含章蕴藻，实好斯文。取彼之弊，以为己新。揽之则舒，舍之则卷。可屈可伸，能幽能显。"表明这时纸的质量，已有大幅度提高，行用很长历史时期的简、帛，已处在被取代的前夜。

东晋末年，豪族桓玄（369—404）掌握朝中大权。据《初学记》卷十一所引《桓玄伪事》载，桓玄曾下令："古无纸，故用简，非主于敬也。今诸用简者，皆以黄纸代之。"自此之后，纸完全取代简、帛，成为书籍唯一制作材料。

二、中国古籍装帧形制的演变

书籍的装帧形式，取决于书籍的制作材料、制作方法，以及是否便于翻检和装订牢固。适应书籍的制作材料、制作方法，采用相应的装帧形式并流行相当一段历史时期，形成约定俗成的装帧制度，这是书籍装帧形制演变的必然规律。

（一）竹书简策装

所谓"简策"，就是编简成册。"策"是"册"的假借字。"册"是象形字，像是绳穿、绳编的竹木简。《说文解字》曰："册……象其札一长一短，中有二编之形。"《仪礼·聘礼》曰："百名以上书于策，不及百名书于方。"《仪礼》卷二十四东汉郑玄注曰：

竹书简策装

"策,简也;方,板也。"唐贾公彦《仪礼疏》曰:"简谓据一片而言,策是编连之称,是以《左传》云'南史氏执简以往',是简者未编之称。此经云'百名以上书之于策',是其众简相连之名。"意思是说一根一根的竹片,就称为简,将众简编连起来,就称为策。所谓简策,实际就是编简成策。

古人编简成册有两种方式:一种是在竹木简上端钻孔而后以绳穿连。汉代刘熙《释名》卷六《释书契第十九》云:"札,栉也,编之如栉齿相比也。"意思是说在写好的竹木简上端钻孔,然后用绳依次穿连,其上边好像梳子背,下边诸简垂挂,如同梳子的栉齿相比。这是一种穿连的方法。另一种是用麻绳或丝线绳,像编竹帘子一样地编连竹木简。编绳需要几道,要看书籍所用竹木简的长短。短简两道编绳即可,长简也有用三道四道编绳的。甘肃出土的《永元器物簿》就是两道编绳。至于是先写后编,还是先编后写,两种情况都有。

(二)帛书卷子装

帛指缣帛,是丝织品,用它来制作书籍至晚在墨翟生活的战国初期以前就出现了。否则《墨子》书中就不会反反复复地说"书之竹帛"。出土的帛书实物也

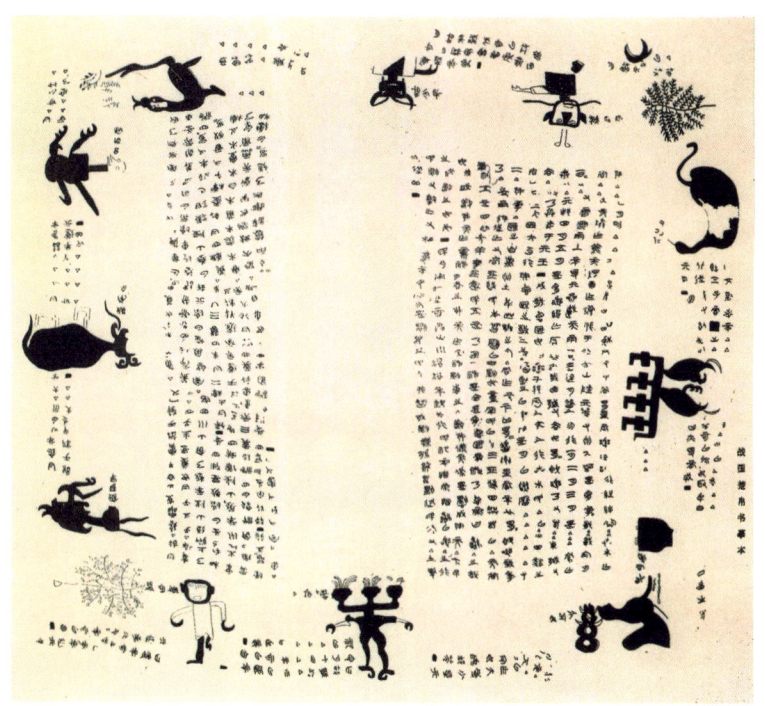

帛书卷子装《长沙子弹库楚帛书》摹本

证明了这一点。吴树平《风俗通义校释·佚文十一》说:"刘向为孝成皇帝典校书籍二十余年,皆先书于竹,改易刊定,可缮写者以上素也。""素"指的就是缣帛。从近年出土的帛书可知,帛书多有边栏界行,其界行有的是用笔画的,有的是用丝线织的。画、织成黑色者,称为乌丝栏;画、织成红色者,称为朱丝栏。其名沿用至今。

(三)纸书卷轴装

纸具有缣帛的轻软,但较之缣帛则更易成型。所以纸书出现以后,它的装帧形式便远绍简策,近仿帛卷,而慢慢发展成普遍流行的纸书卷轴装。

前边所引傅咸《纸赋》已说:"揽之则舒,舍之则卷。可屈可伸,能幽能显。"

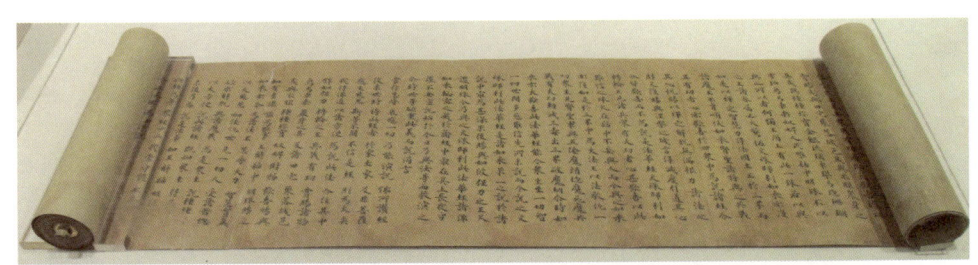

卷轴装　　武周证圣元年写本《妙法莲华经卷第五》　　中国国家图书馆藏

这两句话既是对纸的性能的夸赞，也是对卷轴装书籍特点的描绘。纸张有一定的弹性，卷久了就有自动回卷的惯性，所以用手揽之便舒展开来，可是一撒手就又收卷回去。这是卷轴装书籍固有的现象，也是这种装帧形式的弊病之一。

隋文帝时，沙门明穆和彦琮曾经利用梵文经本校对佛经。说昔日"支昙罗什等所出《大集》卷轴，多以三十成部"（唐·释道宣：《续高僧传》卷二）。说明早在隋朝以前，纸写的佛教《大集经》已装潢成了卷轴。唐玄奘从印度取经回国之后又奉皇帝之命在大慈恩寺翻译佛经，当他翻译完毕并装帧完好之后，曾经上书皇帝，请求御制一道序文，谓："所获经论，奉敕翻译，见成卷轴，未有铨序。"（唐·释道宣：《续高僧传》卷五）可见玄奘翻译过来的佛经，其装帧形式也都是卷轴装。

典籍的卷轴装似乎也有精装、简装之分。简装只用一根普通圆木棒为轴，甚至连轴都没有，只是从尾向前卷起。精装则有不同讲究。据记载，王羲之、王献之在缣帛上写的字，要以珊瑚装饰轴头；在纸张上写的字，以金属装饰轴头；最次的也要以玳瑁、旃檀装饰轴头。唐朝集贤院"凡四部库书，两京各一本，共一十二万五千九百六十卷，皆以益州麻纸写。其集贤院御书，经库皆钿白牙轴，黄缥带，红牙签；史书库钿青牙轴，缥带，绿牙签；子库皆雕紫檀轴，紫带，碧牙签；集库皆绿牙轴，朱带，白牙签"（《旧唐书》卷四十七《经籍志下》）。可见唐代皇家的藏书裱轴十分考究。

（四）古书梵夹装

"梵夹装"原本不是中国古代书籍的装帧形式，而是古代中国人对从古印度传进来用梵文书写在贝多树叶上佛教经典装帧形式的一种称呼。隋朝杜宝《大业杂记》中说东都洛阳的"承福门即东城南门。门南洛水有翊津桥，通翻经道场。新翻经本从外国来，用贝多树叶。叶形似枇杷叶而厚大，横作行书。约经多少，缀其一边，牒牒然，今呼为梵夹"（北宋·晁载之：《续谈助》卷四）。这段描述比较明确地说明，梵夹装是隋朝人对传入中国的古印度书写在贝多树叶上梵文佛教经典装帧形式的一种形象化的称呼。

中国国家图书馆所藏敦煌遗书中，有一件公元八世纪至九世纪上半叶写本《思益梵天所问经》，麻纸书写，长条形，似仿贝多树叶。其装帧是典型的梵夹装，现尚遗存一块木质夹板、一段穿绳。夹板与书叶上都有一圆孔；穿绳一端露在夹板外面，另一端仍串连着夹板和书叶。这是迄今所见到的中国纸书梵夹装最典型的实物。

梵夹装　　傣文《大藏经》　　中国国家图书馆藏

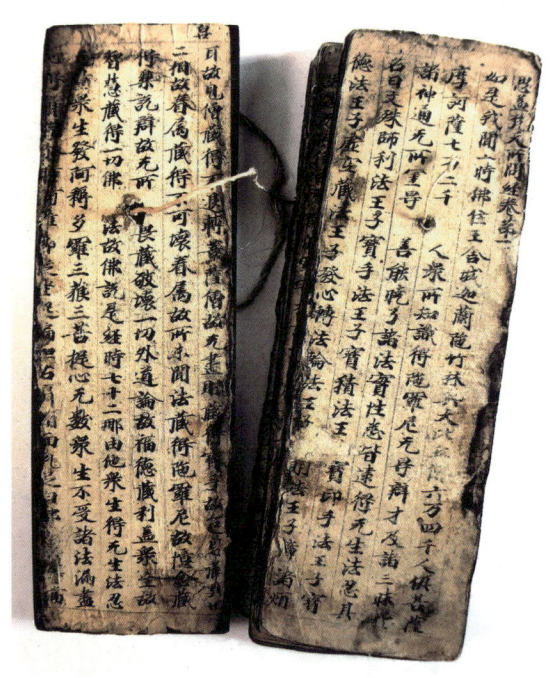

梵夹装

（五）纸书经折装

经折装，顾名思义应该是折叠经卷而成的一种装式。到唐五代为止，最盛行的书籍装帧形制仍然是卷轴装。但唐代佛学在中国的发展也达到了鼎盛时期。僧尼诵经，要盘禅入定，正襟危坐，以示恭敬与虔诚，善男信女们念经时的这种姿态，卷轴装的佛经典籍使用之不便可想而知。正如元朝吾衍所揭示的那样，经折装的出现，完全是针对卷轴装卷舒之难的弊病而发。吾衍在《闲居录》中说："古书皆卷轴，以卷舒之难，因而为折。久而折断，复为簿帙。"

经折装

(六) 纸书旋风装

旋风装是一种既未完全突破卷轴装桎梏,又要达到方便翻检目的的装帧形式,是卷轴装向册叶装转变中的过渡形式。旋风装的出现,与唐代诗歌的发展,特别是与近体律诗的发展密切相关。近体律诗的创作,一方面要求严格遵守格律,另一方面遣词造句、运用掌故又要典雅有据,这就促使以备查检掌故使用的类书空前发展。另一方面,供起韵赋诗、检查格律用的韵书也一再被修正、增补、传抄而流布社会。韵书其实就是按韵编排的字典,带有工具书性质,是备随时查检使用的。

旋风装　　唐写本王仁煦《刊谬补缺切韵》　　故宫博物院藏

因此，这类书籍的书写方式和装帧形式，也都要以方便随时翻检为原则而作相应的改变。

但是，唐代书籍最通行的书写方式和装帧形式，仍是单面书写的卷轴装。这样，在通行的装帧形式与方便翻检的需要之间便产生了很大的矛盾。继续采用单面书写的卷轴装，便会给翻检带来极大的不便；突破卷轴装，另外采取更新的装帧形式，一时又难以创造出来，于是便出现了一种既未完全打破卷轴装的外壳，又达到了方便翻检目的的装帧形式，这就是旋风装。北京故宫博物院藏唐写本王仁煦《刊谬补缺切韵》，是现存中国古代纸质书籍旋风装的实物例证。

北京故宫博物院藏唐写本王仁煦《刊谬补缺切韵》，全书共五卷二十四叶，除首叶是单面写字外，其余二十三叶均为双面书字，所以共是四十七面。其装帧方式，是以一比书叶略宽的长条厚纸作底，然后将书叶粘在底纸上。其粘法是，除首叶因只单面书字而全幅粘裱于底纸右端之外，其余二十三叶均是双面书字，故每叶都只能以右边无字空条处逐叶向左鳞次相错地粘裱于首叶末尾的底纸上。从书叶左端看去，书叶错落相积，状似龙鳞。收藏时，从右向左卷起，捆牢，外表仍是卷轴装式，但打开来翻阅，除首叶因全裱于底纸上而不能翻动外，其余均能跟阅览现代书籍一样，逐叶翻检阅读两面的文字。这种装帧形式，既保留了卷轴装的外壳，又解决了翻检必须方便的问题，可谓独具风格。古人把这种装帧形式称作"旋风叶"或"旋风叶卷子"。其左侧书叶鳞次相积，状似龙鳞，故又称为"龙鳞装"。

北宋欧阳修在他的《归田录》卷二中说："唐人藏书皆作卷轴，其后有叶子，其

制似今策子。凡文字有备检用者，卷轴难数卷舒，故以叶子写之。如吴彩鸾《唐韵》、李郃《彩选》之类是也。"故宫所藏唐写本王仁煦《刊谬补缺切韵》，相传就是吴彩鸾书写，欧阳修所见大概就是这类东西。他说出了这种装帧形式产生的原因，也描绘了这种装帧像策子的特点，但未说出其当时的名称究竟是什么。

到南宋初年的张邦基，则在自著《墨庄漫录》卷三中说："成都古仙人吴彩鸾善书小字，尝书《唐韵》鬻之。今蜀中导江迎祥院经藏中《佛本行经》六十卷，乃彩鸾所书，亦异物也。今世间所传《唐韵》犹有，皆旋风叶。字画清劲，人家往往有之。"可见张邦基也见过这类东西，且把这种装帧形式称为"旋风叶"。

元朝王恽在他的《玉堂嘉话》卷二中说："吴彩鸾龙鳞楷韵，后柳诚悬题云：'吴彩鸾，世称谪仙也。一夕书《广韵》一部，即鬻于市，人不测其意。稔闻此说，罕见其书，数载勤求，方获斯本。观其神全气古，笔力遒劲，出于自然，非古今学人所可及也。时大和九年九月十五日题。'其册共五十四叶，鳞次相积，皆留纸缝。天宝八年制。"可见元朝王恽也见过"鳞次相积，皆留纸缝"的装帧样式，而且见到的是唐代大书法家柳公权收藏并写有上述跋文的那件东西。王恽记载它是五十四叶，是"龙鳞楷韵"、"鳞次相积"，与故宫所藏相传是吴彩鸾书写的王仁煦《刊谬补缺切韵》之装帧形态很像。

清朝初年著名的藏书家钱曾，也见过旋风装的吴彩鸾所书《唐韵》。《涵芬楼烬余书录》引证其言曰："吴彩鸾所书《唐韵》，余在泰兴季因是家见之，正作旋风叶卷子，其装潢皆非今人所晓。"可见钱曾所见，跟故宫所藏相传为吴彩鸾所写王仁煦《刊谬补缺切韵》，其装帧也是完全一样。钱氏将其称之为"旋风叶卷子"。

故宫所藏唐写本王仁煦《刊谬补缺切韵》的装帧，外表虽仍是卷轴装式，但内中书叶却错落相积，朝一个方向卷收，很像空气分若干层朝一个方向旋转成风。这是一种独具形态的中国古代书籍装式。旋风装有自己的独立形态，但又没有完全摆脱卷轴装的桎梏。它是对卷轴装的一种改进，是卷轴装向册叶装转化过程中的过渡形态。它是一种装式，但未及普遍流行就被册叶装所取代，故传世实物极罕。

(七）纸书蝴蝶装

蝴蝶装的出现，与进入北宋以后雕版印书逐渐兴起有关。雕版印书始于唐，成于五代，兴盛于两宋。书籍制作方法上的革命性改变，迫使其装帧形式必然也要做相应的调整。一版一版印制而成的书叶，还有必要先将之逐叶首尾粘连，然后仍装成卷轴装吗？那不仅仅是劳师费时，还要倒退到不便翻阅的卷轴装时代。这是装匠不乐为，读者不欢迎的蠢事。不若大胆革新，索性将卷轴装改造成册叶装。这既是书籍装帧形制上的大胆革新，也是适应雕版印书之后在装订方法上做出改变的成功范例。

蝴蝶装也简称为蝶装。这种装帧的具体做法是，将每张印好的书叶，以版心为中缝线，以印字的一面为准，上下两个半版字对字地折齐。然后集数叶为一叠，以折边居右戳齐成为书脊，而后再在书脊处用浆糊或其他粘连剂逐叶彼此粘连。再预备一张比书叶略长一些的硬厚整纸，从中间对折出与书册的厚度相同的折痕。粘在抹好浆糊的书脊上，作为前后封面，也叫书衣。最后再把上、下、左三边余幅剪齐，一册蝴蝶装的书就算装帧完了。这种装帧形式在宋元两代流行了将近四百年。明代张萱《疑耀》卷五《古装书法》曾说："今秘阁中所藏宋板诸书，皆如今制乡会进呈试录，谓之蝴蝶装。其糊经数百年，不脱落，不知其糊法何似。"清初方以智《通雅》卷三十二云："粘叶谓之蝴蝶装。王原叔云书册粘叶为上，缝缋岁久断绝。"《明史·艺文志》总序说明朝秘阁所藏的书籍，都是宋元两代的遗籍，无不精美。它们"装用倒折，四周外向，虫鼠不能损"。这些记载，都从不同角度反映出宋元时期的书籍装帧，确曾流行蝴蝶装。

蝴蝶装的优点已如上述。但同其他任何事物一样，在充分显示其优点的同时，往往也就暴露了其自身的弱点。蝴蝶装的书叶是反折的，上下两个半叶的文字均相向朝里，这对保护框内文字无疑是有好处的。但这种装帧形成了所有的书叶都是单叶，不但每看一版使人首先看到的都是无字的反面，而且很容易造成上、下两个半叶有文字的正面彼此相吸连，翻阅极为不便。并且，蝴蝶装书脊全用浆糊粘连，这种装帧

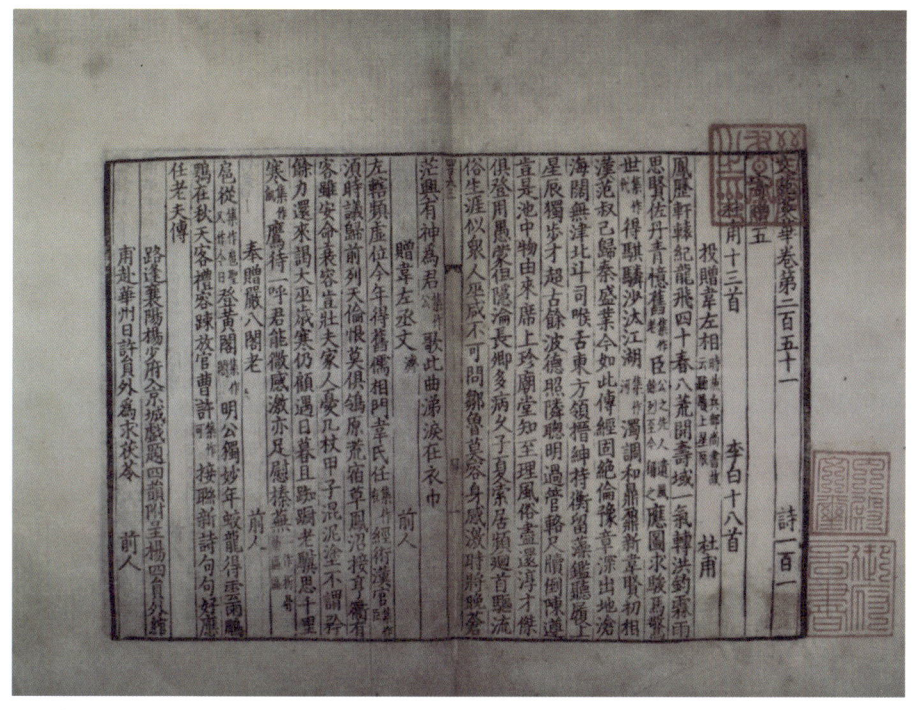

蝴蝶装　　宋刻本《文苑英华》　　中国国家图书馆藏

作为藏书可以长久保存，若是经常翻阅，则极其容易散乱。针对蝴蝶装的这些弱点，一种更便于翻阅而又更加牢固的新装帧形式出现了，这就是包背装。

（八）纸书包背装

包背装就是以包裹书背为特点的装帧形式。包背装的特点，是一反蝴蝶装倒折书叶的方法，而将印好的书叶正折，使两个半叶的文字相背朝外，版心则在折边朝左向外。书叶开口一边向右对准戳齐后形成书脊；然后在右边框外余幅上打眼，用纸捻穿订、砸平；裁齐右边余幅的边沿，形成平齐书脊。再用一张硬厚整纸比试书脊的厚度，双痕对折，作为封皮，用浆糊粘包书的脊背，再裁齐天头地脚及封面的左边，一册包背装的典籍就装帧完毕了。这种装帧，由于主要是包裹书背，所以称为包背装。

清内府写本《四库全书》

包背装

包背装大约出现在南宋中晚期，经元历明，一直到清朝末年，也流行了几百年。特别是明、清时期政府的官书，几乎都是包背装。

包背装解决了蝴蝶装开卷就是无字反面及装订不牢的弊病，但因这种装帧仍是以纸捻装订、包裹书背，因此也还只是便于收藏，仍经不起反复翻检。若是经常翻阅，仍然很容易散乱。为了解决这个问题，一种新的装订方法又在慢慢出现并逐渐兴盛起来。这就是线装。

（九）纸书线装

线装就是以线缝缋的一种装帧形式。用线装订书籍始于何时，似难稽考。过去通常的说法，谓线装书籍的装帧形式出现在明朝中叶以后。明朝中后期，社会文化更加发展，市民阶层的文化生活日益丰富，书籍的流通翻阅更加频繁。因此，典籍的装帧形式也必然要适应这种需要而作相应改变。蝴蝶装不牢与不便之弊早已暴露，包背装同样承受不起经常翻阅。因此，线装典册便兴盛起来。清代储大文《存研楼文集》卷十三《蒋平川传》称："平川先生系蒋氏，名锡震，字岂潜，号平川渔者，故世称平川先生。……先生年六岁，嬉于门，见他儿谒师，辄归索衣冠，亟欲往。家人怜其弱，止之，不可。农师公讫，从之。后游他塾，见他儿诵线装书，辄固请携归，窃诵之。"蒋平川生于清康熙元年（1662），六岁时"见他儿诵线装书"，说明在那个时代线装书已很普遍。

线装与包背装在折叶方法上没有任何区别，只是装订时不先用纸捻固定书叶，

也不用整纸包裹书背以作封面。而是将封皮纸裁成与书叶大小相一致的两张，前一张后一张，与书叶同时戳齐，再将天头地脚及右边剪齐，用重物压稳固定，最后打眼穿线装订。现在我们仍能见到的大量古籍线装书，多是四眼装订形式。虽然后来又演化出六眼和八眼装订法，但四眼装订的基本格局没有改变。这种装帧形式是我国古籍传统装帧技术史上的集大成者，是最进步的。它既便于翻阅又不易散乱，既有美观庄重的外形又坚固耐用，所以流行了几百年。

（十）纸书毛装

线装

毛装不能算是一种独立的装帧形式，但在现实中却又真实存在。毛装在折叶方法上与包背装、线装没有任何区别，即仍然以版心为轴线，合叶折叠。集数叶为一叠，戳齐书口，然后在书脊内侧打两眼或打四眼，用纸捻穿钉，砸平。天头地脚及书脊毛茬自任，不用剪齐，也不用加封皮。这种毛茬参差而又纸捻粗装不要封皮的装帧形式，就叫毛装。

毛装通常在两种情况下出现：一种是中央政府的官书，特别是清代内府武英殿所刻之书，通常要赠送满洲人的发祥地盛京（今沈阳）、各王府、有功之臣或封疆大吏。这种书送去之后，盖不知人家进行怎样的装潢，配什么质地的封面，所以就毛装发送。辽宁省图书馆珍藏不少原沈阳故宫所得馈送之殿版书，其中不少还是当初清朝内府武英殿的毛装。宁波范氏天一阁在《四库全书》编纂过程中献书有功，乾隆皇帝为了嘉奖天一阁范氏献书之诚，下令将雍正时内府用铜活字排印的《古今图书集成》一部赠送天一阁。天一阁得到此书后，专门做了几个大书橱，将之庋藏在天一阁宝书楼上。而这部卷帙浩繁的大类书如今还保留着二百六十多年前清朝内府的毛装。

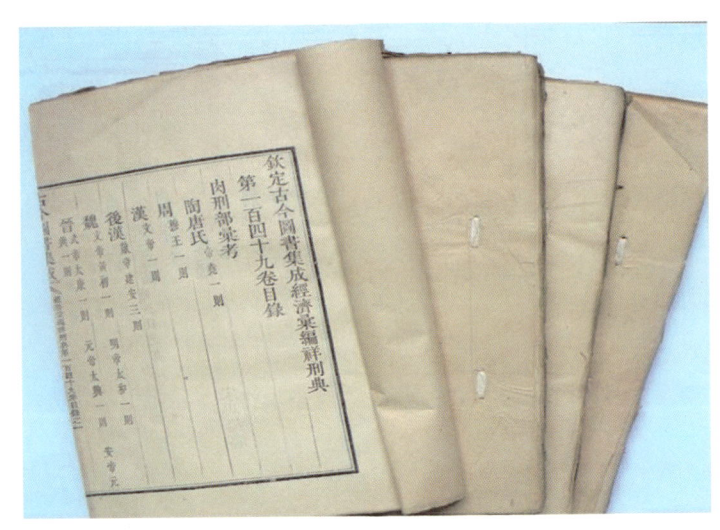

毛装　清雍正铜活字印本《古今图书集成》

还有一种情况就是手稿，特别是草稿，作者写完一部分，为不使其页码错乱，也常常自己把它装订起来。有用线订的，也有用纸捻订的。毛毛糙糙，边缘参差，也称为毛装。这种情况在清代乃至民国时的文人墨客中还常常出现。如章太炎、罗振玉、王国维、鲁迅、陈垣等人的稿本，均曾采用这种毛装形式。

 中国古籍十二讲

第二讲　宋刻《开宝藏》及辽刻小字《契丹藏》零种的新发现

自 2007 年首批国家珍贵古籍评审编制名录以来，至今已经评审了五批。五批中每批都有一些新的发现。所谓新发现，包括品种的新发现、版本的新发现以及学术价值的新发现。据不完全统计，迄今简帛书的新发现有 38 种，佛经的新发现有 141 种，汉文古籍善本的新发现有 70 种，碑帖善拓的新发现有 20 种，少数民族文字古籍珍本的新发现有 24 种，总为 293 种。本讲及第三讲、第四讲即分别以蜀刻《开宝藏》及小字《契丹藏》零种、宋刻标抹本《四书章句集注》、陈老莲《水浒叶子》初刻本的新发现为例，加以介绍。

一、北宋蜀刻《开宝藏》零种的新发现

《佛祖统纪》卷四十三记载，宋太祖开宝四年（971）"敕高品张从信往益州雕《大藏经》板……（太平兴国）八年六月……诏译经院赐名传法，于西偏建印经院。成都先奉太祖敕，造《大藏经》，板成，进上"。

唐代梓州慧义寺沙门神清撰、西蜀草玄亭沙门慧宝所注《北山录》卷十外信第十六夹注记曰："今大宋皇帝造金银字《大藏经》数藏，雕《藏经》印板一十三万余板，严饰天下寺舍。"

宋太祖赵匡胤

021

《宋会要辑稿》道释二"传法院"条记载:"传法院,旧曰印经院……(太平兴国)五年……太宗崇尚释教,又以梵僧晓二万言,遂有意于翻译焉。是年,诏中使郑守约就太平兴国寺大殿西度地作译经院。……是年(八年),诏改译经院为传法院,又置印经院。雍熙元年九月,诏自今新译经论,并刊板摹印,以广流布。"

可知,开宝四年(971)宋太祖派高品张从信前往益州(今成都)主持监雕佛教《大藏经》十三万余版,5048卷,480函,1076部。此即我国出版史上有名的《开宝藏》,也称为《蜀藏》。这部大藏是我国历史上第一部雕版印行的佛教经籍总汇,它的雕造不仅使宋朝收到了巩固统治的政治效果,而且还是一次规模巨大的雕版印刷实践工程。通过这次实践,培养了大批雕印工人,积累了丰富的版印经验,使自唐末以来就有刻书出版传统的四川,到了宋代发展成为全国三大刻书中心之一,对当时和后世的雕版印刷事业均产生深远的影响。

经板雕成之后运至京师,至宋太宗太平兴国八年(983)于开封(汴梁)太平兴国寺内的印经院刷印完成,历经十二年。其后请印善施及供奉者续有发生。可是事过一千多年,非但完整的《开宝藏》不复存世,就是零种也已举世罕传。凡有所发现,无不视若栴檀,极为珍重。如下几件,即为珍贵古籍申报评审中所发现的《开宝藏》零种。

壹 《妙法莲华经卷第七》一卷,北宋太祖开宝四年刻、神宗熙宁四年印《开宝藏》本。今存第二十一纸至第二十九纸卷尾。每纸纵32.4厘米,横47.8厘米。框高23厘米。卷端刻《妙法莲华经卷第七》,每板镌板号。无《千字文》编号。

卷末镌题"大宋开宝四年辛未岁奉敕雕造"题记及"周安印"字样。有长条状印经记与施经记。印经记云:"熙宁辛亥岁仲秋初十日,中书劄子奉圣旨,赐《大藏经》板于显圣寺圣寿禅院印造。提辖管勾印经院事演梵大师 慧敏等"。施经记云:"盖闻施经妙善,获三乘之惠因,赞诵真诠,超五趣之业果,然愿普穷法界,广及无边,水陆群生,同登觉岸。时皇宋大观二年岁次戊子十月 日毕。庄主僧福滋、管居养院僧福海、库头僧福深、供养主僧福住、都化缘报愿住持沙门鉴恋。"

因知《妙法莲华经》刻于开宝四年(971),而此帙则印于北宋神宗"熙宁辛

北宋刻《开宝藏》本《妙法莲华经卷第七》　山西省高平市博物馆藏

亥岁",即公元1071年,上距此经开板整一百年。而印施则已到了北宋大观二年（1108）,又过了30多年。此为迄今所见《开宝藏》最早的零种,今藏山西省高平市博物馆。

贰　《大般若波罗蜜多经卷第二百六》一卷,北宋开宝五年刻、元符三年印《开宝藏》本。《大般若波罗蜜多经》全经为六百卷,今存卷第二百六。全卷应为二十六纸,第一纸至第十纸缺。第十一纸十六行,行十四字。第二十六纸十二行,行十四字。其余每纸二十三行,行十四字。框高32.3厘米,每纸宽47.5厘米。

卷尾镌"大宋开宝五年壬申岁奉敕雕造"题记及"陆永印"字样,因知此经确是蜀刻《开宝藏》零种。卷末有施经记,谓:"盖闻施经妙善,获三乘之惠因,赞诵真诠,超五趣之业果,然愿普穷法界,广及无边,水陆群生,同登觉岸。时皇宋元符三年岁次庚辰八月　日庆赞记。库头僧鉴智、供养主僧鉴招、印经当讲僧法宪、都化缘报愿住持僧鉴恋。"因知此经在北宋哲宗元符三年（1100）印施。印施之年已去雕板之年一百二十八年。此经今藏山西博物院。

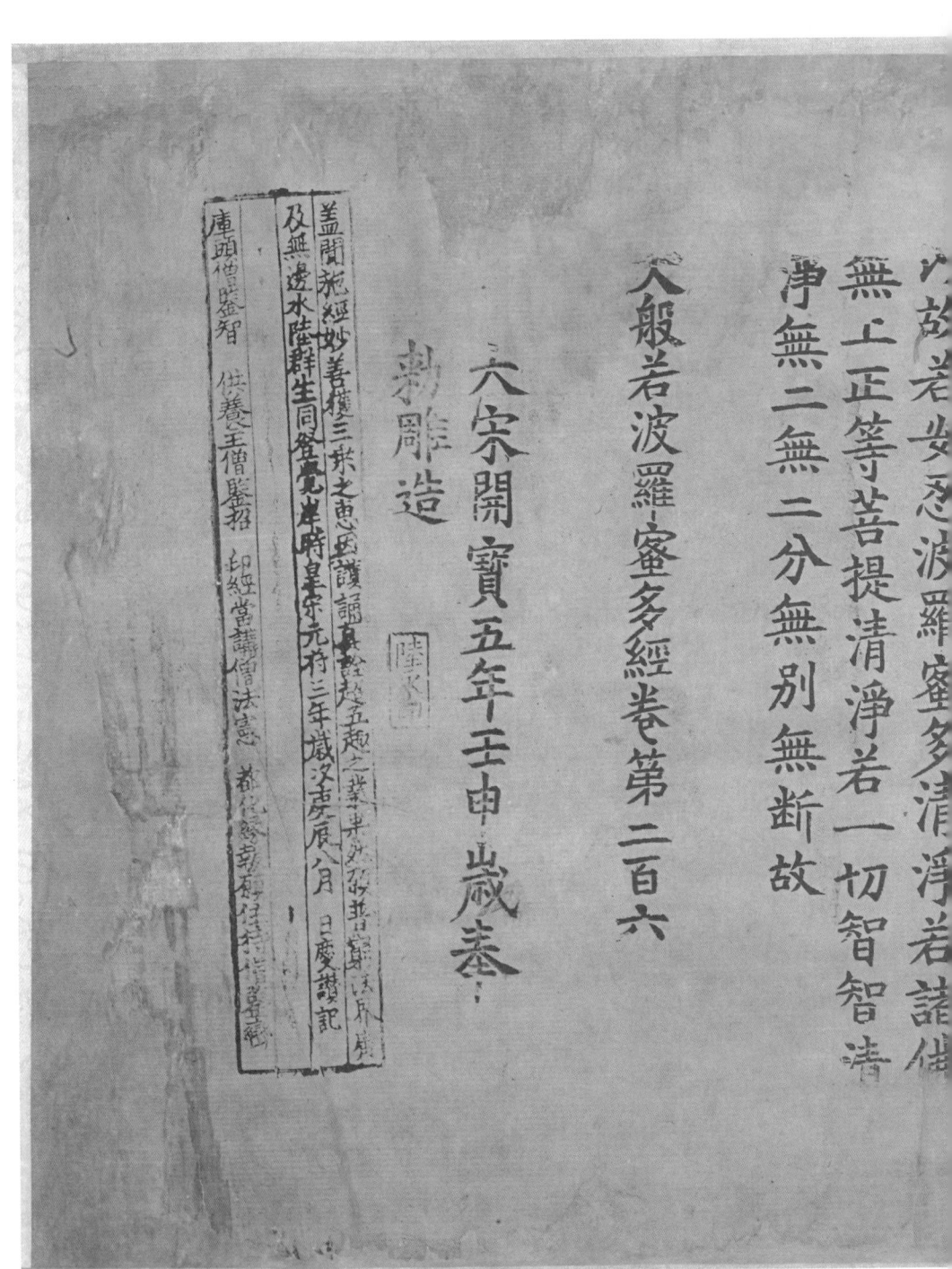

北宋刻《开宝藏》本《大般若波罗蜜多经卷第二百六》 山西博物院藏

智清淨無二無二分無別無斷故善
現安忍波羅蜜多清淨故獨覺菩提
清淨獨覺菩提清淨故一切智清
淨何以故若安忍波羅蜜多清淨若
獨覺菩提清淨若一切智清淨無

大般若經卷第二百六 第二十五張 秋字號

二無二分無別無斷故善現安忍波
羅蜜多清淨故一切菩薩摩訶薩行
清淨一切菩薩摩訶薩行清淨故一
切智智清淨何以故若安忍波羅蜜
多清淨若一切菩薩摩訶薩行清淨
若一切智智清淨無二無二分無別
無斷故善現安忍波羅蜜多清淨故

北宋刻《开宝藏》本《大般若波罗蜜多经卷第五百八十一》 中国佛教图书文物馆藏

叁 《大般若波罗蜜多经卷第五百八十一》一卷，北宋太祖开宝五年刻、元符三年印《开宝藏》本。此经每纸二十三行，行十四字，每版之右端有版片号，《千字文》编号为"李"，与山西博物院所藏元符三年印《大般若波罗蜜多经卷第二百六》当为一经的不同卷次。

卷末亦镌"大宋开宝五年壬申岁奉敕雕造"题记，亦是宋刻《开宝藏》的零种。今藏中国佛教图书文物馆。

肆 《大云经请雨品第六十四》一卷，北宋太祖开宝六年刻《开宝藏》本。此经有三种译本：北周阇那耶舍所译称为《大云经请雨品》，隋代那连提耶舍所译称《大云轮请雨经》，隋代阇那崛多所译称《大云经请雨品第六十四》。此卷卷尾题《大云经请雨品第六十四》，每纸题《大云请雨品经》，因知此经当是隋代阇那崛多所译。内容讲请雨时所受持之陀罗尼，谓佛曾于难陀邬波难陀龙王宫

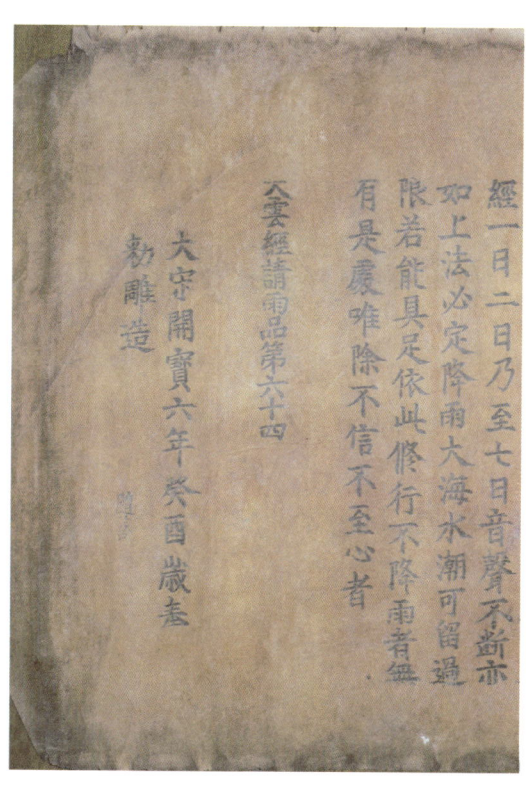

北宋刻《开宝藏》本
《大云经请雨品第六十四》
山西省高平市博物馆藏

吉祥摩尼宝藏大云道场宝楼阁中，对大比丘、诸菩萨、百八十余龙王等宣说此经。此经今存第五纸至第三十一纸，凡二十七纸。每纸高32.5厘米，宽47.6厘米至48.5厘米。框高22.1厘米。尾纸框高29.5厘米。第四纸存断片数厘米，第九纸中部半断，第十一纸中部断开。

版端镌《大云请雨品经》及《千字文》编号，证明是大藏零种。卷尾镌题"大云经请雨品第六十四"。卷末镌"大宋开宝六年癸酉岁奉勅雕造"题记，可知此经刻于北宋开宝六年（973）。无印经题记及施经题记。此经今藏山西省高平市博物馆。

二、辽刻小字《契丹藏》零种的新发现

1976年，唐山发生强烈地震，丰润县城西南天宫寺塔刹被震掉，塔身有数道裂缝。

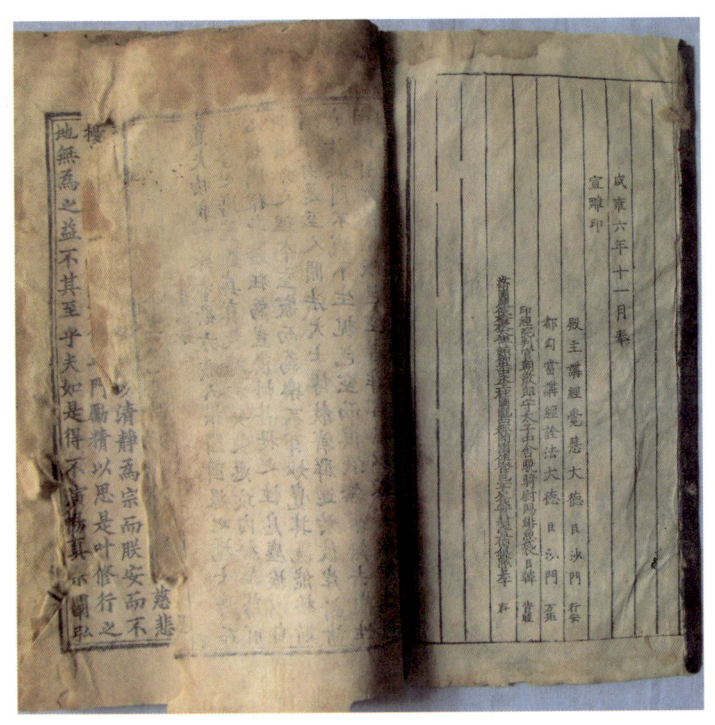

辽刻小字《契丹藏》本
《大乘本生心地观经》
河北省唐山市丰润区
文物管理所藏

1987年修整时，于四至八层的两个塔心室内发现了辽刻佛经数册，其中有：

《大方广佛华严经》一函八册，黄绫函套。长26.5厘米，宽17.5厘米，厚9厘米。基本完好。内有"时重熙十一年岁次壬午孟夏月甲戌朔雕印记"题记。

《一切佛菩萨名集》六册，长26.8厘米，宽15.7厘米，厚5厘米。保存完好。内有"皇朝七代岁次癸巳重熙二十有二年律中大吕名薁生十叶午时序讫"题记。

《大乘妙法莲华经》八卷，长31.5厘米，宽19厘米，厚8.5厘米。较完好。内有"时咸雍五年十月十五日记。燕京弘法寺都勾当诠法大德沙门方矩提点雕造，天王寺文英大德赐华沙门志延校勘"题记。

《大乘本生心地观经》一函三册，红绫函套，长26.5厘米，宽15.5厘米，厚4厘米。有"咸雍六年十月奉宣雕印"款，蝶装方册式。

残经一册，已成单页，小本。据题记判断，此经应该是《金光明最胜王经卷第十》。后文对此有专门分析。

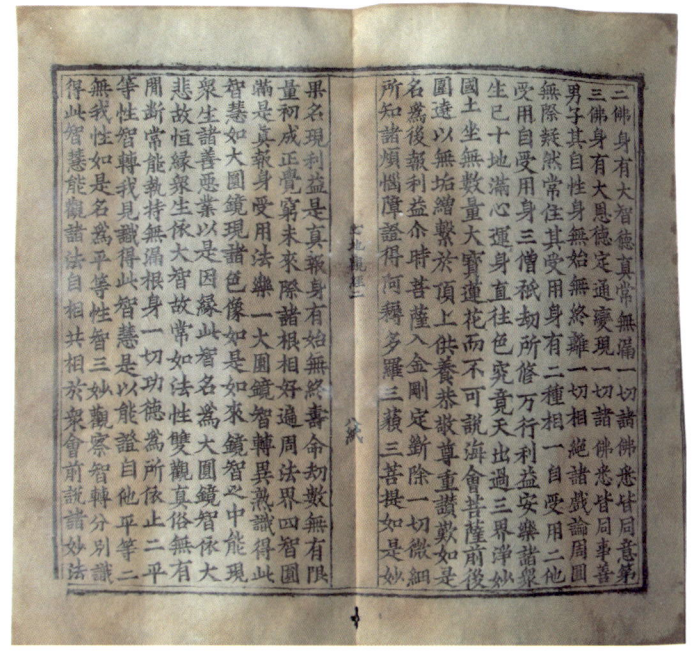

辽刻小字《契丹藏》本
《大乘本生心地观经》
河北省唐山市丰润区文
物管理所藏

这些经册是单经，还是大藏零种，专家们做出了较为合理的推测。据专家考证，辽代统和年间所刻《契丹藏》，全藏共五百零五帙，包含《开元释教录·入藏录》全部四百八十帙及《续开元释教录·入藏录》的二百六十六卷二十五帙，卷轴装。山西应县木塔所出十三卷大藏零种，证实了这一点。此大藏经被称为《统和藏》。

山西大同（辽、金称为西京）华严寺薄伽教藏殿内现存有金大定二年（1162）段子卿撰写的《大金国西京大华严寺重修薄伽藏教记》碑一通，文曰："异哉！佛之教化，若此以大兴；教之简牍，亦从而浸广。故纂成门类，印造颁宣。……至大唐咸通间，沙门从梵者，集成《经源录》，以纪绪之。其卷帙品目、首末次第，若网在纲，有条而不紊，可使后人易为签阅尔。及有辽重熙间，复加校证，通制为五百七十九帙，则有太保大师《入藏录》具载之云。"这是说辽兴宗于重熙间（1032—1055）又对《经源录》所收经律重新校证，厘为五百七十九帙，雕版印造。太保大师的《入藏录》就是这部新刻大藏经的入藏目录。这部《契丹藏》比统和所刻大藏多出七十四帙，显然不是辽代统和年间所刻的《契丹藏》。

029

《阳台山清水院创造藏经记》中镌有"燕京右街检校太保大卿大师赐紫沙门觉苑"之名。觉苑本人所撰《大日经义释演密钞序》中自己落款衔名为"燕京圆福寺崇禄大夫检校太保行崇禄卿总秘大师赐紫沙门"。可知参加复校并撰《入藏录》的太保大师就是觉苑。

《畿辅通志》卷一五〇所记《阳台山清水院创造藏经记》作者志延，曾于辽大安九年（1093）又撰《景州陈宫山观鸡寺碑铭》，其落款衔名为"燕京右街天王寺讲经律论前校勘法师"，可知志延也参与了这部大藏的校正工作。因推知重熙间所刻《契丹藏》亦当开版于当时的南京，即今北京。《金石萃编》卷一五三载志延《阳台山清水院创造藏经记》亦云"印大藏经凡五百七十九帙"，也印证了上述段子卿碑刻所说"通制为五百七十九帙"记载的信实。因知丰润天宫寺塔所出之某些经册，是辽时所刻之另一部大藏的零种。而所刻年代大约在辽兴宗重熙元年（1032）至辽道宗咸雍十年（1074）之间。

《东文选》卷一一二收有高丽僧宓庵所撰《丹本大藏庆赞疏》，疏中云："念兹大宝，来自异邦。帙简部轻，函未盈于二百；纸薄字密，册不满于一千。殆非人功所成，似借神巧而就。"宓庵将其所见"来自异邦"的"大宝"，称作"大藏"。而这部大藏"帙简部轻，函未盈于二百"，也就是不足二百函。"纸薄字密，册不满于一千"，说的是这部大藏因纸薄字密，故"册不满于一千"。这里特别值得注意的是，宓庵所描述的"纸薄字密"，今观丰润天宫寺塔所出之《大乘本生心地观经》，正是狭行密字。而其所描述的"册不满于一千"称的是"册"，而未称"卷"或"轴"，与辽代统和年间所刻大字《契丹藏》不同，彼是卷轴装，而此是方册装。今丰润所出之佛经零种，似乎就是宓庵当时所见"丹本大藏"的风貌。故专家推断，丰润天宫寺塔所出之有关佛经，盖即俗说的小字《契丹藏》之零种。

下页图版为《金光明最胜王经卷第十》，每半叶十三行，行二十四字。左右单边，上下双边，文字框线与上下边栏之间镌雕金刚杵等文饰。《千字文》编号为"化"。

卷末镌："左街仙露寺秘持大师赐紫比丘尼灵志雕造小字《金光明经》板一部，所集胜刊，先愿上资圣宗皇帝、太皇太后、兴宗皇帝仙驾御灵，速生乐园；更愿皇太

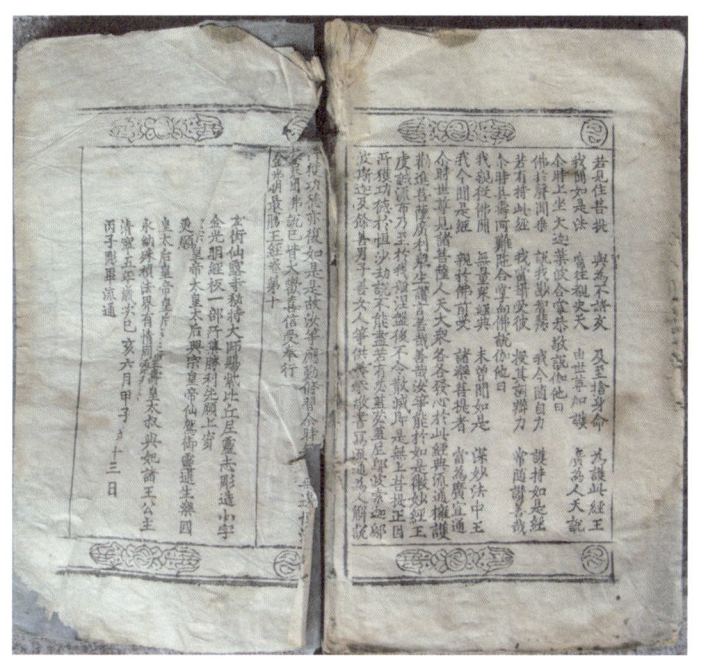

辽刻小字《契丹藏》本《金光明最胜王经卷第十》
河北省唐山市丰润区文物管理所藏

后、皇帝、皇后遐龄圣寿，皇太叔与妃、诸王、公主永纳殊祯；法界有情，同沾□□。清宁五年岁次己亥甲子朔十三日丙子雕毕流通"八行题记。

清宁是辽道宗耶律洪基的年号，清宁五年即公元1059年，表明灵志于是年主持雕造了此经。题记中已明说"雕造小字《金光明经》板一部"，又有《千字文》编号，证明辽时确实刻过小字《契丹藏》，回证了《东文选》的说法是可信的。此经与同时出土之《契丹藏》零种，对研究辽代历史、宗教、纸张生产、雕版印刷以及古代书籍装帧形制的演变，都有很高的价值。今藏河北省唐山市丰润区文物管理所。

第三讲　宋刻标抹本《四书章句集注》的新发现

2011年南京图书馆报来一部带有句读、标抹的元刻本《四书章句集注》，参与珍贵古籍评审。因其版式风貌不似元刊而类宋刻，故国家古籍保护中心派人专程前往南图作进一步考察。此书每半叶七行，行十五字，小字双行同，白口，左右双边。版心上镌大小字数，下镌刻刊工姓或名。有句读，重点文句右旁镌刻标抹。行疏字朗，字体端庄，一派宋版书气象。

一、朱熹作《四书章句集注》的缘起

有人说朱熹花大半生精力为《论语》、《孟子》作集注，为《大学》、《中庸》作章句，完全是为了从小就给孩子们灌输其理学思想。这是有意强加和主观臆测。朱熹是理学家，但同时又是教育家。教育家的职责，是寻求教育规律，使学生循序渐进，茁壮成长。通过下面所引朱熹之语，读者就会理解朱熹殚精竭虑注解《四书》的良苦用心。

有人问朱熹怎么看《周易》，朱熹答曰：

> 未好看，《易》自难看。《易》本因卜筮而设，推原阴阳消长之理，吉凶悔吝之道，先儒讲解失圣人意处多，待用心力去求，是费多少时光！不如且先读《论语》等书。

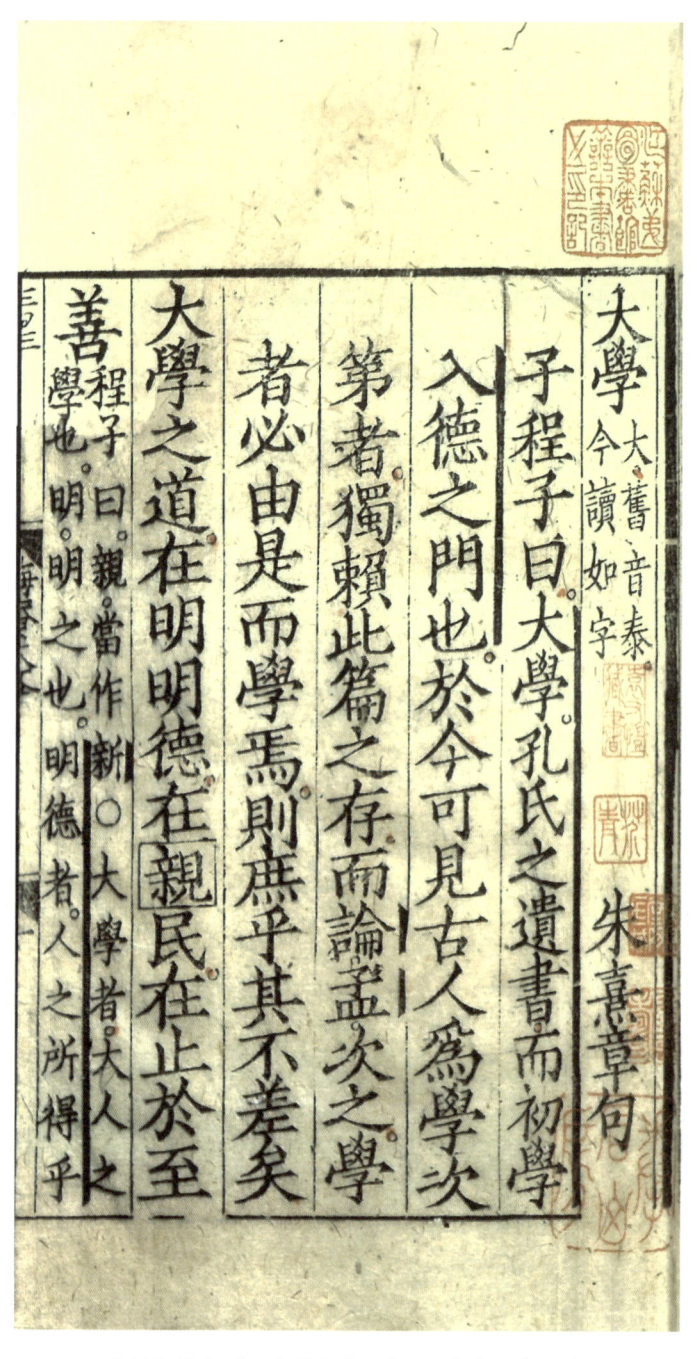

宋刻标抹本《四书章句集注》　南京图书馆藏

某枉费多年工夫，近来于《诗》、《易》略得圣人之意。今学者不如且看《大学》、《语》、《孟》、《中庸》四书，且就见成道理精心细求，自应有得。（南宋·朱鉴编：《朱文公易说》卷十八）

同卷又载朱氏尝说：

人自有合读底书，如《大学》、《语》、《孟》、《中庸》等书，岂可不读！读此四书，便知人之所以不可不学底道理与其为学之次序，然后更看《诗》、《书》、《礼》、《乐》。某才见人说看《易》，便知他错了，未尝识那为学之序。

朱熹还说：

自其象数、名物、训诂、凡例之间，老师宿儒尚有不能知者，况于新学小生，骤而读之，是亦安能遽有以得其大指要归也哉？故河南程夫子之教人，必先使之用力乎《大学》、《论语》、《中庸》、《孟子》之书，然后及乎六经。盖其难易、远近、大小之序，固如此而不可乱也。（南宋·朱熹：《晦庵集》卷八十二《书临漳所刻四子后》）

朱熹讲的这些都是大白话，不用解释都能读懂。朱熹之所以强调要先读这四种书，没有什么更深奥的意思，只是先读什么后读什么更符合由浅入深、循序渐进的治经道理。

二、何为标抹

朱氏《四书章句集注》问世之后，影响日深，版本迭出。为了进一步指导阅读，

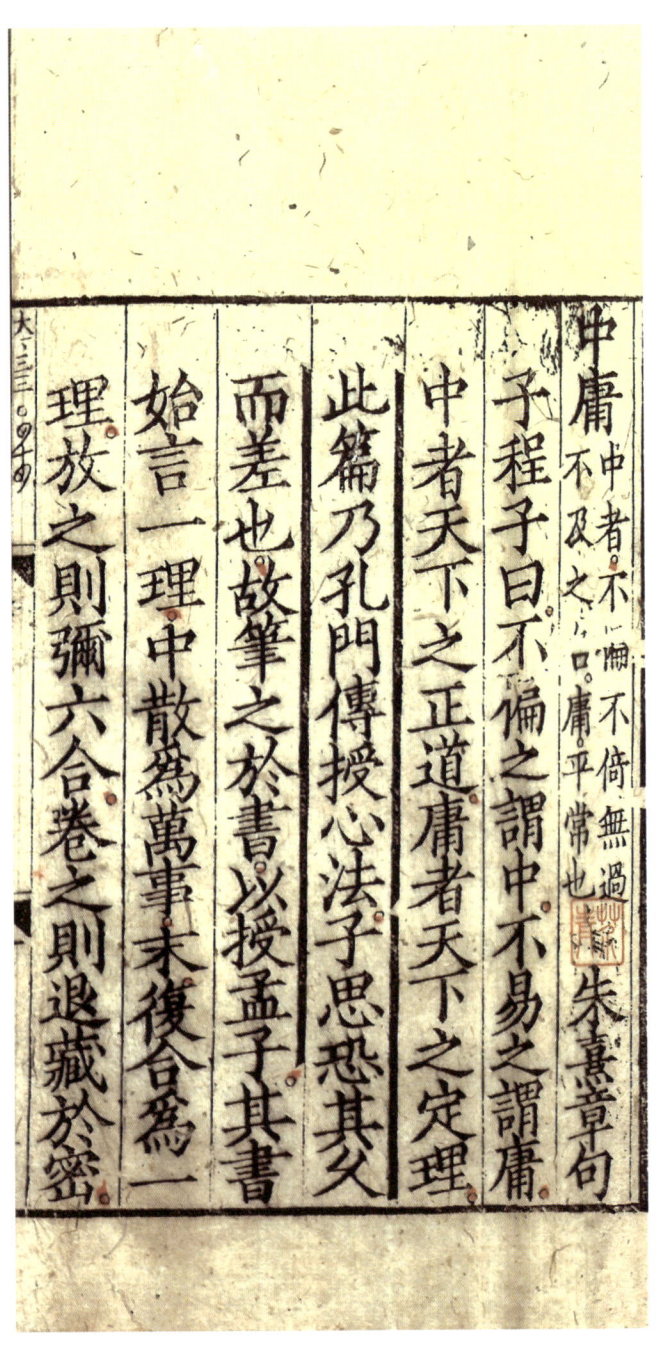

宋刻标抹本《四书章句集注》　南京图书馆藏

有人又对《四书》中重点文句加以特殊标识，于是出现了粗黑的墨线"标抹"，用以指示读到此处当特别留心注意，反复体会，以理解其深奥圣意。反映在雕版印书上，则是指在书写版样时于重点文句旁以粗黑墨线加以标识，而版样上版刻梓过程中对这种标示线同样加以刊雕保留，故印出书叶后某些文句右旁便呈现出一些长短不同的粗黑墨线，古人将这种标识性的粗黑墨线即称为"标抹"，也称为"旁抹"。南宋陈振孙《直斋书录解题》卷十五著录《古文关键》二卷，说"吕祖谦所取韩、柳、欧、苏、曾诸家文，注释标抹，以教初学"。因知"标抹"之法，大概始自吕祖谦的《古文关键》。

清瞿镛《铁琴铜剑楼藏书目录》卷二十三著录《迂斋先生崇古文诀》三十五卷，并说这部书是南宋楼昉撰，有"标抹注释，与《古文关键》同"。同卷又著录《西山真文忠公文章正宗》二十四卷，并说"文中标抹、圈点具存，尚出自序本也"。表明南宋，乃至于元，确已有了这种标抹书中重点文句的习惯和方法。待到明代中叶，许多人已经不知此习，刊版时随意删削。《四库全书总目》卷一百八十七《古文关键》提要说："凡六十余篇，各标举其命意布局之处，示学者以门径，故谓之《关键》。"又说："此本为明嘉靖中所刊，前有郑凤翔序。又别一本所刻，旁有钩抹之处，而评论则同。考陈振孙谓其'标抹注释，以教初学'，则原本实有标抹，此本盖刊版之时不知宋人读书于要处多以笔抹，不似今人之圈点，以为无用而删之矣。"而南京图书馆所申报之是书，不但带有标抹，而且是宋刻。

三、几位前人的鉴定意见

明人杨士奇《东里续集》卷十七有《四书集注》跋文两篇，其一曰：

> 右《四书集注》，其句读、旁抹之法，兼取勉斋黄氏、北山何氏、鲁斋王氏、导江张氏诸本之长，宣城张师曾为之参校，加以音考，盖今最善本也。刻板在常州府学。此集六册，永乐十年二月余奉命考会试，常州府

学教授金原祺时预同考，余从求而得之者也。其刊刻亦间有错误。

此书进入南京图书馆前身即江南图书馆之前，乃丁氏八千卷楼旧藏，故此书卷前有丁丙跋文，云："《大学章句》一卷、《中庸章句》一卷、《论语集注》十卷、《孟子集注》十四卷。元刊宋本。袁又恺藏书。"后边则续引上述杨士奇跋文，并说："此则句读、旁抹、音考一一吻合；《中庸》末有'平江章有常刊'六字，其为常州版所出无疑矣。"可证丁氏所题"元刊宋本"之意，是说此本为元代据宋本所翻刊。然而，此本莫友芝、傅增湘均见过，并且都留下了鉴定意见。

莫氏意见记录在《藏园订补邵亭知见传本书目》卷三《经部·四书类》，云：

> 《大学章句》一卷、《论语集注》十卷、《孟子集注》七卷、《中庸章句》一卷……钱塘丁丙收一本，亦七行十五字者。经注句读有旁抹及方圆围，其文字异今本处，与吴志忠所言宋本大同。序后及每卷末皆附《音考》，于名物制度亦有补益。盖宋元间翻刻所加，当在用以取士后也。其《音考》字较本书圆活。同治丁卯秋，客杭见之。

显然，莫友芝已注意到《音考》字体较本书字体"圆活"，也就是两者字体并不相同，因而囫囵吞枣地说"盖宋元间翻刻所加"。无疑对该书到底是宋刻还是元刊，仍在摇摆不定。

傅增湘在江南图书馆也曾见过此本，并将审定意见著录在他的《藏园群书经眼录》卷二《经部·四书类》，云：

> 《四书集注》二十八卷，宋朱熹撰。宋刊本。半叶七行，行十五字，注双行同，白口，左右双栏。版心上记字数（大小分记），下记刊工姓、名。钤有"项氏少溪主人子信□周所藏"（白）、"万卷堂印"（朱）各印及钱塘丁氏印、刘彦冲藏印。按：此书大字精善，审其刀法，或出自豫章。江南图书馆所藏。

可见，傅增湘将此本明确定为"宋刊本"。

四、本人的审定意见

首先，此书的版式风貌，如版心上镌大小字数，下镌刊工姓或名，白口，左右双边以及行款字数、印纸墨色等，都反映着它具备宋版书的特质，而不是常见元版书的风貌。记得评审时，图版在电脑屏幕上刚一显现，笔者心中便是一动。这不是宋刻本吗？怎么成了元刻本？于是陆续喊来几位鉴定能力较强的人。他们看了之后，也认为是宋本。这才在事后派人专程前往南图，通过看原书重新加以审定。

莫氏说《音考》"盖宋元间翻刻所加"，其意是说正文大概是宋或元时所翻刊，显然是将正文与《音考》分时审定的。而傅增湘在江南图书馆见此书时，则斩钉截铁地将其审为"宋刊本"。推其原因，大概也是从此书的版式风貌、字体风格、印纸墨色等方面入手的。我之所以认为《四书章句集注》是宋刻，也是它的整体风貌令我无法放弃它是宋刻的推定。

其次，书中遇"徵"、"匡"、"恒"、"贞"、"桓"、"慎"等字皆缺末笔，以示避讳，这也是南宋刻书常有的现象，特别是官刻，尤其如此。当然，元时刻书，特别是元初刻书，回避宋讳者并不稀见，但同时避讳这么多字，却也不多见。当然也可以解释说此为元翻宋版，讳字照翻。可翻刻毕竟不是影刻。翻刻通常只能在版式、行款字数上一遵底本，而在字体及讳字上就无法尽遵原样。

元代并不是没有讳法，只是皇帝的蒙文名字汉译之后，难以全文遇到，故刻书表现出来的几无讳字。然此书若真是元代常州府学所刻，性质应属官刻。官刻之书如此肆无忌惮地回避宋朝帝讳或祖讳，似也有可疑之处。特别是说此书刻于元文宗天历年间，那就更难理解书中有这么多宋讳字。元朝建立于至元八年（1271），到天历三年（1330）已历时六十年。这个时候官刻之书还如此回避宋朝帝讳，颇让人生疑。此为笔者怀疑此书为宋刻而不是元翻的理由之一。

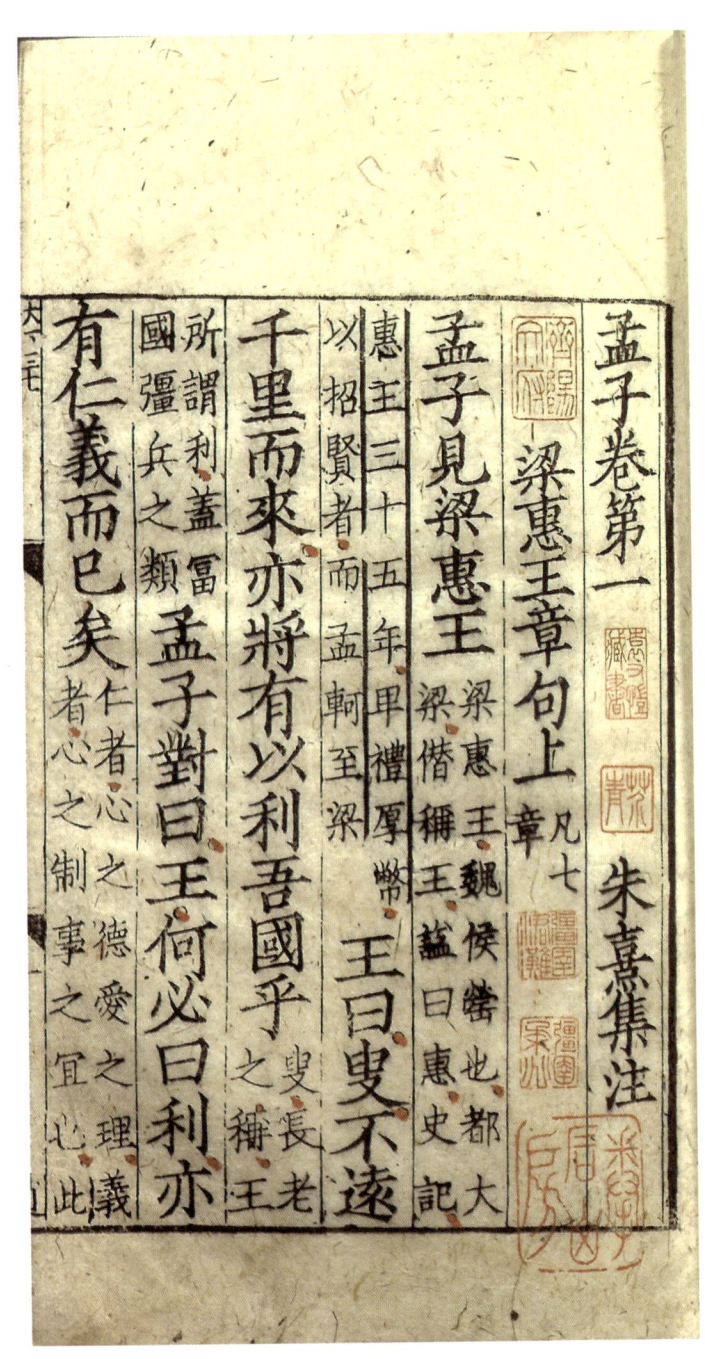

宋刻标抹本《四书章句集注》　南京图书馆藏

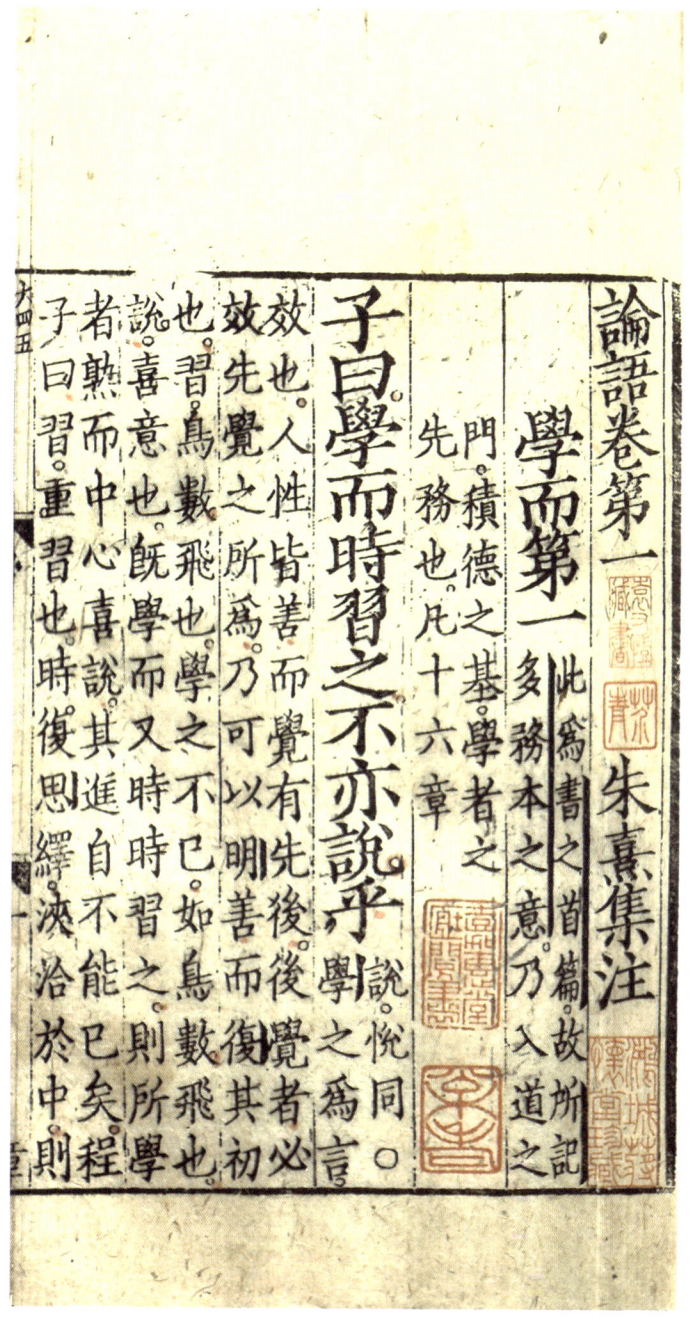

宋刻标抹本《四书章句集注》　南京图书馆藏

再次，元人吴师道《礼部集》卷十七有一篇《题程敬叔读书工程后》，称：

> 某顷年在宣城，见人谈《四书集注》批点本，亟称黄勉斋，因语之曰："此书出吾金华，子知之乎？"其人哗然怒而不复问也。盖自东莱吕成公用工诸书，点正句读，加以标抹，后儒因之。

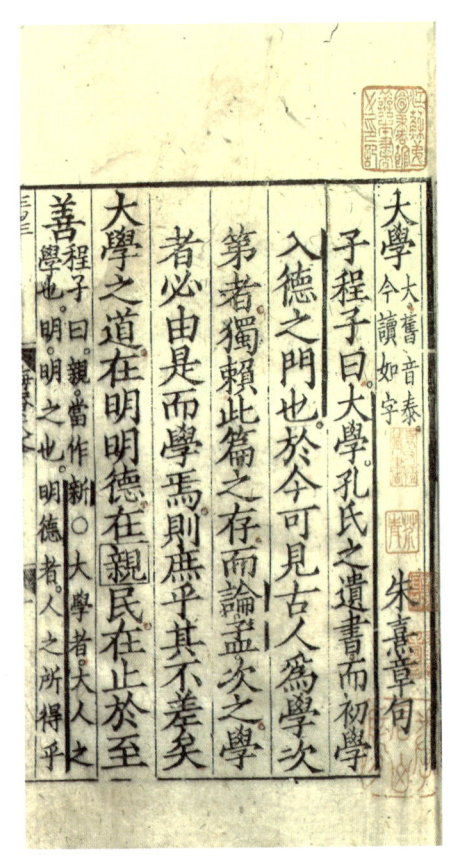

宋刻标抹本《四书章句集注》正文

吴师道在文中详细说明了标抹之法的发展历程。此法由吕祖谦开其端，何北山（基）、王鲁斋（柏）等人加以继承和发展。其中，王鲁斋标点本最为详尽，故而流布也更为广泛。此后，金仁山（履祥）、张导江（翚）也曾标点《四书》，金仁山曾游学于何、王二门，张导江是王鲁斋的弟子，其标抹之法受何、王二人的影响。程敬叔将鲁斋所定引例归于黄勉斋名下，忽视了金华学派（何、王、金、张）对于理学传播的贡献，这是不应该的。由此可知，标抹本《四书集注》在南宋时就已经多次刻印。待到元仁宗皇庆二年（1313）恢复科举考试制度之后，由于要在《四书》中出题，朱熹《四书章句集注》原著更是重新被重视起来，因而寻找宋刻原版，加刻《音考》于各卷之后，确是大有可能。

再次，此本每卷后所附之《音考》，字体相互一致，而与正文字体则风格迥异。莫友芝发现了这一现象，所以才说《音考》"盖宋元间翻刻所加"，才说"其《音考》字较本书圆活"。莫氏所谓的"圆活"，其实指的就是《音考》之字结体圆润、笔势灵活。也就是我们经常所说元刻书中常见的赵字韵味。很难想象，若是《四书》正文翻刊

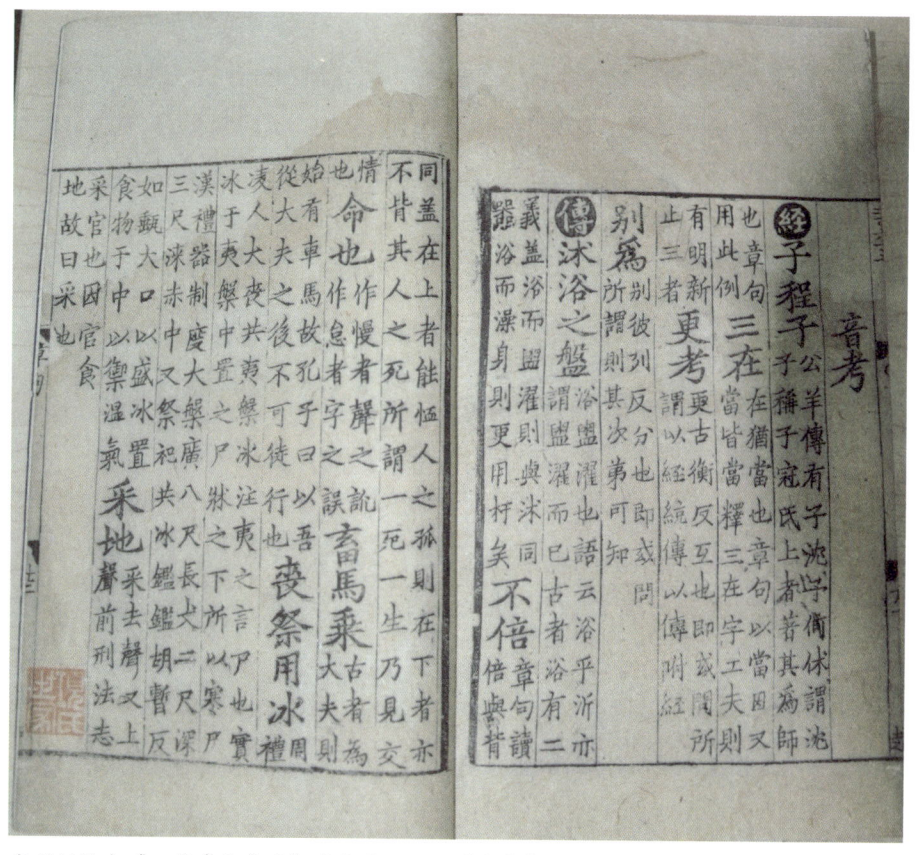

宋刻标抹本《四书章句集注》卷末所附元刊《音考》

与《音考》新刻同时进行，字体之间不会有如此悬殊的差别。这种差别似乎难以让人作出别的什么解释，只能沿着莫友芝所说的思路去加以阐释。

这里不是一定要沿袭莫友芝的旧说，也不是拿前贤大家来掩护自己，更不是借权威之名震慑别人。我实在认为《四书章句集注》正文是宋时所刻，而张师曾所作的《音考》则是在利用旧版重印《四书章句集注》时加刻上去的，所以才出现截然不同的两种风格。不仅如此，加刻《音考》时，正文旧版有余地则接刻其上，无余地则另开新版。而在开刻新版时，其版框大小显与正文旧版也不相同，这种现象进一步证明正文旧版开版在先，而《音考》则是元时加刻的。

当然，如此说法，有人会拿出前引杨士奇《东里续集》"刻板在常州府学"之说来质问，我想解释可以有如下两点：

第一，杨士奇"刻板在常州府学"一说，可以作两种理解，一种理解是说该版雕刻在常州府学，其意当然是常州府学刻本；一种理解是说所刻的书板收藏在常州府学，其意则是说常州府学藏有旧时所刻的书板。两者孰是孰非，杨士奇并未明确其说。即或就是雕刻在常州府学，杨士奇也并未申明什么时候刻在常州府学。况且自隋文帝于开皇九年（589）置常州，虽曾改称他名，但时间都很短暂，常州之名延用至今1400余年。宋代，常州隶属两浙路，为州级行政区划。元世祖忽必烈至元十四年（1277）升常州为路。元至正十七年（1357）朱元璋改元常州路为常州府。所以，杨士奇所说的"常州府学"，既不指宋，也不指元。因为宋当称常州州学，元当称常州路儒学。杨士奇所说的常州府学只能是明代的常州府学。如果真是这样的话，则其"刻板在常州府学"，其意就当指旧刻《四书章句集注》的版片收藏在常州府学。果真如此，则这套旧刻的《四书章句集注》版片就不应是元刊，而应是宋刻。

第二，杨士奇"刻板在常州府学"一说给后世造成很大混乱。八千卷楼主人丁丙即据杨氏此说，提出此书为"元刊宋本"，也就是元时翻刻宋本之意。

再次，此本正文版面有断版痕迹，也有印刷模糊之处，版与版之间，甚至同一版也有字体不一致的现象，而《音考》部分则无此类现象。说明正文原版有可能是常州州学在宋时所刻，而在元朝重印时随卷增刻《音考》，因而与正文字体不一，新旧不一。而对正文旧版则误者改，坏者修，因而也就形成同一版面而字体不一的现象。有的版面较模糊，则当是旧版重印固有的现象。

综合上述诸端记载与种种迹象，似乎可以推定此书正文是宋刻本，《音考》则是元代重印此书时所加刊。果如此，则此书版本当定为"宋常州州学刻元增刊音考本"。

中国古籍十二讲

第四讲 陈老莲《水浒叶子》初刻本的再发现

2009年，四川省图书馆报来初刻本陈老莲《水浒叶子》（亦名《水浒牌》），申请参与全国珍贵古籍评审，经过有关专家勘核，确认是初刊，因而入选第三批《国家珍贵古籍名录》。陈老莲所画《水浒叶子》，是极负盛名的版画杰作，绘、刻均达到极致。历来的文人雅士，特别是美术家、版画作家及版画史家，都难得一睹其真。

当年郑振铎酷好老莲画，力不能得真迹，而"思得其刊木之本"，然亦"屡求而未获一睹"。后遇抱经堂朱瑞祥携来一部，细细翻阅，不忍释手。朱瑞祥看出其至爱真意，谓"必五十金乃售"，郑毫不犹豫，立刻应之，于是"持书而归，喜悦无艺。胸膈不饭而饱满，陶醉若饮醴酒。求之廿载，而获之一旦，诚堪自庆也"。此本卷前无张岱《缘起》，有江念祖小引，中脱刘唐、秦明两图。郑先生审定为"明末刻本"。郑氏所编《中国版画史图录》中的《水浒叶子》，即以此本印入。

然郑氏以五十金所购之《水浒叶子》，并非初刻之本，乃是翻刻的翻刻，时间大概已届清初。还好，郑氏购得此本之后不久，又遇上海潘景郑先生，潘先生亦藏一本。郑先生谓："当向之假来，补足序文及刘唐、秦明二图也。"待到亲见潘氏藏本后，则说"刻者自署黄肇初，疑即刻《博古页子》之黄子立"（上述引文均见郑振铎《劫中得书记》第八十六则陈章侯《水浒叶子》）。后来潘本亦归郑振铎，再印《中国版画史图录》时即以所得潘本替换之。

1958年郑氏出国访问，途中飞机失事，不幸遇难。其家属遵先生生前遗嘱，将其全部藏书捐赠国家图书馆，郑氏所藏原潘景郑之本随之入弃国图。而郑氏当年以

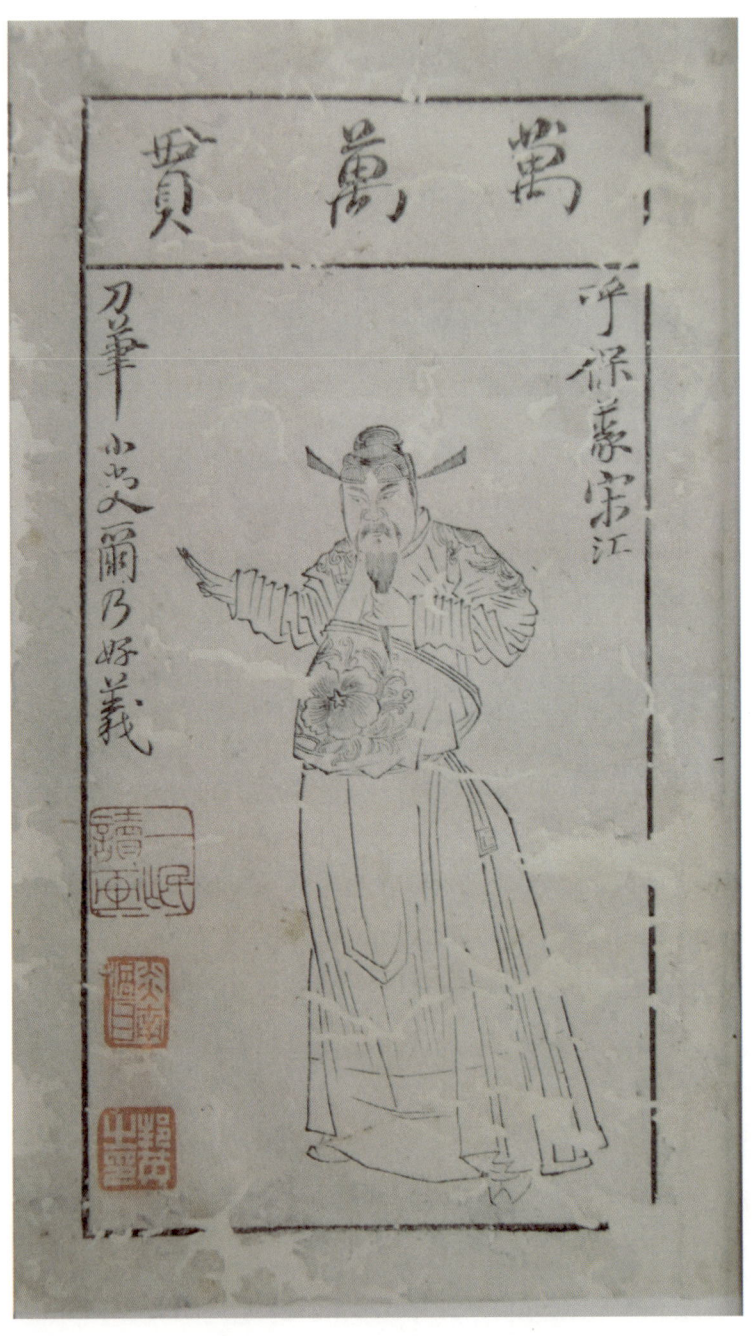

明天启初刻本陈老莲《水浒叶子》　四川省图书馆藏

五十金所购朱瑞祥那一部，流落何方，现在不得而知。风闻顾炳鑫先生曾收藏一部，与郑购本相同，不知即得自郑氏，还是另有来处。顾炳鑫，笔名甘草、朽木，1923年出生，上海宝山人，版画家、连环画家，收藏并研究中国古代版画。其所庋藏者是否还在天壤间，亦不得而知。

20世纪80年代初，羊城王贵忱馆长（时任广东省中山图书馆副馆长）来京，有幸与其晤面于国家图书馆文津街旧馆。寒暄之后，先生以所携陈老莲《水浒叶子》见示，展卷翻阅，为之一惊。忙请人从库中提取本馆珍藏郑先生所捐赠者，两相对读，则以王先生见示者为胜，因知其为原刊，我为翻刻，于是再次握手，以示赞叹。而后先生掩卷，慨然曰："吾此次来京，将以此图送一眠老。"说罢，握手别去。今又过三十余年，居然从四川省图书馆报来，睹物思前，故谓之再现。《中国古籍善本书目》失收。

一、陈老莲其人及其《水浒叶子》

陈老莲（1598—1652）名洪绶，幼名莲子、胥岸，字章侯，号老莲、小净名等，浙江诸暨人。青年时受业于刘宗周、黄道周。崇祯时国子监诸生，授舍人。召为内廷供奉，不就。明亡后，鲁王、隆武帝曾先后授其职，亦不赴。清兵入关，势如破竹，南方各省先后失陷。其老师黄道周就义于南京东华门外；杭州失守，其启蒙老师刘宗周绝食二十三天殉节；与其齐名的北方画坛旗手崔子忠，更在李自成进北京时，匿居土屋，绝粟而亡。这些重义守节的师友，深深影响着陈老莲。顺治三年（1646），清兵陷浙东，老莲虽未以身殉节，却也在绍兴云门寺落发为僧，并改号悔迟、悔僧、九品莲台主者。然一年之后，他又还俗，居杭州、绍兴、萧山间，以卖画为生。

画才天授。朱彝尊《曝书亭集》卷六十四《崔子忠陈洪绶合传》，谓：

> （老莲）四岁，就塾妇翁家。翁方治室，以粉垩壁。既出，诫童子曰："毋污我壁。"洪绶入，视良久，绐童子曰："若不往晨食乎？"童

> 子去，累案登其上，画汉前将军关侯像，长十尺余，拱而立。童子至，惶惧号哭，闻于翁。翁见侯像，惊下拜，遂以室奉侯。

可知老莲很小已显出极高的绘画天赋。稍长，老莲拓杭州府学李公麟七十二贤石刻，而后闭门临摹十日，出示于人，人曰"似矣"，则喜。又摹十日，再出示于人，人曰"勿似也"，则更喜。原因是数摹而变其法，由形似而入神，人莫能辨。老莲诗、书、画皆能，以画为功。山水、花鸟，尤以画人物见长。与北方画坛高手崔子忠齐名，时有"南陈北崔"之称。

老莲性格怪辟，"好游于酒，人所致金钱，随手尽。尤喜为贫不得志人作画，周其乏。凡贫士藉其生者，数十百家。若豪贵有势力者索之，虽千金不为搦笔也"（清·周亮工：《读画录》卷一《陈章侯》）。传说有一龌龊显贵者，久欲得其画而不能，就以鉴定宋人笔墨为由，将他诱入舟中。船刚离岸，显贵就拿出绢素强迫他作画，老莲则"科头裸体，谩骂不绝"。显贵仍求不已，老莲则欲沉水。显贵遂先去，又找他人代为之求，最终一笔不施。如此古怪孤傲的性格，反映在他的画作上，就显得另有风骨。

前边说过了，老莲生性疏财仗义，济困扶危，"尤喜为贫不得志人作画，周其乏"。《水浒叶子》之作，正反映了老莲的这种品格。而这种品格，恰与水浒人物生气相通，所以画来活灵活现。此本《水浒叶子》卷前有张岱所写的《缘起》，由于年久虫蛀，有的字迹已被蠹蚀，难以辨认。虽然在张岱的集子及其《陶庵梦忆》、《西湖梦寻》中都能找到这篇《缘起》，但收入张氏上述这些作品时，已时过境迁，文字上亦作了删润，故有异同。为使这篇《缘起》不再谬传，现将其全文抄录如次：

> 余友章侯陈子，才足拨天，笔能泣鬼。昌谷道上，婢囊呕血之诗；兰渚寺中，僧秘开花之字。兼之力开画苑，遂能目无古人。有索必酬，无求不与。既蠲郭恕先之癖，喜周贾耘老之贫，画水浒四十人，为孔嘉八口计，顿使宋江兄弟复睹汉官威仪。伯益考著《山海遗经》，兽毹

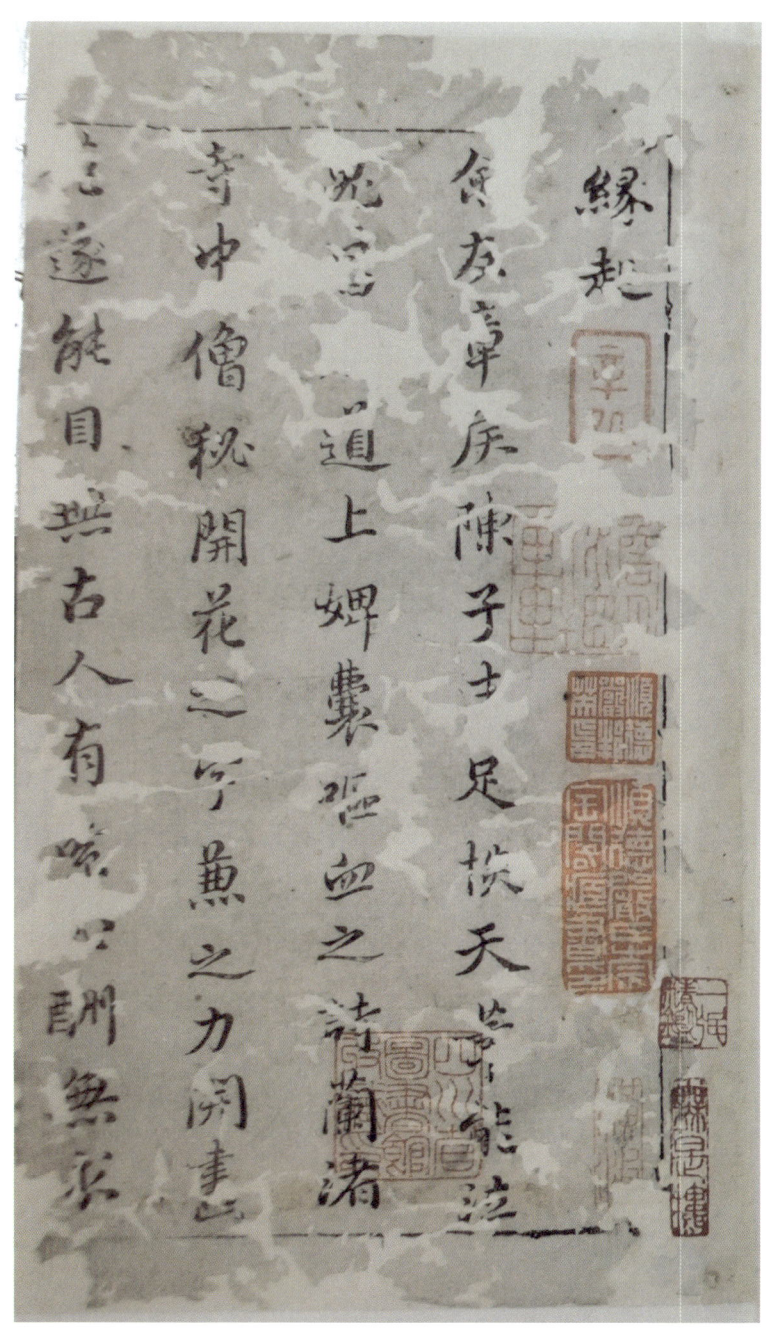

明天启初刻本陈老莲《水浒叶子》　张岱《缘起》

鸟鴂皆拾为千古奇文；吴道子画《地狱变相》，青面獠牙尽化作一团清气。收掌付双荷叶，能月继三石米，致二斗酒，不妨持赠；珍重如柳河东，必日灌蔷薇露，薰玉蕤香，乃许解观。非敢阿私，愿公同好。

这篇《缘起》写得简短、优美、生动，但扯得太远，于作画缘起却只说了"既蠲郭恕先之癖，喜周贾耘老之贫，画水浒四十人，为孔嘉八口计"这么四句。郭恕先即郭忠恕，恕先乃其表字，五代末北宋初人。籍河南洛阳。其人工书善画，尤以画房屋建筑见长，藏其画者以为宝。有《汗简》、《佩觿》各三卷行世。恕先尝为富人子画《风鸢图》（即风筝画），富人子以酒肉款待。由此留下话柄。此处说老莲"既蠲郭恕先之癖"，就是说陈老莲扬弃了郭氏为富人作画之癖，而独喜为贫病交加的老人施笔，所以才"画水浒四十人，为孔嘉八口计"。可知陈老莲之所以画水浒四十人物图，乃为周济一位八口之家的穷人。皇皇一篇书前《缘起》，有用之话只有这么四句，似是过于简单，仍需进一步探讨。

检张岱《陶庵梦忆》卷六《水浒牌》一节，谓："古貌、古服、古兜鍪、古铠胄、古器械，章侯自写其所学所问已耳，而辄呼之曰宋江、曰吴用，而宋江、吴用亦无不应者，以英雄忠义之气，郁郁芊芊，积于笔墨间也。周孔嘉匄余促章侯，孔嘉匄之，余促之，凡四阅月而成，余为作《缘起》。"这就将陈老莲作《水浒叶子》的缘起说得十分清楚。原来陈章侯作《水浒牌》，完全是受张岱之托。而张岱则是受周孔嘉的乞求与催促，故用四个月时间，完成了水浒四十人物画的不朽之作。

据张岱《琅嬛文集》卷一《越山五佚记》中"蛾眉山"条记载："天启五年，姑苏周孔嘉僦居于轩亭之北，余每至其家，剧谈竟日。"因知周孔嘉乃苏州人，异地租房，居住在绍兴的蛾眉山轩亭之北。明天启五年（1625）张岱常到他家做客，并且剧谈竟日，看来是无话不说的莫逆之交。揆之"周孔嘉匄余促章侯，孔嘉匄之，余促之"语义，盖在此前张岱或曾答应过为其向章侯求画，或尚未与章侯说，或已说而章侯尚未作，因此才有上述那番催促之话。而这一催，果然在四个月后，章侯便以《水浒叶子》相赠送。因此这天启五年（1625）便成为老莲《水浒叶子》完成的关键性

年份。

　　考张岱《西湖梦寻》卷二《西湖西路》"岣嵝山房"条，称："天启四年甲子，余与赵介臣、陈章侯、颜叙伯、卓阿月、余弟平子，读书其中。"（岣嵝山房，李芨造。李芨号岣嵝，故以岣嵝山房名之。李芨是杭州人，其岣嵝山房在杭州灵隐山下。）因知天启四年（1624）张岱与陈老莲在杭州岣嵝山房有过一段读书接触的日子，这时张岱或已替周孔嘉向老莲求画，可是到天启五年（1625）于蛾眉山轩亭之北再见周孔嘉时，老莲画作仍未携来，因而才有上述"周孔嘉匄余促章侯，孔嘉匄之，余促之"的说法。因此我们可以推知，陈老莲《水浒牌》之作是天启五年（1625）在张岱的催促下完成的。

　　检黄涌泉《陈洪绶年谱》，"明天启五年（1625）"之下有如下内容记载："是岁，赵宧光卒。先生年二十八岁。是年，先生作《水浒图卷》，凡四十人。"（此处之《水浒图卷》是否就是《水浒叶子》，美术史家尚有不同说法。）

　　黄涌泉之所以定陈老莲《水浒图卷》作于天启五年（1625），根据是孔尚任《享金簿》所记《陈章侯水浒图卷》中卷首有"赵宧光草篆题曰：'英武神威'"。而赵宧光的卒年即是天启五年（1625），因此赵氏篆题必在其下世之前，不可能晚于这一年，故认定陈老莲《水浒图卷》作于天启五年（1625）。此说应该是有根据且可信的。然而，《水浒图卷》与《水浒叶子》是否是一回事，还需要考辨。两者若是一回事，则黄氏《年谱》定其绘制完成在天启五年（1625），不会有争议；若两者不是一回事，则前述张岱《陶庵梦忆》卷六《水浒牌》一节所谓"孔嘉匄之，余促之，凡四阅月而成，余为作《缘起》"之说便无法解释了。因为张氏的《缘起》专是为陈老莲《水浒牌》上木镌版而撰写的，并且说这《水浒牌》"凡四阅月而成"，表明陈老莲作《水浒牌》还真是下了一番功夫。

　　陈老莲十九岁画《九歌图》十一人物及《屈子行吟图》，一共花了两天的时间。以其天赋，若不是十分认真，画四十水浒人物根本用不了四个月。之所以"四阅月而成"，盖是老莲看重张岱的朋友之托，不得草率从事；同时为周孔嘉八口之家生计着想，亦不能马虎从事。所以一定是先认真画成四十人物图卷，而到上版镌刻时才一个个分开而成为《水浒牌》。果如此,则《水浒图卷》与《水浒牌》当是一回事。

二、时人对陈老莲《水浒叶子》的评价

张岱《陶庵梦忆》卷六《水浒牌》一节,称赞陈老莲所画的《水浒叶子》,是"以英雄忠义之气"而"积于笔墨之间",画中的每一个人物都饱含着老莲的深刻理解、认识和赞美,画者与被画者心心相印,声气相通,所以画出来的水浒人物形象逼真,各具性格,豪气满怀,呼之欲出。而最能集中反映时人对此画评价者,还要算黄涌泉《陈洪绶年谱》所引孔尚任《享金簿》中的几篇跋文。

首先是赵宦光的篆文题赞:"英武神威"。这显然是赞颂陈老莲所画的水浒人物"英武神威"。赵宦光(1559—1625),字凡夫,号广平,吴县(今属苏州)人。一说太仓人。稽古尚文,喜收藏。长于文字学,工书法,尤精于篆书。与妻陆卿子,皆有名于时。筑寒山别业隐居其中,足不至城市。宋刻《玉台新咏》当年即藏于其家,崇祯时其子赵均翻刻于小宛堂。后来宋刻原书归藏于钱谦益,毁于绛云一炬,于是赵均所翻刻者便常被贾人冒充宋版以欺世。

其次是陈继儒的跋,谓:"高秋气爽,啜茗长啸,适友人持是卷见示,阅之令人惊讶交集,不能赞一辞。云间陈继儒观于笤箒庵。"陈继儒(1558—1639)字仲醇,号眉公,又号麋公,明松江华亭(今属上海)人。诸生。志存高远,博学多闻,少与同郡董其昌、王衡齐名。年二十九,焚弃儒家衣冠,隐居小昆山,后居东佘山,杜门著述。工诗善文,擅长书法,兼能绘事,名动寰宇。朝廷屡召征用,皆以疾辞。如此高雅、长于书画的名家,见到陈老莲所画的《水浒叶子》,竟"惊讶交集"而不知用什么语言来赞颂,可知其画之妙。

再次是王铎的跋,谓:"凡画之道,不难于对景写实,而难于活泼玄妙。予弱冠时见龙眠居士此卷,笔画纤细,各具勇猛之状。今视章侯陈君画法,虽稍逊一筹,而生气流动,种种合度,非庸工俗子所能造也。孟津王铎书。"王铎(1592—

明天启初刻本陈老莲《水浒叶子》　第四十图金枪手徐宁

1652），字觉斯，孟津（今属河南）人。明天启二年（1622）进士，授编修，累官至礼部尚书、东阁大学士。入清，仍授礼部尚书。其人工诗文，善书法，擅画山水竹梅。又是一名懂画之人。王铎称赞章侯所画《水浒叶子》"生气流动，种种合度"，不是庸工俗子所能为。

再次是邵弥所题的一首诗，云："陈君妙龄有谁同，四十英贤尺素中。堪羡吾翁精鉴赏，千秋什袭桂堂中。"陈君，指的就是陈老莲。陈老莲完成《水浒叶子》之作时只有二十八岁，故以"妙龄"称之。邵弥字僧弥，后以字行，号瓜畴，明末清初苏州人。性迂癖不谐俗，好学多才。工书善画，书法宗钟繇，山水画则清瘦枯逸，为吴伟业画中九友之一。

上述这些赞语颂辞，推想都应在画卷的余幅之上，原物不得亲见，自然无以言状。今仅存者，只有菌阁主人王疆的《陈章侯画水浒叶子颂（有引）》，他在这篇颂文中称："水浒者，忠义之别名也。文士笔端，造化偶尔幻出，虽然，非幻也。……而忠义两字，入火烧乎？入水泐乎？陈子从幻中点出一段不幻，光明毫端生，□以此四十人不烧不泐者正告天下。嗟乎！陈子而为此也，□使陈子而为此也！……菌阁主人王疆漫题。"

王疆字予安，别署菌阁主人，明末清初会稽山阴（今浙江绍兴）人，是陈老莲最要好的朋友之一。著有《谪杂外纪》、《匪石堂诗》、《闽游草》、《妙远堂诗》等。据老莲后人陈子良撰文说，正是王疆会同陈老莲、张岱将《水浒叶子》刊行于世。因此王疆这篇颂词，非同寻常。

国家图书馆所藏黄肇初翻刻本陈老莲《水浒叶子》，有江念祖所写《陈章侯水浒叶子引》，云："陈章侯复以画水画火妙手，图写贯中所演四十人叶子上，颊上风生，眉间火出，一毫一发，凭意撰造，无不令观者为之骇目损心。昔东坡先生谓李龙眠作华岩相，佛菩萨言之：居士画之，若出一人。章侯此叶子何以异是！"亦赞美老莲与水浒人物声气相通，心心相印。

江念祖，字遥止，明末清初安徽歙县人。布衣。工书画，字画皆极力摹古，颇为自得。晚年居浙江金华、衢州间，闭门深山，不与人接。

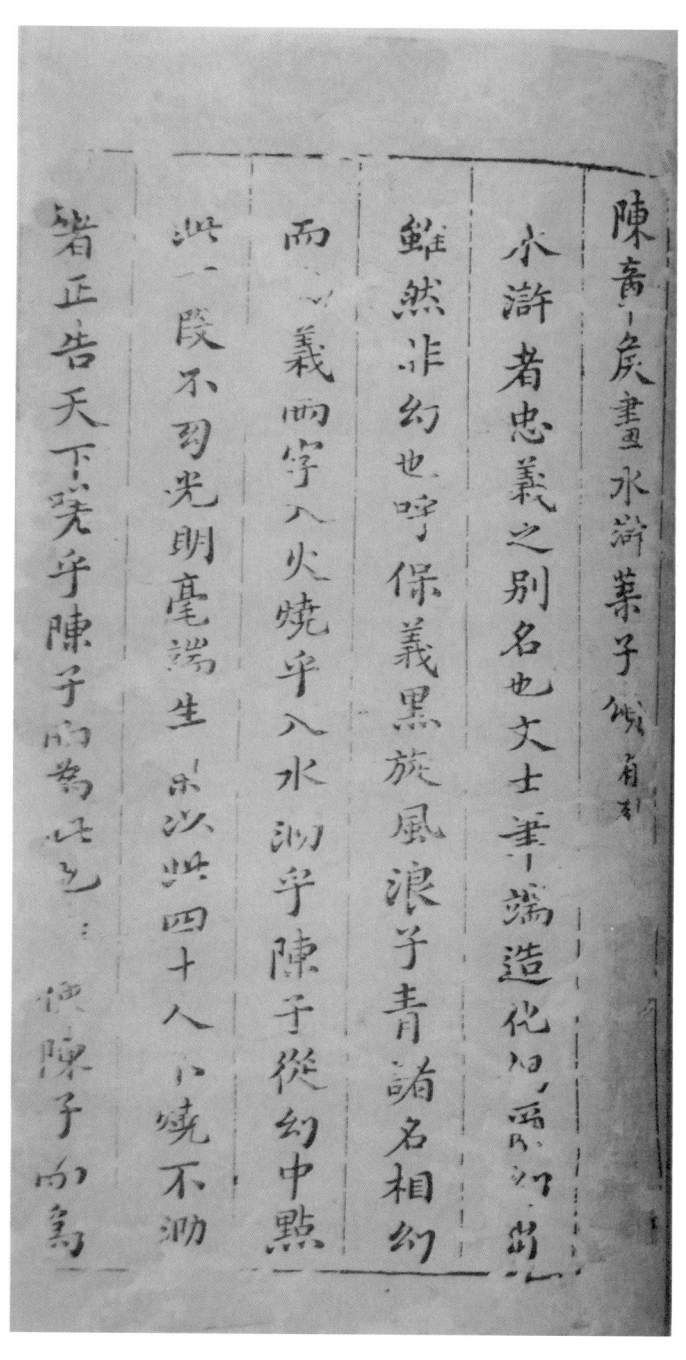

天启初刻本陈老莲《水浒叶子》　王豐《陈章侯画水浒叶子颂（有引）》

三、陈老莲《水浒叶子》的初刻时间

根据上述材料，我们将陈老莲《水浒叶子》绘制之年锁定在明天启五年（1625），大概不会产生太大问题，但若将它的初刻也锁定这一年，恐怕还值得研究。现在能够作为其版刻判定依据的材料只有两条：一是书内第十九图朱武像栏外左下镌有"徽州黄君蒨刻"字样，此可作为刻工证据加以考察。另一是周亮工《读画录》卷一"陈章侯"条载："初画《楚辞》像，刻于山阴；再刻《水浒牌》行世。及崇祯间，召入为舍人，使临历代帝王图像，因得纵观大内画，画乃益进，故晚年画《博古牌》，略示其意。"

黄君蒨（亦作倩），是明代后期徽州派版画黄姓刻工中的佼佼者，名一彬，字君蒨，其主要活动在万历、天启间。据王伯敏《中国版画史》及其他材料记载可知，黄君蒨在万历三十三年（1605）曾与刻《程氏墨苑》；又在万历四十年（1612）与黄元吉、黄伯符、黄亮中、黄师教、黄旸谷一道合刻《闺范图说》；四十四年（1616）又与黄桂芳合刻《青楼韵语》；万历间还刻过《王李合评北西厢记》；天启年间又刻过《彩笔情辞》及《西厢》五剧的插图。这些版画都刻在万历、天启时期，所以王贵忱先生在其《记明黄君蒨刻本〈水浒牌〉》（《古籍研究》2001年第2期）一文中说："见于著录之黄君蒨版画，未见天启以后作品"，此话大体可信。果如此，则出现"徽州黄君蒨刻"字样的《水浒叶子》，当也刻在天启年间，不会再晚。

至若上引周亮工《读画录》中所说"初画《楚辞像》，刻于山阴；再刻《水浒牌》行世。及崇祯间，召入为舍人，使临历代帝王图像……"的表述，忖其语义，似是个因果句式。"初画《楚辞像》，刻于山阴"，是说陈章侯早先画的《楚辞像》，版行于山阴。山阴即今绍兴，古称越州，是说老莲的《楚辞像》最早刻于绍兴。这里所谓的《楚辞像》，指的当是陈老莲所画的《九歌图》。据黄涌泉所撰《陈洪绶年谱》载："万历四十四年丙辰（1616），先生年十九岁。冬，先生与萧山来风季学《骚》于松石居，拟李长吉体为长短歌行，烧灯相咏。来风季辄取琴作激楚声。先生作《九歌》人物十一幅，始'东皇太一'，终'礼魂'。复作《屈子行吟图》一幅。凡两日而就。"

明天启初刻本陈老莲《水浒叶子》　第十九图朱武

这说明陈老莲画《九歌图》是在万历四十四年（1616），那一年老莲十九岁。起因是这一年老莲与萧山来风季在松石居学习《离骚》，对屈原及其《离骚》有了深刻理解，故用两天时间画出了《九歌图》。崇祯十一年（1638），来钦之《楚辞述注》锓木时，陈老莲为之作序，亦说："丙辰，洪绶与来风季学《骚》于松石居……便戏为此图，两日便就。"亦证明老莲的《九歌图》确是画在万历四十四年（1616）。周亮工《读画录》谓老莲"初画《楚辞像》，刻于山阴"，具体的刊刻时间应该在万历四十四年（1616）《九歌图》产生之后，到天启五年（1625）《水浒叶子》绘制之前这九年时间里。

周亮工《读画录》在"初画《楚辞像》，刻于山阴"之后，紧接着说"再刻《水浒牌》行世"。表明陈老莲的《九歌图》与《水浒牌》是相继刊刻的，也许正因为这两件画作的相继刊版行世，在画坛产生了相当的影响，所以才有"及崇祯间，召入为舍人，使临历代帝王图像"的事情发生。这里的"及崇祯间"显然是"待到崇祯间"之意。

如果这样理解确是周亮工的原意，则《水浒叶子》之刻，确当在"及崇祯间"之前。前到什么时候，前到的时间跨度非常狭窄，即当在天启五年（1625）《水浒叶子》产生之后，天启最后一年即七年（1627）之前。如果突破天启七年（1627），那就到了崇祯间，不符合周亮工《读画录》所说"及崇祯间"之语意了。因此，将陈老莲《水浒叶子》之刻定在天启五年（1625），缺乏足够证据；而定在天启五年（1625）至七年（1627），可能比较符合事实。或者笼统定为明天启刻本，也未尝不是一种著录方式。

陈老莲《水浒叶子》初刻本已如上述，其珍贵之处在于其能反映陈老莲《水浒叶子》原作人物的精神面貌。而翻刻，在人物神态、眉眼须发、衣服皱褶等细微之处，与原刻有了明显的不同。最要紧的区别是在朱武像左栏外的刻工，由初刻本"徽州黄君倩刻"变成了"黄肇初刻"。

黄肇初，名一中，字肇初，与黄君倩为昆仲辈，亦是有名的徽州籍刻工。生于明万历三十九年（1611），较黄君倩从事刻印版画的最早年份至少晚二十年。其生既晚，而到他再翻刻《水浒叶子》时，很可能已届崇祯之时，甚或已届清初。

四、《水浒叶子》初刻本的递藏

《水浒叶子》天启初刻本的递藏关系，现能说得清楚者只有四传，即严邦英—王贵忱—李一氓—四川省图书馆。

严邦英（1891—1950）字炎南，广东顺德大良人。此人能文，喜篆刻，尤好收藏，凡金石书画、图志古籍，皆嗜搜罗，并建崇宝阁以贮之。能亲自手拓金石碑记，割裱整理。辑有《崇宝阁印存》。天启刊本陈老莲《水浒叶子》，即是其家插架之物。今书中所钤"顺德严邦英印"、"顺德严氏崇宝阁藏书记"、"严氏家藏"、"邦英私印"、"邦英之印"、"炎南珍藏"、"炎南过目"等印记，便都是其收藏印鉴。严氏得此书后，曾经重新装裱，装裱之后在卷前附有另纸内扉，内扉下半叶写有"大清宣统元年岁序己酉夏五月端阳节日，顺德严氏书香斋重装并藏"长方形题记四行。表明严氏得此书大概在宣统元年（1909）五月之前，或更早一些。而严氏得之谁手，现已难以说清。

严氏藏书散出后，一部分为羊城王贵忱所得。王氏在《水浒叶子》一书后跋中说："余所得顺德严邦英氏旧藏图籍，多率题识，印章累累，盖亦好事者"，证明他确曾得到过一些严邦英的旧藏。然此《水浒叶子》却不在其所得严氏旧藏之中，而是"往承书友见贻"（王贵忱：《记明黄君蒨刻本〈水浒牌〉》，《古籍研究》2001年第2期）。今书中钤有"贵忱印信"、"王贵忱印"等印记可证。

王贵忱，号可居，1928年生，辽宁铁岭人。1945年8月参加中国人民解放军，辽沈战役后随军入关南下，直抵羊城。1952年转业地方，曾任粤东银行经理，汕头地区建设银行行长。1957年被错划为右派。1978年平反，先后任广东省中山图书馆副馆长、广东省博物馆副馆长、广州市地方志编委会副主任。王先生喜收藏，尤喜古钱币，并有较深的研究造诣。解放战争时期，李一氓曾在东北工作，王先生入伍后可能与李老有军旅之谊。而李老又是我国老一辈无产阶级革命家中喜好书画典籍收藏的名家之一。所以20世纪70年代末王先生携这部《水浒叶子》来京时，便慷慨割爱，将之送给一氓老。今书中有"一氓精鉴"、"一氓读画"、"一氓所藏"等印记可证。

"文化大革命"风起云涌时，很多收藏家的藏品被查抄。有些单位的负责人为避

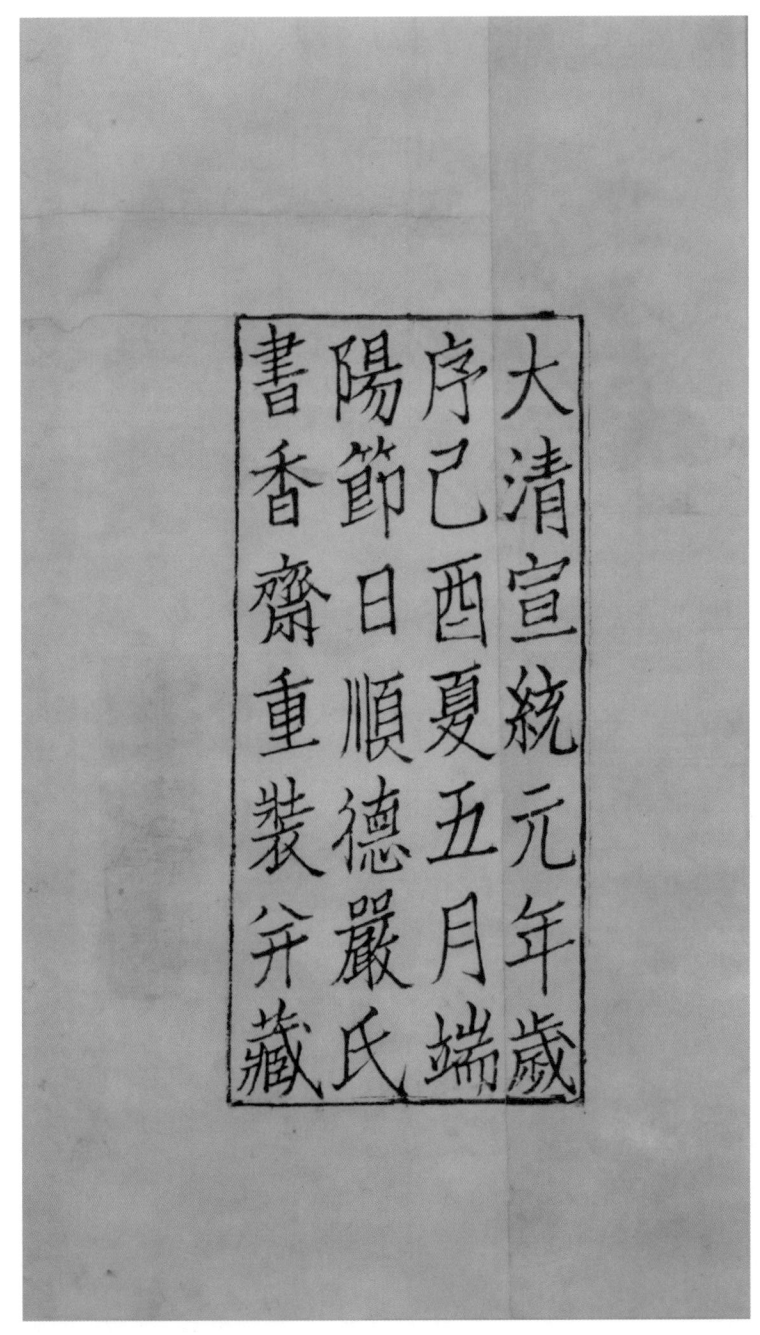

明天启初刻本陈老莲《水浒叶子》　严邦英题记

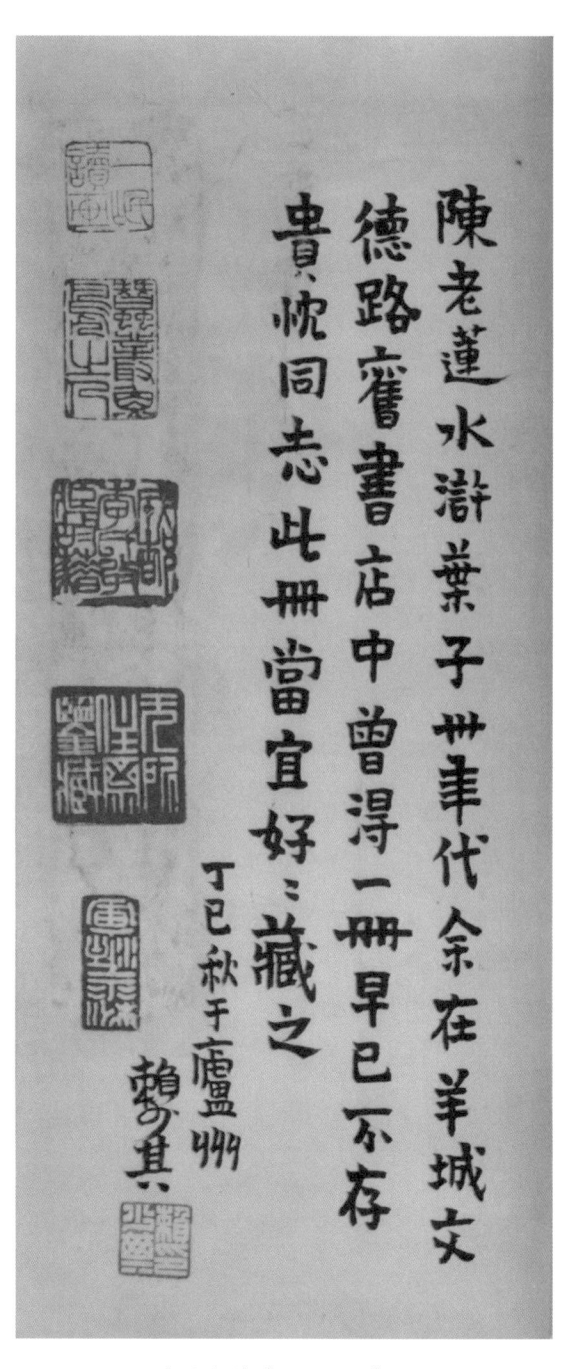

明天启初刻本陈老莲《水浒叶子》　　赖少其跋

免其所保护之人的藏品受损，主动将其藏品送至有关单位保管。一氓老的藏书便被当时其所在的单位送到了北京图书馆（今国家图书馆）。北京图书馆收到后逐一清点造册，连同送来的书柜一起妥加保管。落实政策后，书及书柜全部原样还回。一氓老晚年将自己藏书分成了三份，一份赠送北京图书馆，一份赠送四川家乡，一份留下自己使用。这么一分，那部笔者见过并且知晓在一氓老手里的《水浒叶子》便不清楚分在哪里了。2002年启动的《中华再造善本》第二期选目时要选此书再造，因而就东打听西问问，甚至问到当年在国务院古籍整理出版规划小组协助一氓老工作的中华书局的沈锡麟，沈先生也说不上来，于是内心就非常沮丧。明知国图所藏黄肇初所刻之《水浒叶子》是翻刻本，用其来再造，心有不甘。可初刻本在哪儿，一时又说不清楚。

  2009年笔者去成都授课，顺便到四川省图书馆参观，于是大胆询问工作人员此书是否为其馆藏，古籍部主任彭邦明回答就在本馆。当时笔者心中的喜悦难以言表。因而建议四川省图书馆尽快向国家古籍保护中心申报，参与国家珍贵古籍评选。这才有了"陈老莲《水浒叶子》初刻本的再发现"这一目。《中华再造善本》也有了当选之本。

 中国古籍十二讲

第五讲　太平兴国三大书之一《文苑英华》

"太平兴国"是北宋太宗赵炅（初名赵匡义，后赐名光义，即皇帝位后改名炅）使用的第一个年号，从公元976年至984年，一共八年。八年中，赵炅连续下诏纂修《太平御览》一千卷、《太平广记》五百卷、《文苑英华》一千卷三部大书，故称为太平兴国三大书。《文苑英华》乃是这三部大书之一。

《文苑英华》是继南朝梁昭明太子萧统所编《文选》之后又一部大型通代文学总集。《文选》选文起自先秦，迄于南朝梁初；《文苑英华》选文则起自魏晋，迄于唐末五代，中间与《文选》在选文时间上有一段重叠，但录文并不完全相同。所以对《文选》来说，《文苑英华》仍不失为承前启后、继往开来的大制作。

宋太宗赵炅

一、《文苑英华》纂修的时代背景

《文苑英华》同《太平御览》、《太平广记》都纂修在北宋太宗太平兴国年间,它们有着基本相同的时代背景和纂修动因。

(一)《文苑英华》纂修的政治背景

公元960年,五代后周殿前都点检(掌殿前军,与侍卫司同领禁军)兼宋州归德军节度使赵匡胤,在开封东北几十里的陈桥驿发动兵变,黄袍加身。后周小皇帝柴宗训被迫逊位。赵匡胤称帝后,担心那些拥兵自重的军人日后也效仿自己的做法,先南面称孤,再逼宫逊位,所以坐天下之后首先着重考虑解决两个问题:一是如何重建中央集权的专制统治,使唐末以来长期存在的"君弱臣强"、藩镇跋扈的现象不再重演;二是如何使赵宋王朝长治久安,不再成为五代之后的第六个短命王朝。带着这两个问题,赵匡胤询问谋士赵普,赵普则答曰:"此非他故,方镇太重,君弱臣强而已。今所以治之,亦无他奇巧,惟稍夺其权,制其钱谷,收其精兵,则天下自安矣。"(南宋·李焘:《续资治通鉴长编》卷二)赵匡胤认为赵普说的有道理,因而采取削弱军人权力,构建文官制度的措施,其中重要的一项就是以儒臣分治大藩。

自唐代中叶起,一直到五代,各王朝在军事上推行藩镇(也称"方镇")制。藩镇领属地区的军、政、财、文、法等大权,都掌握在各镇节度使手里,如同独立王国,不但与中央分庭抗礼,割据称雄,还时时犯上作乱,祸国殃民。唐朝最后覆灭,就亡在藩镇手里。五代在半个世纪中政权频繁更迭,形成梁、唐、晋、汉、周五个短命王朝,其原因也是藩镇作祟。赵匡胤深知藩镇拥兵自重的危害,所以当皇帝之后大力削藩。赵匡胤曾对赵普说:"五代方镇残虐,民受其祸。朕今选儒臣干事者百余,分治大藩,纵皆贪浊,亦未及武臣一人也。"(南宋·李焘《续资治通鉴长编》卷十三)因而广用文人以代武人。

宋人蔡襄曾说:"今世用人,大率以文词进。大臣,文士也;近侍之臣,文士

也；钱谷之司，文士也；边防大帅，文士也；天下转运使，文士也；知州郡，文士也。虽有武臣，盖仅有也。"（北宋·蔡襄：《端明集》卷二十二《国论要目·任材》）蔡襄所描述的这种用人状况，反映出赵匡胤以儒臣分治大藩的谋划已逐步变成现实。此项措施被采取之后，长期以来，特别是五代以来，军人称雄、藩镇割据、君弱臣强的政治局面大为改观，宋代"崇文抑武"的基本国策初步确立。

（二）《文苑英华》纂修的文化背景

"文化"乃是以"文"化成一个国家、一个民族、一个社会的公序良俗，从而维系一个国家、一个民族、一个社会的生存与发展。原因是"文化"能内化为人的精神，外化为人的行为。当某种精神成为凝聚社会人们的有力纽带时，就会变成这个社会人们统一步调的自觉行为。精神高尚，人们会自觉遵守公序良俗，社会就安宁、和谐、发展；精神低劣，人们就会突破公序良俗的道德底线，进而违法乱纪，乃至犯上作乱，社会就不得安宁，甚至发生动乱。中国封建社会的帝王将相，深知"武可戡祸，文致太平"的文武之道，并且得心应手地加以运用，所以能延续两千多年。北宋立国之后之所以着力实施"崇文抑武"的基本国策，从宏观上讲，就是要"以文化成天下"，从而使赵宋王朝长治久安。

1. 尊儒重教

宋太祖即位不久，即颁布诏书，修葺祠宇，塑绘先儒画像，并亲自撰写对孔子等儒家先圣的颂赞之词，对以孔子为首的儒家表现出深深的尊重。赵普还曾经对宋太宗赵炅说："臣有《论语》一部，以半部佐太祖定天下，以半部佐陛下致太平。"（明·何乔新：《椒邱文集》卷四《史论》）可见宋朝统治集团已将儒家思想确立为官方哲学，儒家思想成为宋代治国理政的思想武器。

与此同时，北宋政府还很快设立国家最高学府——国子监，收七品以上官员子弟入学。开宝八年（975）又进一步扩大入学范围，允许更低级官员子弟入学，并允许准备应举的寒素子弟入监听读。同时扶植书院教育，将民间教育也纳入政府尊儒重教的思想体系。宋太宗曾说："丧乱以来，经籍散失，周孔之教将坠于地，朕即位之后多方收拾，抄写购募，今方及数万卷，千古治乱之道并在其中矣。"（北宋·程俱：《麟台故事》卷四《储藏》）这显示出宋朝统治者"尊儒重教"的目的，是要在周孔之教中理出"千古治乱之道"。

2. 勒石三诫

建隆三年（962），即赵匡胤登基第三年，曾秘密镌刻一碑，立于太庙寝殿的夹室，叫做"誓碑"。并敕令：日后时祭及新天子即位，谒太庙行礼之后，礼官要奏请恭读誓碑之词。誓词只有三条：一是说后周柴氏子孙有罪，不得加刑。纵使犯了谋逆造反之罪，也只是赐死在狱中，不得押解市曹行刑，不得连坐支属。二是说不得杀文人士大夫及上书言事之人。三是说赵氏子孙有不守此誓而妄为者，天当灭之。（详见：明·陆楫：《古今说海·避暑漫抄说纂九》）这就是宋太祖"勒石三诫"的故事。三诫中特立一条，不杀士大夫及上书言事之人，极大限度地保护了文人士大夫，使文人士子为了国家和民族利益敢于上书言事，说错了也不能杀戮。如此，则言路畅通，国家可坐收济困扶危之计。这一条将宋代"崇文抑武"基本国策表现得淋漓尽致。

3. 完善科举制度

科举选官制度，始于隋，行于唐。至北宋，不但继续施行，并打破门阀制度，只要文章合格，不论门第高低，出身贵贱，均可录用。

为拔擢才俊，实行复试制度。乾德六年（968），受命主持科考的官员是王祐，考中进士者只有十人，而陶穀之子陶邴居然名列第六。陶穀是一位炙手可热的高官，其弱点是不善教子，所以赵匡胤听说陶邴在登榜的十名进士中居然名列第六，便怀疑官官相护，故下诏复试。复试之后，陶邴仍然登第。因而规定"食禄之家"的子弟，礼部要具名上报，应当予以复试。

广开科举之门，使人人皆有进取之心。为避免屡试不第者心存不满，开宝二年（969）三月，宋太祖赵匡胤诏礼部检阅贡士中凡"十五举以上曾经终场者，具名以闻"。根据报来贡士司马浦等一百零六人的情况，下诏曰：此等人"困顿风尘，潦倒场屋，学固不讲，业亦难专，非有特恩，终成遐弃，宜各赐本科出身。"（南宋·王栐：《燕

宋代科举考试

翼治谋录》卷一）此乃宋代进士中有"特奏名"进士之始。自此，凡"士之潦倒不第者，皆觊觎一官，老死不止"。

宋代科举制度的完善与改变，大大刺激了社会各阶层读书应考的热情，营造出全社会倾心文章、潜心学术、崇尚文化的氛围。宋代太平兴国年间连续诏修三大书，正是这种氛围的产物。

文武之道，一张一弛。宋初几位皇帝之所以不遗余力地推行"崇文抑武"的基本国策，一方面是其亲历了军人称雄、藩镇割据给国家造成的祸乱，给黎民百姓带来的灾难，认为必须加以改变；另一方面，是其自身的文化素养较高，懂得文武之道一张一弛的辩证关系。宋太宗曾言："王者虽以武功克敌，终须以文德致治。"（南宋·李攸：《宋朝事实》卷三《圣学》）意谓武可戡乱，文致太平。所以宋太宗退朝观书，下诏修书，都是要从中"酌先王成败"之道而行之,进一步将"崇文抑武"的基本国策植根于文武之道的深奥哲理中。

二、《文苑英华》的纂修

(一)《文苑英华》纂修的具体原因

集部之书,发端于《汉书·艺文志》的"诗赋略",到南朝梁人阮孝绪作《七录》书目时,已设有"文集录"。"文集录"之下列有"楚辞部"、"别集部"、"总集部"三类,表明在《七录》成书之前,个人"别集"、多人"总集"之书已经产生。至唐初编撰《隋书·经籍志》时,"集部"被正式确立为经、史、子、集四部之一。东汉建安以降,辞赋转繁,个人别集也越来越多,人们已经感觉到读不过来,于是有晋代挚虞"采括孔翠,芟剪繁芜,自诗赋以下各为条贯,合而编之,谓为《流别》"(《隋书》卷三十五《经籍志》)。所以《文章流别》也就成为中国最早的"总集"。

到北宋初年,又经过七百多年的发展,别集、总集的数量已十分可观。周必大在《纂修文苑英华事始》中引证李焘《续资治通鉴长编》的话说:"太宗以诸家文集其数实繁,虽各擅所长,亦榛芜相间,乃命翰林学士宋白等精加铨择,以类编次,为《文苑英华》一千卷。"这是《文苑英华》编纂的具体缘由。还是在这篇文章中,周必大又引证《三朝国史艺文志注》说:"太平兴国七年九月,诏翰林学士承旨李昉,翰林学士扈蒙,给事中、直学士院徐铉,中书舍人宋白,知制诰贾黄中、吕蒙正、李至,司封员外郎李穆,库部员外郎杨徽之,监察御史李范,秘书丞杨砺,著作佐郎吴淑、吕文仲、胡汀,著作佐郎、直史馆战贻庆,国子监丞杜镐,将作监丞舒雅等,阅前代文集,撮其精要,以类分之,为《文苑英华》。其后李昉、扈蒙、吕蒙正、李至、李穆、李范、杨砺、吴淑、吕文仲、胡汀、战贻庆、杜镐、舒雅等并改他任,续命翰林学士苏易简、中书舍人王祜、知制诰范杲、宋湜与宋白等共成之。雍熙三年上,凡一千卷。"

（二）《文苑英华》纂修人员的资质

前引《三朝国史艺文志注》说：太平兴国七年（982）九月，诏翰林学士承旨李昉等纂修《文苑英华》，前后涉及二十一人。另据记载，赵昌言、王旦等也曾与修《文苑英华》，加起来共二十三人。这些人中李昉、扈蒙、徐铉、苏易简等是以馆职身份参与编修，也就是职责所系；而宋白、贾黄中、吕蒙正、李至、李穆、杨徽之、李范等，则都是以兼职身份参与编修。这套班子是一个资质十分全面的纂修班子。从出身、学术上看，二十三人中有十五名进士，进士当中有四名状元（舒雅、吕蒙正、杨砺、苏易简）。从行政职务上看，有三位宰相（李昉、吕蒙正、王旦）、四位参知政事、二位枢密副使、二位尚书、三位侍郎，阵容十分可观。由这套班子完成了历史上有名的文化工程——《文苑英华》。

（三）《文苑英华》的纂修缺点

中国封建社会官修的皇皇巨帙，历来成功者少。推其原因多是急功近利，急于求成；缺乏严格的编纂体例和行之有效的取舍标准；集体编修、多人参与、各行其是，谁也不负责任等。《文苑英华》的纂修缺点正是这三者交互作用的产物。历史上对《文苑英华》纂修缺点最有发言权的人有两个：一个是周必大，一个是彭叔夏。周必大是最后校理《文苑英华》并将之镂版行世的人，彭叔夏是由周必大安排通校《文苑英华》全书的人。他们所指出的缺点和错误大多言之有据，论证凿凿。

周必大在其《纂修文苑英华事始》中说："惟是元修书时，历年颇多，非出一手；丛脞重复，首尾衡绝；一诗或析为二，二诗或合为一；姓氏差互，先后颠倒，不可胜计。"彭叔夏则在其《文苑英华辨证》序中说："《文苑英华》一千卷，字画鱼鲁，编次混淆，比他书尤甚。"两人一个是宏观概括，一个是具体而言。周必大从宏观上概括《文苑英华》的缺点有三：一是细碎重出，前后不能照应；二是章节划分有误，乃至将一诗拆分为二，或将二诗合并为一；三是编排混乱，人物条目交错，未遵循一定体例。而出现这些问题的原因,一是《文苑英华》纂修的时间太长,二是出于众人之手。而彭叔夏《文苑英华辨证》则将《文苑英华》存在的问题分为用字、用韵、事证、事误、事疑、人名、官爵、郡县、年月、名氏、题目、门类、脱文、同异、离合、避讳、异域、鸟兽、草木、杂录,凡二十类,每类都举出具体例子加以考辨。

三、《文苑英华》的三次校理

宋太祖、太宗推行并确立的"崇文抑武"基本国策,到真宗时继续完善和充实,修书活动也在继续进行。景德二年(1005)诏修的《册府元龟》一千卷,便是重要的文事活动之一。不仅如此,对前代诏修的《文苑英华》也做出了校理的部署。

(一)《文苑英华》的第一次校理

宋真宗景德"四年八月,诏三馆、秘阁、直馆校理,分校《文苑英华》、李善《文选》,摹印颁行"。这次《文苑英华》校理,做了四方面的工作:一是"芟繁",就是将过于繁琐而又水平不高的诗文删去;二是"补阙",就是将当年编选时应收而未予收录的诗文补充进来;三是"换易",就是重新选录一些水平更高的诗文替换那些水平偏低的拙作;四是"重加编录",就是对芟繁、补阙、更换之后的全部诗文按照各自应属的门类重新加以编排。而总原则是"卷数如旧",即仍是一千卷。这四方面的工作难度不小,量也很大,前后花费了两年多的时间,梳理才算告竣。由于宋真宗对此还是不放心,所以到大中祥符二年(1009),"又令工部侍郎张秉,给事中薛映,龙图阁待制戚纶、陈彭年校之"。这说明宋真宗对这次校理是十分严肃和认真的。然而不幸的是,就在这次与《文选》同时整理的《文苑英华》藏事之后,"未几,宫城失火,二书皆烬"(清·徐松:《宋会要辑稿》崇儒四)。不但用事之人前功尽弃,后人也无由再窥其一斑。直至一百六十余年后,南宋孝宗才又将《文苑英华》校理一事再次提上议事日程。

（二）《文苑英华》的第二次校理

南宋孝宗赵昚在位期间，虽然干戈未息，国事纷繁，却能恪守祖宗家法，留心文事。淳熙四年（1177）命吕祖谦编纂宋室南渡之前的宋人诗文总集，成《皇朝文鉴》一百五十卷。

利用这次新编《皇朝文鉴》之机，周必大提出宋太宗时所编《文苑英华》"虽秘阁有本，然舛误不可读"，应重加校理。宋孝宗乃"传旨取入，遂经乙览"，发现该书确实舛误颇多，难于行世，于是下令在"御前置校正书籍一二十员"，同时进行勘校，以便尽早校出正本。但是，此次所用校理人员"皆是书生稍习文墨者"，工作极不负责任。校理人员"一边莲花落"，"一边大鼓书"，对校勘实务，既缺乏应有的知识，又胆大妄为，乃至"往往妄加涂注，缮写装饰"（南宋·周必大：《周益文忠公集》卷五十五《文苑英华序》）。因知第二次校理，虽在御前进行，却是最敷衍塞责的一次。不但蓝本的舛误未得到校正，"反滋讹舛"（明隆庆元年刻本《文苑英华》胡维新序），徒增一部劣本。此为《文苑英华》的第二次校理。

（三）《文苑英华》的第三次校理

第二次校理《文苑英华》时，周必大为侍读、吏部侍郎、翰林学士，终日在御前行走。他对于第二次校理的弊端心知肚明，亦感责任难却。宋宁宗庆元元年（1195），周必大以少傅身份致仕还乡，摆脱了繁忙的政务，于是重新组织力量，对《文苑英华》实施第三次校理。

周必大（1126—1204），字子充，一字洪道，号省斋居士，晚号平园老叟，庐陵（今江西吉安）人。南宋高宗绍兴二十一年（1151）进士，官至左丞相。周必大曾在翰林任职六年，"制命温雅，周尽事情，为一时词臣之冠"（《宋史》卷三百九十一《周必大传》）。从其退休到谢世，周必大以渊博的学识、严谨的态度、久经历练的组织能力，将晚年的全部精力投入到《文苑英华》的校理中。

据周必大自称："晚幸退休，遍求别本，与士友详议，疑则阙之。凡经、史、子、集、传注、《通典》、《通鉴》及《艺文类聚》、《初学记》，下至乐府、释老、小说之类，无不参用。"（南宋·周必大：《纂修文苑英华事始》）几句简言，便告诉了读者此次校理所采取的四个具有实际效果的措施。

一是"遍求别本"。这是自古以来古籍整理必须首先采取的步骤。西汉时刘向、刘歆受命整理国家藏书，首要环节就是广征天下遗书，以备众本。因为众本不备，就无法校其异同；异同不明，就无法定其篇目；篇目不定，就无法撮其要旨；要旨撮不出，就无法叙而录之。这是一套行之有效的古籍整理经验。《文苑英华》之所以产生很多问题，就是只用一本，而不寻别本，不用别本。周必大吸取《文苑英华》编纂时的教训，第一步便提出"遍求别本"。

二是"与士友详议"。这是编纂、校理大书必不可少的环节。不与士友详议，就无法集思广益，就制定不出周密的编纂、校理方法和计划。周必大回到家乡，能与之进行详议者不多，胡柯、孙谦益、丁朝佐、曾三异、彭叔夏，大概都是其与之详议的士友，其中最主要的是乡贡进士彭叔夏。这个人不仅能与周必大进行"详议"，还肯做踏踏实实的校理工作，并在最后写出了《文苑英华辨证》一书，全面系统记录《文苑英华》原有的各种舛误及校正成果。

三是"疑则阙之"。多闻阙疑是做学问必备的严谨态度。对于疑难，确有根据加以解决者，自然要加以阐释、校正、更改；没有确凿证据加以解决，则不想当然，不穿凿附会，而是原原本本放在那里，以俟来哲。这是整理古籍应有的态度，也是必须坚守的原则。

四是旁征广搜，博采众长。这也是做学问和整理古籍必须具备的条件。没有这些条件，就无法借以判断是非，就无法择善而从，就无法融会贯通，最终也解决不了实际问题。周必大所说"凡经、史、子、集、传注、《通典》、《通鉴》及《艺文类聚》、《初学记》，下至乐府、释老、小说之类，无不参用"，绝对不是虚话，而是可信的事实。否则，校理不出有质量的《文苑英华》。

周必大在采取上述步骤和措施后，与士友一道对《文苑英华》展开了校理。经

过此次校理,周必大认为《文苑英华》达到了付梓行世的水平,故又亲自主持将此书付梓行世的工作。

四、《文苑英华》的版刻源流

《文苑英华》自雍熙修竣进呈后,长期只有抄本流传,并无刊本行世。有宋三百余年,《文苑英华》第一次上木,还是周必大将其付诸实施。

(一)《文苑英华》的南宋嘉泰原刊

1.《文苑英华》的付梓

关于此次雕印《文苑英华》,周必大在《纂修文苑英华事始》中说"始雕于嘉泰改元春,至四年秋讫工",用了将近四年的时间。周必大告老还乡,本可颐养天年,坐享清福,为什么仍要以垂暮之年校刻千卷之巨的《文苑英华》?其在《纂修文苑英华事始》中称:"盖欲流传斯世,广熙陵右文之盛,彰阜陵好善之优,成老臣发端之志。"可知其之所以要校刻此书,一是要使此书流传于世,使二百多年未曾刊行的梦想化蛹成蝶,广为流布;二是要扩大宋太宗(死后葬熙陵)当年"稽古右文"、"以文化成天下"的影响,继续贯彻"崇文抑武"的基本国策;三是要彰显宋孝宗(死后葬阜陵)乙夜御览,并亲自指挥校理的好善之心;四是要完成当年参与编纂并久已作古的诸老臣发端此事的未竟之业。周必大写就这篇序文时,已是嘉泰四年(1204)七月七日,时届孟秋。五个月后,也就是这一年年末,周必大便驾鹤西归。一个封建社会的士大夫,能如此鞠躬尽瘁,完成《文苑英华》校刻的历史任务,不愧为可恭可敬的良臣。

周刻《文苑英华》,开版宏朗,颇似官雕。每半版十三行,行二十二字,白口,左右双边。版心上镌字数,下镌刻工姓名,是南宋江西刻书的典型风貌。

2.《文苑英华》的镌版性质

宋代出书的付梓方式,官、私、坊三大系统不完全相同。官署刻书,尤其是中央官署，如宋代的国子监，先是有印书钱务所，后改名书库官，此为国子监自己专设的刻书机构。中央官署之书常常发付这里梓行。但有时也发付书铺梓行，甚至下杭州书铺镂版。但这多是官署出资，书铺刻印，性质仍是官刻。私宅刻书，其付梓方式有两种，一种是招雇刻印工匠上门，按主人要求开版雕造；另一种是出资者将书稿发付书铺或雕印工匠，由其刊印而成。至于书铺，有的有自己的雕印工人，有的没有自己的雕印工人。有工人者，书铺自可自行刊印；无工人者，也要出资发刻，或倩工上门开雕。所有这些付梓方式，出版研究者和版本研究者，并不陌生，因为都是以出资者为谁来定性。周必大《文苑英华》之刻，则是一种以前学界未能充分给予关注的付梓方式。

陆心源《皕宋楼藏书志》卷一一二《集部》，著录旧抄本《文苑英华》一部，叙录中有如下一段声明性的告白文字：

> 宋翰林学士、朝请大夫、中书舍人、广平县开国男、食邑三百户、上柱国、赐紫金鱼袋宋白等奉敕集。
>
> 每卷末俱有"登仕郎胡柯、乡贡进士彭叔夏校正"一条。
>
> 末有"成忠郎、新差充筠州临江巡辖马递铺王思恭点对兼督工"一条。
>
> 吉州致政周少傅府昨于嘉泰元年春，选委成忠郎、新差充筠州临江军巡辖马递铺权本府使臣王思恭，专一手抄《文苑英华》并校正重复，提督雕匠，今已成书，计一千卷。其纸札、工、墨等费，并系本州印匠承揽，本府并无干预。今声说照会。四年八月一日，权干办府张时举具。

陆氏皕宋楼所藏的这部旧抄本《文苑英华》，应即由嘉泰原刊本所从出，或者说是直接抄自嘉泰本。瞿氏《铁琴铜剑楼藏书目录》卷二十三《集部·总集类》亦著录旧抄本《文苑英华》一千卷，在记录前述那段文字之后更说"此本为明初人依宋本传录，款式尚仍其旧"。这表明旧抄本《文苑英华》的确来自原宋本，因此旧抄本卷末的文字应是宋本《文苑英华》卷末固有的文字。

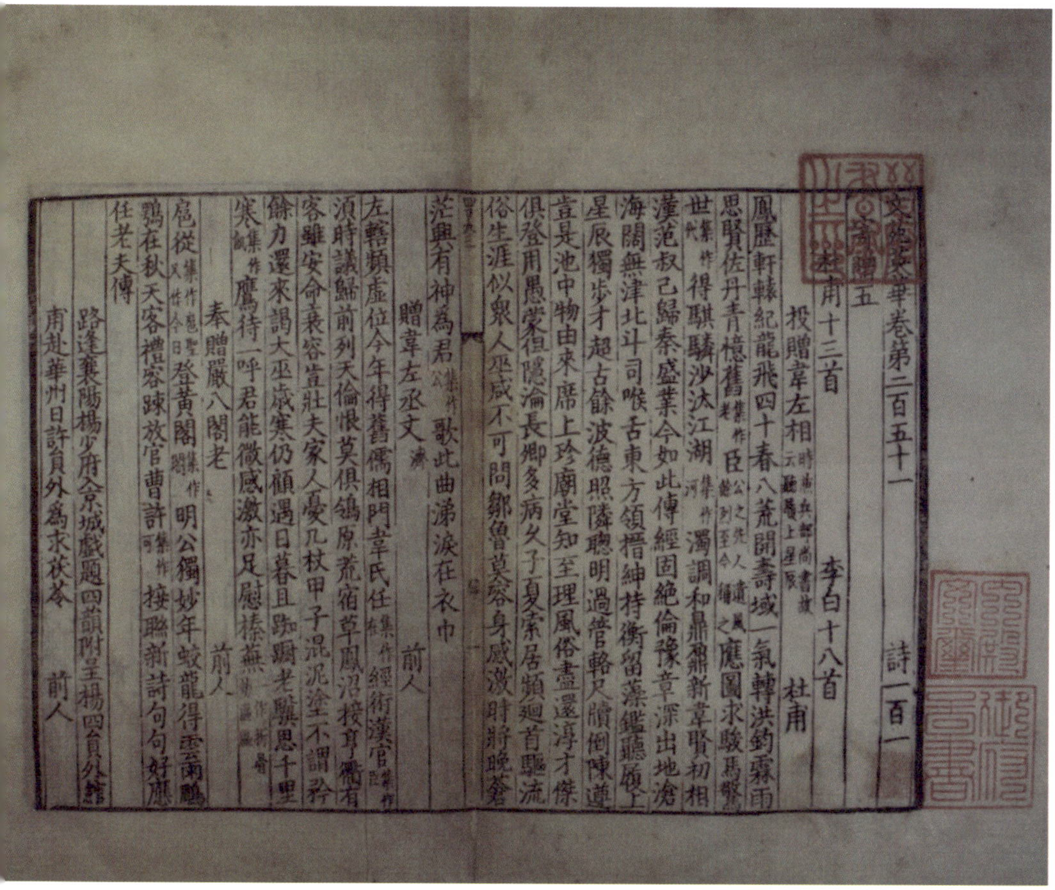

宋刻本《文苑英华》　中国国家图书馆藏

"每卷末俱有'登仕郎胡柯、乡贡进士彭叔夏校正'一条",与今天所能见到的宋本每卷卷末所具校勘人的衔名完全相同,证明所谓旧抄本《文苑英华》确实是直接来自宋本。惟是今存原刻《文苑英华》只存断续卷帙,佚去全书的最后一卷,故"末有'成忠郎、新差充筠州临江巡辖马递铺王思恭点对兼督工'一条",已无从可见。因而旧抄本就显得格外重要,它使我们知道《文苑英华》的这次付梓,负责点对兼督工的具体人物是王思恭。这个人当时的身份是成忠郎,职务是新差充筠州临江军巡辖马递铺。

成忠郎是官阶名，正九品，地位很低。筠州和临江军均属江西，在吉州北部，王思恭其时是监察筠州和临江军两地马递铺的巡辖使臣。王思恭官职虽低，却与《文苑英华》的雕印发生了密切的关系。

《周益文忠公集》卷四十六，有周必大一首诗赞，说：

> 予刻《文苑英华》千卷，颇费心力。使臣王思恭书写、校正，用功甚勤。因传于神，戏为作赞：
>
> 倚树而吟据槁梧，自怜尔雅注虫鱼。
>
> 汝曹更作书中蠹，不愧鲲鹏海运欤。

"吉州致政周少傅府昨于嘉泰元年春，选委成忠郎、新差充筠州临江军巡辖马递铺权本府使臣王思恭，专一手抄《文苑英华》并校正重复，提督雕匠，今已成书，计一千卷"一节，说的是周必大于嘉泰元年（1201）春选择并委托王思恭"专一手抄《文苑英华》并校正重复，提督雕匠"。这表明可能是因为王思恭写字比较好，所以周必大将《文苑英华》的写样工作专门交给其负责，并且委托其校正重复。与此同时，还让其管理雕字匠人的镌版工作。可知王思恭在《文苑英华》的雕印过程中，担当了重要角色，劳苦功高。所以周必大才说其"用功甚勤"。

"其纸札、工、墨等费，并系本州印匠承揽，本府并无干预"一节，十分重要。其意是说《文苑英华》雕印的用纸、用工、用墨，乃至于折叶、装订等项费用，都是由筠州印匠承揽，官府并未出资或参与。这实在是一种新的付梓形式。笔者曾就宋代刻书的用工（包括写样工、划界工、刻字工、刷印工、折配工、装订工）、用纸（包括书叶用纸、封面用纸）、用墨等，粗略地算过一笔账，其工、料成本与出售价格相比，大概有二至三倍的利润。（见本书第七讲）刻书既有利可图，就为付梓方式提供了较为灵活的选择途径。上述这段文字告诉读者，《文苑英华》的付梓，既不是官府出资，也不是周必大自己出钱，而是由周必大将此项任务外包给了筠州的刻印工人。由刻印工人出资承揽，印制出来的书，除以若干部送编校者外，其余自己经销，从中获取利润。这是学界过去没太注意的问题,使我们又知道了一种付梓出版的经营方式,对于深化版本学研究和出版史研究大有裨益。

前引《皕宋楼藏书志》那段话的最后署名是"四年八月一日,权干办府张时举具",表明《文苑英华》刻完时,筠州的干办是张时举。张时举,字文实,福建闽县人,南宋孝宗乾道八年(1172)进士。由其具名将本州印匠承揽刊印《文苑英华》事进行公告,进一步证明《文苑英华》之刻确是工匠承包,当地政府"并无干预"。这证明《文苑英华》确实不是官府出资刊刻。

3. 宋版《文苑英华》的梓行地

傅增湘《藏园群书题记》卷十八《范履平临叶石君校本文苑英华跋》称:"近年

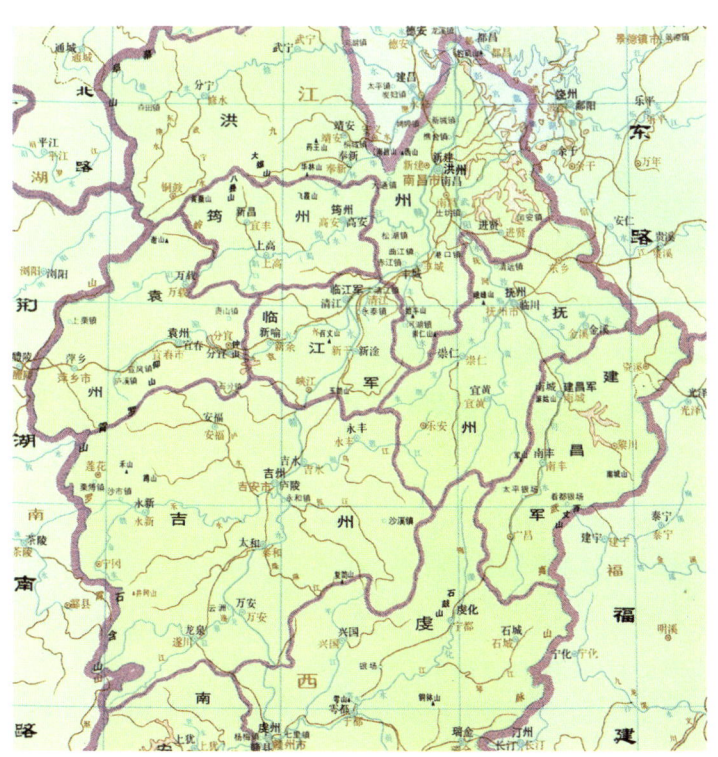

北宋政和元年(1111)江南西路局部
(出自谭其骧主编:《中国历史地图集》)

余收得《英华》宋刊十卷,为嘉泰四年周益公刊于吉州者,刊工与余藏吉州本《欧阳文忠公集》多有同者。"赵万里先生编纂《中国版刻图录》,亦将《文苑英华》镌刻之地类归在吉州名下。傅、赵二先生都是版本大家,影响所及,迄今尚无异说者。推想二君之所以有如此之说,盖因《文苑英华》的主刻之人周必大是吉州人,校刻此书时又已致仕还乡,故其所刻《文苑英华》当然也在吉州。可是当我们知道写样上版、提督雕印之人乃是王思恭时,便会对两位先辈的说法产生怀疑。

前边已言,王思恭是巡辖使臣,而且是新近差遣的官员,官虽不大,但在监督马递铺,保证政令畅通上具有重要作用。这种官员恐怕要坚守岗位,不得擅离职守。周必大虽于嘉泰元年(1201)春选委王思恭为《文苑英华》写样上版并提督雕匠,但若让其离开职守,到吉州来花几年时间从事《文苑英华》的写样雕版事务,恐怕不大可能。又,前引"其纸札、工、墨等费,并系本州印匠承揽"一语,已经说明是"本州"印匠而非"本军"印匠承揽,不仅从侧面说明监察筠州和临江军两地马递铺的巡辖使臣之常驻地是筠州,也说明由巡辖使臣王思恭"提督雕匠"而成的《文苑英华》梓行地点既不是吉州,也不是临江军,而是筠州。故此书版本既不应简单表述为"宋嘉泰元年至四年周必大刻本",也不应表述为"宋嘉泰元年至四年周必大吉州刻本",而应表述为"宋嘉泰元年至四年周必大王思恭筠州刻本"。

周必大之所以将《文苑英华》的雕印任务委托给使臣王思恭,一方面盖因王思恭写字好,能静下心来书写千卷之巨的《文苑英华》版样;一方面又大小是个官员,有提督管理雕印此书的能力;同时还有一个原因,那就是筠州距吉州路途不算太远,雕印过程中有什么问题需要请示定夺,往返并不算太困难。加之王思恭有巡辖马递铺之便,也就进一步拉近两地的距离。

(二)《文苑英华》的明代隆庆重刻

《文苑英华》从南宋嘉泰四年(1204)第一次雕印,始终孤刻单行。待到其有第二次镌版,已是三百六十余年后的明隆庆元年(1567)。

1. 《文苑英华》第二次刊行的缘起

明代最早想梓行《文苑英华》并将其付诸实施的第一人，是胡维新。胡维新，浙江余姚人，嘉靖三十八年（1559）进士，以编刻《两京遗编》丛书知名。胡维新的父亲曾抄过一部《文苑英华》，藏于家中，胡维新自小就有机会阅读此书。但由于书中"句有遗妍，篇残故籍"，"其所未概者多也"，因此促使胡维新很早就想购置一部全书，"梓而传之"，以利读者。嘉靖四十五年（1566），胡维新以御史身份巡按福建。赴命前，在武林（杭州）道上邂逅侍御颜冲宇，两人谈文论道，又涉及重刊《文苑英华》一事。胡氏说，《文苑英华》宋代曾经有过刻本，但一直藏在御府，不是掌管中秘之书的人不可获见，况且已全部散逸。

儒林之家虽传有善本，但因卷帙浩繁，抄录一部，非经年累月无以完成，所以清寒之士仍然不可获观。因此，此次巡按福建，实欲梓行《文苑英华》，可是又担心这并非自己的本职工作。颜冲宇听后则说："盖御史按治，非止贞邪、肃条是任，弘文阐教，与有责焉。则传兹集而导之士，曷非务之先！"（明隆庆元年刻本《文苑英华》胡维新序）一席辩白之说，促使胡维新下定决心实施此举。

2. 明版《文苑英华》的雕造

嘉靖四十五年（1566）六月，胡维新入闽履职，又将此事向福建巡抚涂泽民述说一遍，进一步得到涂氏的赞同与支持，因而开始了梓行的准备工作。《文苑英华》开版之前的纠谬证疑、铨次补缺等工作，由福建布政使司和提刑按察使司相关人员协助进行；鸠工设计、写样校刻等工作，则由福建总兵戚继光和福州知府胡帛、泉州知府万庆等负责。

胡帛，字子行，四川垫江（今属重庆）人。嘉靖三十五年（1556）进士。官福州知府时，倭寇窥视福州。胡帛与三司固守城池，贼不得逞。贼又占据海州，帛则发船督战，斩获甚众。万庆，字子馀，南直隶和州（今安徽和县）人。嘉靖三十八年（1559）进士，四十四年（1565）任泉州知府。

戚继光，字元敬，号南塘，晚号孟诸，山东登州人。嘉靖间袭登州卫指挥佥事，升都指挥佥事。御倭有战绩，嘉靖三十四年（1555）擢为浙江参将。治军有方，练

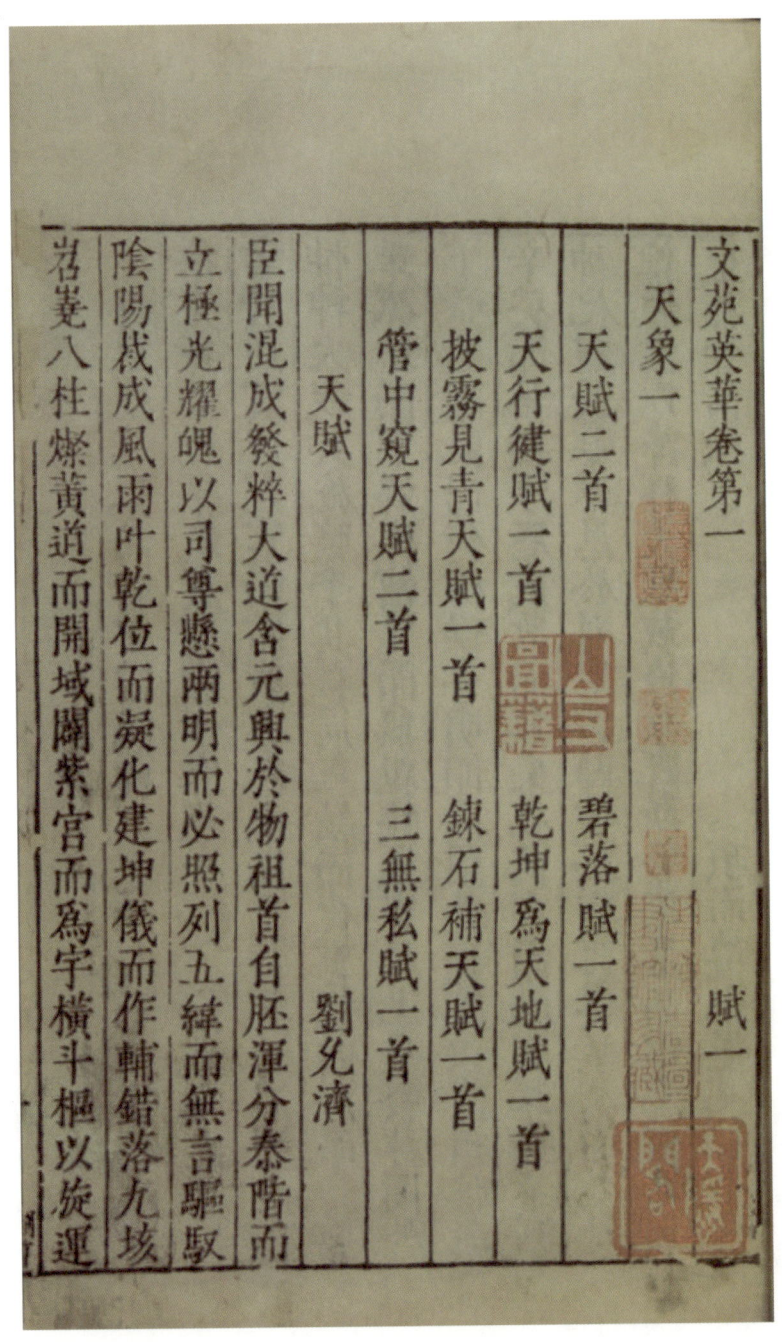

明隆慶刻本《文苑英華》　青海省圖書館藏

兵有法，用兵有谋，戚家军之名大震。平定浙、闽倭患，于嘉靖四十二年（1563）擢为福建总兵。

有上述三位手握实权的人物赞襄《文苑英华》的校刻，其在资金投入、物资准备、人力组织、关系协调等诸方面，都有了坚强保障，所以"不数阅月"而千卷的《文苑英华》刻成。时岁次隆庆元年（1567）正月。屈指算来，实际雕印工作不足半年。其书每半叶十一行，行二十二字，白口，四周单边。卷前有福建巡抚涂泽民序，又有福建巡按御史胡维新序。书刻于闽中，故序后列有福建各官衔名四十一行。

傅增湘《藏园群书题记》卷十八《校本〈文苑英华〉跋》，对此事有过精彩的议论：

> 至刻书之役，据胡序言，自嘉靖丙寅六月入闽，始发其议，至于翌岁隆庆丁卯正月而蒇功，仅阅半载，而绣梓以成，其缮校之勤奋，课工之严急，非恒人所能奏效。盖督抚大吏主持于上，郡邑学校分工于下，而南塘少保更以军法督厉而经画之，挟万钧之力以完此冠世之书，故成功如是其伟且捷也。

半年之内，能校刻一部千卷之巨的《文苑英华》，其速度之快就是以今天的眼光来衡量，也算是高速度。任何事情都一样，只要急功近利，一味求快，工作必定草率，质量必定低劣。加之此次所刻《文苑英华》所据底本并非宋刻，而是民间传抄，遗患孔多，讹夺滋深。明隆庆刻本《文苑英华》从其诞生那天起，便讹舛丛生，谬种流传。

五、《文苑英华》宋刻本的流传

宋版《文苑英华》问世之后，其流传途径基本有二：一为进御本的官府流传，一为非进御本的民间流传。宋版《文苑英华》进御本的流传，十分曲折。

(一）南宋皇家收藏

宋嘉泰四年（1204），周必大《文苑英华》校刻蒇事，书进呈后被藏在南宋行在临安大内。今中国国家图书馆所藏十三册《文苑英华》中钤有"内殿文玺"、"御府图书"、"缉熙殿书籍印"可证。

检国家图书馆所藏宋版《文苑英华》，"御府图书"一印，钤在框外最右下角，这当是最初钤盖的印记，表明该书进呈后首先藏在御府。御府是皇家收藏文玩典籍之所。清陈景云《柳集点勘》卷一称："唐秘书省掌御府图籍。"南宋潜说友《咸淳临安志》卷七《行在所录》说：道山堂后有一小轩，作竹石于僧壁，传说乃苏轼被贬儋州回归后戏作，"好事者取以为屏，献之贵家，转入御府"。或许是因为御府由秘书省掌管，皇帝要看《文苑英华》尚需侍臣提借，比较麻烦，所以后来又将其移藏于内殿。内殿，乃皇帝起居的寝殿。今书上所钤"内殿文玺"一印，虽亦钤盖在框外右下角，但位置则在"御府图书"之上，表明内殿乃宋版《文苑英华》的第二个庋藏之所。而"缉熙殿书籍印"，均钤在每册的末尾，说明经皇帝御览之后，缉熙殿落成，又将其移藏于该殿，故又有"缉熙殿书籍印"之记。考南宋临安大内缉熙殿，始建于南宋理宗赵昀在位期间。宋理宗嘉熙三年（1239），程公许在《试上舍生策题》中说："至于我皇上，甫登大宝，即营缉熙殿。"（南宋·程公许：《沧州尘缶编》卷十四）可知缉熙殿始建于宋理宗宝庆元年（1226）。至绍定五年（1232）十一月，理宗已将"敬天命、法祖宗、事亲、齐家而下凡四十八条"，亲笔写成十二轴。到次年六月缉熙殿落成时，又御书"缉熙"二字匾额高悬其上（南宋·王应麟：《玉海》卷一六〇《宫室》）。因知缉熙殿之印必钤盖在理宗绍定六年（1233）之后。因为这一年缉熙殿才落成。

南宋恭帝德祐二年（元至元十三年，1276），元军渡江南下，南宋奉表投降。元行中书省右丞相伯颜"遣宋内史王埜入宫，收宋国衮冕、圭璧、符玺及宫中图籍、宝玩、车辂、辇乘、卤簿、麾杖等物"。不久，又"命焦友直括宋秘书省禁书图籍"。待到伯颜入临安，又"遣郎中孟祺籍宋太庙四祖殿、景灵宫礼乐器、册宝暨郊天仪仗，

及秘书省、国子监、国史院、学士院图书，太常寺图书、祭器、乐器等物"（《元史》卷九《世祖本纪六》）。而后将这些东西"由海道舟运至大都"。并接受许衡的建议，"遣使取杭州在官书籍板及江西诸郡书板，立兴文署以掌之"（清·钱大昕：《补元史艺文志序》）。依上述记载，《文苑英华》应包括在猎取之内，被运至大都，藏在兴文署。但是现存宋版《文苑英华》中并无元时典藏痕迹。推其原因，盖是现存宋版《文苑英华》既缺卷首，又缺卷尾，而是中间断续的存卷。元时若有官署钤章，或许不在现存的卷帙上，亦未可知。

明洪武元年（1368）八月，"徐达入元都，封府库图籍，守宫门，禁士卒侵暴"（《明史》卷二《太祖本纪二》）。《明史·艺文志》总序又说："明太祖定元都，大将军收图籍致之南京。"可知明初元大都的府库图籍又运到了南京，宋版《文苑英华》亦当在其中。永乐十八年（1420）十一月，明成祖朱棣迁都北京。"北京既建，诏修撰陈循取（南京）文渊阁书一部至百部，各择其一，得百柜，运致北京。"（《明史·艺文志》总序）由此可以大致推测，皇家旧藏元得于宋，运至大都；明又得于元，从北京再运至南京；明北京建成，又从南京运至北京。宋本《文苑英华》很可能就在其中。

清人方中履《古今释疑》卷一《书籍总目》载："明秘阁（之书）散于正德中，内库（之书）散于万历末，是又一厄也。"并引证明陆文裕的话说："我朝秘阁多宋元之旧，间有手抄。予初入馆时，见所蓄甚富。若《文苑英华》大书，尚有数部。正德间，梁厚斋在内阁，援用监生入官，始以校正为名，而官书乃大散逸于外。"又引证刘若愚的话说："内府有板之书，藏于内库，板藏于经厂，司礼监提督掌之。万历中多为匠夫、厨役盗出货卖。柘黄之帙，公然罗列于市肆中矣。"《文苑英华》是宋时黄绫封面，时间一长，黄色发暗，成为柘黄。其时或有盗卖，亦未可知。

（二）明代晋府收藏

现存宋本《文苑英华》又钤有"晋府图书之印"、"晋府书画之印"、"敬德堂章"、"子子孙孙永宝用"等印记，因知其曾为明代晋藩的插架之物。晋藩首封为王者是朱棡，朱元璋第三子，洪武三年（1370）受封，十一年（1378）就藩太原。朱棡学文于宋濂，学书于杜环，好藏书。其后历代晋王克成其绪，王府藏书日富。本是宋代御府收藏的《文苑英华》，到明朝怎么又庋藏于晋藩？这与明朝的藩王政策有关。

朱元璋称帝后，认为"天下之大，必建屏藩，上卫国家，下安民生"（明·夏良胜：《中庸衍义》卷十《九经之义》），"非亲子弟不足以镇抚而捍外患"（《明史稿·诸王传》），梦想以"家天下"的形式实现朱明王朝的长治久安。同时，为防止西汉七国之乱在当朝重演，朱元璋对封王诸子又采取防范措施。措施之一，是为所封诸王各派高僧大德一名，使之日随诸王左右，劝善诫杀，借以泯灭诸王争权夺利，乃至叛逆谋反的政治野心；措施之二，是诸王就藩之国时，多赐经史典籍及诗文戏曲，鼓励其精研六经诸史，潜心诗文，修身养性，借以消弭诸王争夺储位、篡夺皇权的野心。

朱元璋驾崩之后，诸藩势力已威胁中央政权。建文帝接受近臣建议，开始削藩，为燕王朱棣起兵造反提供了口实。待到朱棣称帝后，从自身实践中深切体会到藩王的潜在威胁，所以严控宗藩，制定了一整套限制诸藩的政策：不许掌兵，不许出仕，不许参加科举考试，不许随意出城，藩王间不许随意相见，不许同时朝觐，不许从事四民之业。这些政策完全改变了朱元璋封藩的初衷。朱棣竭力提倡者，则是让藩王读经诵史，修德习文，将藩王之思想完全桎梏在修文的范畴之内，将藩王之活动限制在狭小的封疆天地之中。只为藩王留一条出路，那就是潜心文事，莫问政治。很有可能，宋版《文苑英华》就在这种藩王政策影响下被赐给了晋藩。

（三）清代皇家收藏与散出

明朝灭亡后，晋藩之书被收归国有。宋版《文苑英华》亦随之庋藏于清代的内阁大库。晚清政治腐败，经济衰微，列强横行。宣统元年（1909）清理内阁大库，得宋版《文苑英华》卷601至卷700凡十册百卷，由清廷拨交当时刚刚成立的京师图书馆（国家图书馆前身）庋藏。这是国家图书馆典藏宋版《文苑英华》的初始。其后，该馆又陆续入藏三册，合为十三册一百三十卷。这三册分别来自傅增湘、周叔

弢和陈清华，而这三人所得均与刘启瑞有关。

刘启瑞，字翰臣，号韩斋，江苏扬州宝应人。光绪三十年（1904）恩科三甲第六名进士。先后做过内阁中书及内阁侍读。官阶虽不是很高，但可以入阁看书，又有幸参与内阁大库的图书清理，于是留心古刻旧刊。传说，刘启瑞当时进宫没有坐轿的资格，只得骑马。但清朝官员的那身官服，骑马实属不便，只好在路上穿便服骑马，官服由家丁用包袱皮包着跟随。到班之后，再脱下便服，换上官服。下班时再脱掉官服换上便服。这么早晚一脱一换，包袱皮派上了用场。宋版《文苑英华》的五册零帙就是这么由宫里带出来的。辛亥革命后，刘启瑞赋闲在北京，终日徜徉在自己的藏书堆里。其藏书享誉京师，光顾有人，为其待价而沽提供了有利条件。据《藏园群书经眼录》卷十七记载，民国九年（1920）四月，傅增湘在刘启瑞家见到了宋版《文苑英华》卷251—卷260、卷271—卷280两册二十卷。十年后，也就是民国十九年（1930），傅增湘从颍川陈氏手中购得卷251—卷260一册十卷。前此一年，即民国十八年（1929），傅增湘从天津周叔弢处借得宋版《文苑英华》卷231—卷240一册十卷。至此，傅增湘已见过卷231—卷240、卷251—卷260、卷271—卷280三册三十卷，其中卷251—卷260一册十卷已归自己所有。后来傅增湘所得卷251—卷260和周叔弢所藏卷231—卷240，两册二十卷先后于20世纪50年代被捐给北京图书馆（国家图书馆前身）。

今藏国家图书馆宋版《文苑英华》还有一册，即卷291—卷300。该册首叶钤有"国立北平图书馆收藏"印记，则该册当在新中国成立以前入藏国立北平图书馆（国家图书馆前身）。至于该册如何从刘启瑞手中辗转入藏该馆，因此册再无其他私人藏书印记，目前尚不得知，待考。如此以来，时至20世纪50年代北京图书馆总藏就有了十三册一百三十卷，还有两册二十卷下落不明。

1995年秋季，中国嘉德拍卖公司拍卖一册宋版《文苑英华》，结果以120万元人民币的高价，被马来西亚人购得。这一册的卷帙是卷201—卷210，其上钤有"祁阳陈澄中藏书记"，证明此册宋版《文苑英华》曾为陈清华所藏。陈清华，字澄中，湖南祁阳人，是民国时期著名藏书家，其藏书与周叔弢方轨并驾，驰名大江以南。

在陈清华之后，此册《文苑英华》曾归香港敏求精舍主人王南屏先生收藏，其上钤有"南屏珍藏"印记可证。在王先生收藏期间，香港中文大学出版社曾借以影印出版。此册还有傅增湘亲笔题记，证明傅氏当年也见过。

还有一帙，笔者几十年来舟楫南北，车走东西，苦索冥求，终无信息。1996年4月，赴台湾参加两岸古籍整理学术研讨会。轮到笔者演讲时，主持人换上了台湾"中研院"黄彰健院士，笔者深感荣幸，亦借此结识了黄先生。会间，尝访问参观"中研院"，于史语所陈列室的说明中，见其印有宋版《文苑英华》图版。回京后曾用放大镜反复审视，均看不清其上的藏印和卷第。不得已，只好致函黄先生，询问究竟。黄先生十分认真，经过目验查对，于同年5月30日复函于笔者，告知该院所藏宋版《文苑英华》卷帙为卷271—卷280一册十卷，应当为宋嘉泰内府刻本，并抄示民国二十八年（1939）傅增湘在此册上的题记。至此，当年刘启瑞从清宫中带出来的五册宋版《文苑英华》，全部找到了下落。

有意思的是宣统年间清理内阁大库时，宋版《文苑英华》存卷601—卷700，凡百卷十册，卷第是连续的，而刘启瑞从内阁大库带出来的五册，卷第是断续的。为什么不带卷帙连续的十册，而只带不连续的卷帙？大概一是连续的十册难以一次携出，二是刘启瑞毕竟是文人，不忍再将连续的卷帙人为地拆散，成为历史的罪人。于是便衍化出这么一段书林故事，而且至今还在演绎着。

至此，我们也可以作出一个明确的总结：迄今宋版《文苑英华》天壤间尚存十五册一百五十卷，其中中国国家图书馆收藏十三册，其卷次分别为卷231—卷240一册、卷251—卷260一册、卷291—卷300一册、卷601—卷700十册；卷201—卷210一册，1995年之后在马来西亚人手里，后来又出手没有，不得而知；卷271—卷280一册在台湾"中研院"史语所傅斯年图书馆。

中国古籍十二讲

第六讲　《锦绣万花谷》及其辑者考

一、《锦绣万花谷》其书

2012年匡时春拍预展会上，笔者见到一部宋刻《锦绣万花谷》，存前集四十卷后集四十卷，凡四十册。每半叶十二行，行二十一字，白口，左右双边。为此前所未见。

《锦绣万花谷》乃综合性类书。古代的类书相当于今天的工具书，实用性较强，所以宋时就一刻再刻，以应时需。据《北京图书馆古籍善本书目》著录，国家图书馆所藏宋刻《锦绣万花谷》有两个版本系统：一为《锦绣万花谷》前集四十卷后集四十卷别集三十卷，今存六十九卷（前集一至八、十一至十九、二十一至二十五、二十九、三十一至三十三、三十五至四十；后集二至三十七；别

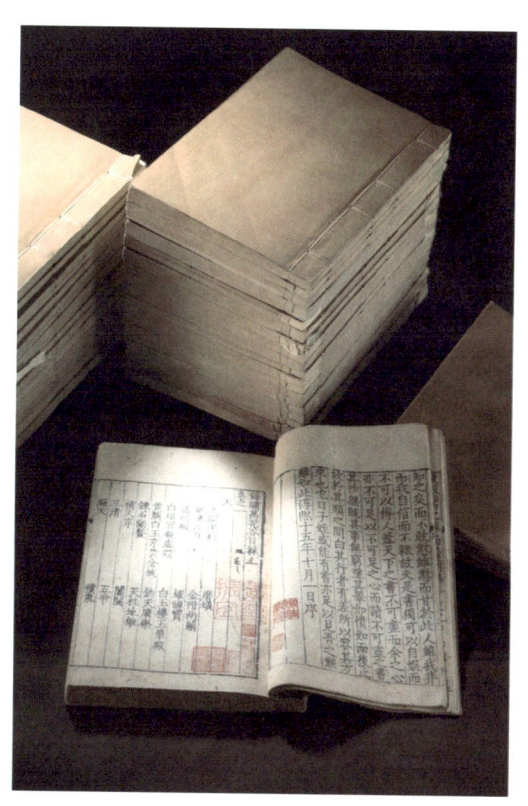

宋刻十二行本《锦绣万花谷》

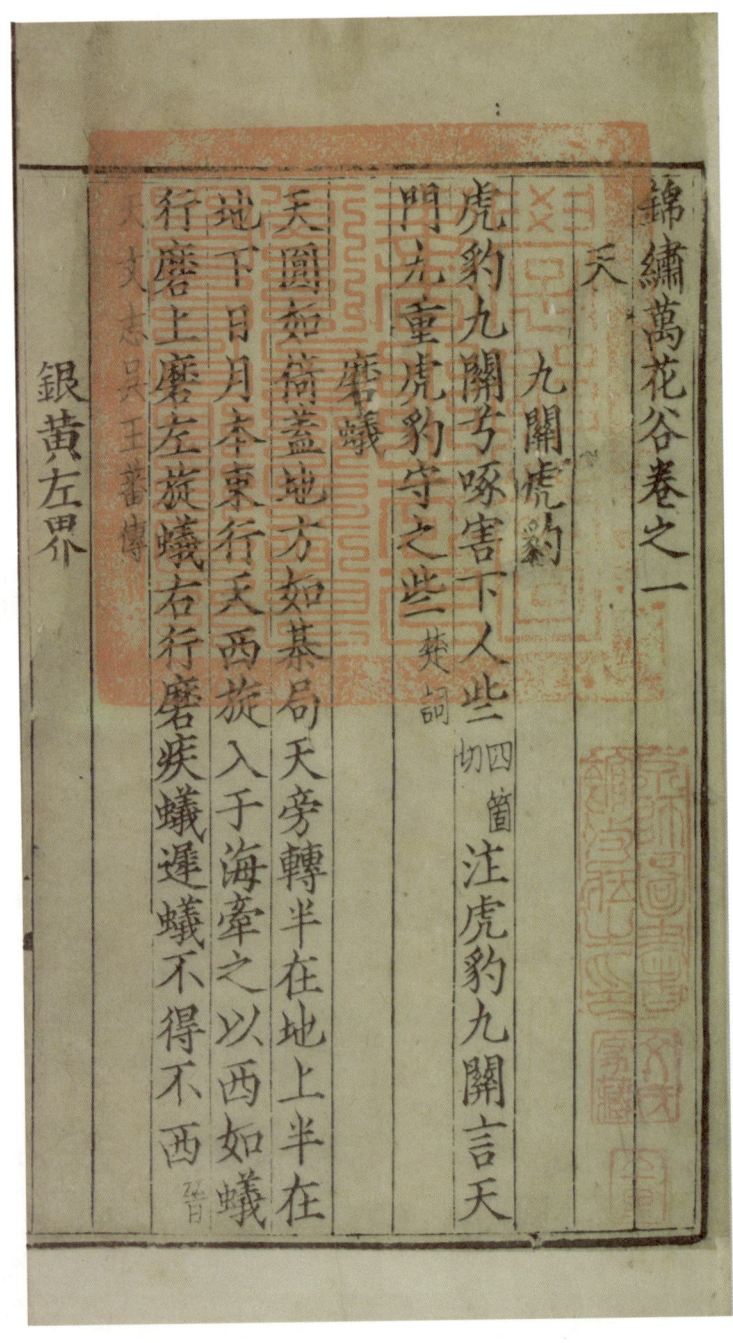

宋刻十一行本《锦绣万花谷》　中国国家图书馆藏

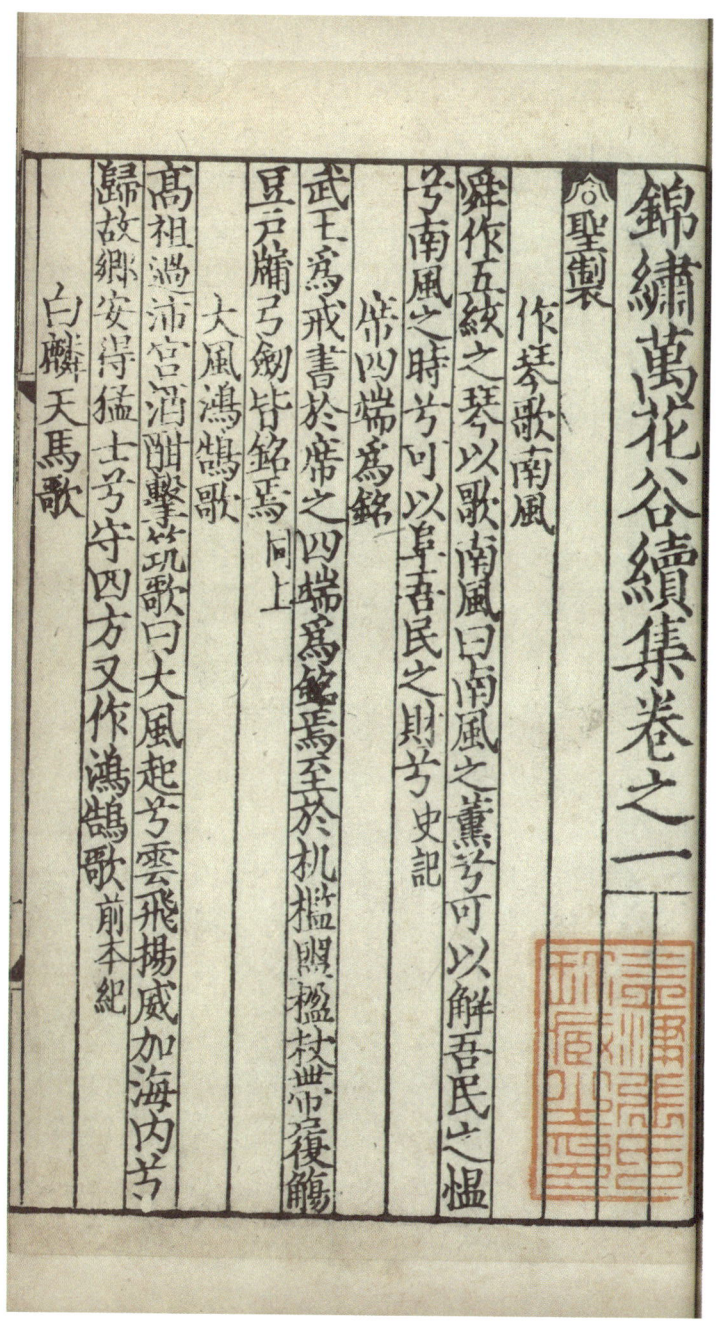

錦繡萬花谷續集卷之一

聖製

作琴歌南風

舜作五絃之琴以歌南風曰南風之薰兮可以解吾民之慍兮南風之時兮可以阜吾民之財兮 史記

席四端為銘

武王為戒書於席之四端為銘焉至於机檻照檻杖世帝皆復鵬

豆戶牖弓劍皆銘焉同上

大風鴻鵠歌

高祖過沛宮酒酣擊筑歌曰大風起兮雲飛揚威加海內兮歸故鄉安得猛士兮守四方又作鴻鵠歌 前本紀

白麟天馬歌

宋刻十三行本《錦繡萬花谷》　中國國家圖書館藏

集二十四），每半叶十一行，行十九字，细黑口，四周双边；一为《锦绣万花谷》续集四十卷，每半叶十三行，行二十三字，细黑口，左右双边。

北京大学图书馆有李盛铎旧藏《续集》存十四卷（卷二十七至卷四十），《别集》存二十七卷（卷一至卷二十三、卷二十七至卷三十），著录为宋元间刻本。每半叶十三行，行二十三字，黑线口，四周双边。虽然在边栏上与国图所著录十三行本略有区别，但行款字数均同，因知两者盖是相同版本，或是一个系统的版本。此外，再未见别家有宋刻著录于目者。

二、《锦绣万花谷》辑者其人

《锦绣万花谷》一书的辑者，自陈振孙《直斋书录解题》以降，几乎所有的书目著录均付阙如。直到明代孙能传编制《内阁藏书目录》，才谓此书为"万详编辑"。但万详为何许人，无考，因此也就未被世人所重视。清代《四库全书总目》该书提要，又谓："前集之末独附载衢州卢襄《西征记》一篇，于体例殊不相类，或撰此书者亦衢人，故附载其乡先辈之书欤？"这是第一次提出此书编辑者可能是宋代的衢州人。

清人范邦甸所编《天一阁书目》卷三著录了《锦绣万花谷》一书，题为"宋衢人萧赞元著"。"萧赞元"，不知从何而来。推测，系由"襄赞元"传讹而来。文渊阁本《四库全书》的《锦绣万花谷》收有宋卢襄的《西征记》一文，《记》后落款是"襄赞元"。显然是将卢襄的"襄"字讹成了姓，然后再与卢襄的表字"赞元"相衔接，于是就衍出了一个子虚乌有的"襄赞元"。"襄"与"萧"，在字形上差异较大，由"襄"直接讹成"萧"，不易理解。"襄"、"萧"在读音上虽然声母相同，但韵母也差别较大，不知南方人怎么读，尤其不知宁波人怎么读。或是在方言中音读相近而讹，亦未可知。总的是"襄赞元"史无其人，"萧赞元"亦史无其人，子虚乌有，不可能出来编辑什么书。但共同特点则是两者都没有离开"赞元"二字，因怀疑《锦绣万花谷》辑者是卢襄。

三、本人对辑者的考证

（一）关于卢襄的文献记载

清厉鹗《宋诗纪事》卷三十八载：

> 襄，三衢人，旧名天骥，字骏元。徽宗朝避"天"字，改名襄，字赞元。大观元年进士。政和六年以朝散郎出为浙东提刑，捕盗入剡。靖康间拜吏部侍郎（笔者按：应为兵部侍郎）。推册张邦昌，建炎初安置衡州。

宋（嘉泰）《吴兴志》卷十四载：

> 卢襄，靖康元年三月初九日以徽猷阁直学士、中大夫到任，四月初九日除兵部侍郎。

宋徐梦莘《三朝北盟会编》卷六十七载：

> （靖康元年闰十一月）金人攻（汴京）东水门。圣旨："宣化门东濠河内敌兵绞械。卢襄以疾全不措置，不自请罢，滋长敌计，可落职，与宫祠。"

综合上述材料，可以对卢襄的行实大体勾勒出一个轮廓：卢襄原名卢天骥，字骏元，三衢（今浙江衢州）人。北宋徽宗在位时避讳"天"字，故改名卢襄，字赞元。大观元年（1107）进士，政和六年（1116）以朝散郎出任浙东提刑，并因追捕盗匪而入剡（今浙江嵊县）。靖康元年（1126）冬，金人攻打汴京，身为兵部侍郎的卢襄托词有疾，毫不措置，遭落职处分。靖康之难后，其又参与推举册立大臣张邦昌为伪楚皇帝，故在南宋高宗建炎元年（1127）七月被"责授成州团练副使，衡州安置"（清·徐松：《宋会要辑稿》职官七十）。这样，卢襄在几个时段上的行迹就清晰地摆在了读者面前。

这里不妨假定卢襄二十岁中进士，建炎元年（1127）被安置衡州时，就已经有四十岁。如果二十多岁才中进士，到落职衡州安置时，更当是四十多岁了。而《锦绣万花谷》自序却写于宋孝宗淳熙十五年（1188），若《锦绣万花谷》自序真出自卢襄之手，则此时距卢襄被安置衡州也已有六十一年，实际岁数至少也当在百岁开外。卢襄不可能在百岁开外又回到衢州，并写下《锦绣万花谷》的自序，所以此《序》不会出自卢襄之手。《序》既不是卢襄所写，当然卢襄也就不可能是《锦绣万花谷》的辑者。

（二）《锦绣万花谷》自序全文：

为考证论辩的方便，现将《锦绣万花谷》自序全文移录如下：

> 余为童时，适当戎马蹂践之间。又居穷乡，无业儒者，余独背驰而为之。文籍最为难得，苟可以假鬻，亦未尝戛戛以尽其诚。以余有书之癖，每读一篇章，如小儿之于饴剂，有加而不能自止。当其剧时，虽夜分漏尽，不之觉也。所患性鲁，无强记之敏，诵久亦漫漶而不牢。先人既老，又独鹰门，出入乎衡阳胥伍之中，而喔咿于篷篠俯仰之际，如是者数年，索诸故吾，孑然矣。其后家益贫，奔走于四方，为饥寒计，幸焉一温，亦若隔世人。夫以穷乡乱后，假鬻之难，而居衡阳奔走之中，加以鲁性易失，则不存也固宜，尚何咎哉！然土炭之嗜不变，于是始为晚岁之谋，凡书有当存乎吾心者，辄稍招还其旧而聚其旅，二三年间，抄益多，然而琐碎而无统，又多除舍于人，不得以尽随，故为风雨虫鼠之所蚀，或为人之所庾，或为酱瓿之所败，不得成焉。又数年，抄不辍，如司马子长、班、

范、欧阳之书，抄巳而四五矣。晚益困，无以自娱，复留意于科举之外，凡古人文集、佛老异书，至于百家传记、医技稗官、齐谐小说、荒录怪志，闻必求，求必览焉。久之，浩浩如也，乃略有叙，又附之以唐人及国家诸公之诗。自九华之归，编粗成，为三集，每集析为四十卷。古今之事物，天下之可闻可见者，灿乎其有条矣。夫穷达无异趣、文章无异体，将以经纶乎国家，规恢乎功名，雕绘万物而吟咏性情，若取之怀袖中，彼得焉失焉有命，此则不可一日缺也。先是，乌江萧恭父、河南胡恪闻其大概，为余命名曰《锦绣万花谷》，今从其名。嗟夫！余之困于时也，我知之矣，不敢怼，虽怼而甘于此，人虽我非而我自信而不辍，故夫是书独可以自娱，而不可传人。盖天下之书不可尽，而余之心亦不可足，以不足之心而读不可尽之书，其抄无既，其事无穷，望罢如愤如而后止，故于其类之间白其行者有差，所以容其方来也。他日子孙或能有书，亦足以见吾之艰难如此。淳熙十五年十月一日叙。

（三）由序文可得出的考证

其一，"余为童时，适当戎马蹂践之间，又居穷乡，无业儒者，余独背驰而为之"，表明《锦绣万花谷》的辑者为孩童时，正是戎马（金人）蹂躏践踏神州大好山河之际。而其居住生活的地方，是穷乡僻壤，那里没有从事儒学的文化人士，十分落后，但辑者却与这种环境背道而驰。

其二，"先人既老，又独膺门，出入乎衡阳胥伍之中，而喔咿于簠簋俯仰之际，如是者数年"，"夫以穷乡乱后，假鬻之难，而居衡阳奔走之中，加以鲁性易失，则不存也固宜，尚何咎哉"，这两段文字中两次出现"衡阳"，表明《锦绣万花谷》自序作者所居之地是衡阳，与卢襄贬所的衡州是同一个地方。这就清楚地告诉人们，《锦绣万花谷》自序作者与卢襄的安置之地是同一个地方，表明卢襄与该书自序作者之间应该是有关系的。宋代衡州的治所在衡阳，以地处衡山之阳而得名。卢襄当年被贬衡州时,《锦绣万花谷》自序作者尚处在孩童阶段,只得跟随降官贬职的卢襄迁往衡州,过起贬谪之后的家庭生活。如果真是如此,则《锦绣万花谷》的自序作者,当是卢襄的后辈子孙。"先人既老,又独膺门",显然是指《锦绣万花谷》自序作者的"先人",这个人是谁,如果上述前提成立,这个人就应是卢襄。"膺门",即照管门户之意。所谓"又独膺门",是说自序作者的长辈故去,其独自支撑门户。

其三,"为晚岁之谋,凡书有当存乎吾心者,辄稍招还其旧而聚其旅,二三年间,抄益多,然而琐碎而无统,又多除舍于人,不得以尽随,故为风雨虫鼠之所蚀,或为人之所廋,或为酱瓿之所败,不得成焉",是说自序作者在衡阳贫居数十年,为了给晚年生计做一点准备,将所读书中有"当存乎我心者"一一加以摘抄,两三年当中日积月累,所抄日多,但因"琐碎无统,又多除舍于人",最后未能成书。

其四,"晚益困,无以自娱,复留意于科举之外",对"古人文集、佛老异书",乃"至于百家传记、齐谐小说、荒录怪志,闻必求,求必览焉",久之,又抄录得"浩浩如也",并有了类归和层次顺序,并"附之以唐人及国家诸公之诗",最后编成了《锦绣万花谷》。

其五,"自九华之归,编粗成,为三集,每集析为四十卷",是说当其家自衡州返回家乡衢州时,《锦绣万花谷》已大致编成,且分为三集,每集四十卷。而这三集应当是《前集》、《后集》、《续集》,尚无《别集》三十卷。

其六,"先是乌江萧恭父、河南胡恪闻其大概,为余命名曰《锦绣万花谷》,今从其名",表明"锦绣万花谷"乃萧恭父、胡恪二公所赠书名。萧恭父为谁,一时难以稽考。胡恪则有些踪迹可寻。明张内蕴《三吴水考》卷七"宋代县令"栏内载有胡恪之名,并说胡恪是"进士,修三江五汇"。(万历)《青浦县志》卷六亦载"前宋进士胡恪开修三江五汇"。张国维《吴中水利全书》卷十一亦载"乾道间命前进士胡恪开修三江五汇"。虽然胡恪的详细行实与《锦绣万花谷》之命名难以无缝对接,但从乾道间胡恪还只是县令看,在年龄上其应该既接触过卢襄,也还能认识卢襄子孙中这位《锦绣万花谷》的辑者,由其为此书命名,也很合乎情理。

其七,"人虽我非而我自信而不辍,故夫是书独可以自娱,而不可传人"。为什

么此书只可以自娱,"而不可传人"?自序作者说是因为"天下之书不可尽,而余之心亦不可足,以不足之心而读不可尽之书,其抄无既,其事无穷"。这既是自谦之词,也当是其时实际情况。说明直到淳熙十五年(1188)编者写序时,此书并未梓行。

除《锦绣万花谷》自序透露的种种信息外,在《锦绣万花谷》前集之末,不伦不类地收录卢襄的《西征记》,显然是编者的有意安排,目的是要凸显它的位置,达到彰显的目的。这一点清代四库馆臣已经有所意识,但说辑者与卢襄是乡情关系,极不到位。《锦绣万花谷》辑者编辑此书时,卢襄早已身败名裂。若辑者与卢襄是乡情关系,辑者何必检出一名有玷乡誉之人的作品附载其集,以作凸显?道理不通。若说二者是亲情关系,则更自然合理。这一点,从书内所收诗文中亦透露出不少端倪。

《锦绣万花谷》卷二十四收录卢襄诗:

身在秋湖天一角,岭猿洲雁亦相哀。

他时相见柯山下,土锉芳薪煮芋魁。

"岭猿"应指南岭之猿,"洲雁"应指"雁飞不过衡阳之浦"的大雁。身处秋湖一角的卢襄,连岭猿、洲雁亦为其哀伤,流露出其被安置衡州的哀怨。

又,卷二十五收录卢襄诗:

钓船归落昏鸦后,江雨来从白鸟边。

旧屋但余烧叶灶,破囊犹欠买山钱。

此为卢襄自叹长年贬居衡州,穷愁潦倒,苦雨凄风,独钓之后回到破旧的老屋,只能靠燃烧残枝败叶煮饭过活,其囊中羞涩、生活困窘之情溢于言表。

这种贬谪生活的窘境,与《锦绣万花谷》自序中所说"又居穷乡,无业儒者","夫以穷乡乱后,假鬻之难,而居衡阳奔走之中"等,可以说丝丝相扣,诗、文契合。说明《锦绣万花谷》的编者应与卢襄具有亲密的关系,由此推测《锦绣万花谷》的辑者可能是卢襄的子孙。而这位卢襄的子孙是谁,以笔者目前的稽考能力和检索水平,尚难以解决,只好寄望于来哲。

《锦绣万花谷》辑者既与卢襄具有亲密的关系,自序之后连名字都不肯公布,便可以得到很好的理解。这大概与金人破汴,开封失守后被贬官员及其子嗣都想隐姓埋名有关。北宋发展到徽宗时代,国势已岌岌可危,民族斗争与统治阶级内部斗争交织在一起,错综复杂。卖国求荣的汉奸,迎合帝好而不顾国家安危的贪官污吏,贪生怕死、临阵脱逃、防守不力、坐视汴京失守的大小官员,在金人破汴之后几乎都受到了处分。南渡之后很多人隐姓埋名,不愿张扬先人的人品、过失与羞辱,也不想暴露自己的真实姓名,目的是免遭别人嗤笑而失去仅存的尊严。

如《东京梦华录》作者"孟元老",在该书自序之后只题自己是"幽兰居士",而不署真实姓名。孟元老本名孟钺,是孟揆的子辈。孟揆曾积极为岌岌可危的北宋王朝大兴土木,在开封修造万岁山。万岁山的修造,劳民伤财,引起方腊等起义,加速了北宋王朝的灭亡。金人破汴,开封失守后,孟揆在一片骂声中受到了严肃处理,其子辈孟钺也受牵连而被"放罢"。所以,孟钺只好避地江左,隐姓埋名,晚年完成《东京梦华录》一书,叙述昔日汴京之风俗人情。在撰写该书自序之时已是绍兴十七年(1147),距宋室南渡已经二十年,孟钺依然不敢也不愿提自己的真实姓名,而是托名"孟元老"。为什么不敢将真实姓名落于笔端?原因跟《锦绣万花谷》辑者一样,仍怕有人指指点点,再次遭到唾弃。(详见本书第九讲)

(四)余论

《四库全书总目》称《锦绣万花谷》"其书既成于淳熙中,而纪年类载理宗绍定、端平年号;帝后诞节类载宁宗瑞庆节、理宗天基节诸名;并称理宗为今上,是当时书肆已有所附益,并非淳熙原本之旧矣。"

晚清杨守敬《日本访书志》卷十一著录此书,亦提出了同样问题,但不完全同意四库馆臣的意见,谓:"若果淳熙中其书即成三集,则每集每类必无重复,何以前

集所分之类，后集、续集、别集亦大半同之！比勘之，实是前集有不尽者，复载于后集、续集、别集皆然。余意其人初成此书，只前集四十卷，厥后屡增屡续，遂有四集。初集之成在淳熙，至续、别集之成，已至端平之代。其前集纪年有理宗之号，当时或补刊或挖板，皆不可知。余意，此书特书贾之稍通文理者所为，故时代已移，但改序文数语，不知与年世不照也。"

  两段文字，对该书所存在的相同问题做了不同的解释。其实，两者都未能注意《锦绣万花谷》自序中"是书独可以自娱，而不可传人"语。这句话表明前三集编成之后，只是写了一篇自序，但并未付梓，而仍停留在"自娱"阶段，这就给《锦绣万花谷》自序者的后人又留下了续补此书的余地。前三编的编者，不管其是卢襄的儿子还是孙子，自孩童时随卢襄衡阳安置，到其为《锦绣万花谷》写序时，至少也应在近七十岁左右了。而从其淳熙十五年（1188）写序到此书出现端平（1234—1236）年号及宁宗、理宗时节令并题理宗为"今上"，之间又隔了四十八年。在这近半个世纪的时间里，在已有前三集的相关类下由写序者的后人继续加以补充，同时将新材料再编成《别集》三十卷，则是完全有可能的。若果真如此，则四库馆臣及杨守敬所提到的问题就迎刃而解了。而《锦绣万花谷》前、后、续、别四集的辑者，真的就只能是卢襄的子孙了。说此书编类水平不高可以，这跟编者的文化水平和素养有关，若说是书贾所为，恐非也。

第七讲　宋唐仲友刻《荀子》遭劾真相

小　引

叶德辉《书林清话》卷十谓:"朱子劾唐仲友一重公案,世固鲜有知之者。淳熙八年,唐仲友守台州,领公使库钱刻《荀子》、《扬子》二书,为朱子所弹劾。"其下引述朱熹弹劾唐仲友第六状中相关文字,最后归纳说"可见仲友被劾,伪造会子亦其一节,非专因刻书也"。给人的印象是朱熹弹劾唐仲友,并非专因他刻书,还有他伪造楮币一节。事是如此,但其因刻书而遭劾的真相并没有直接揭示出来。

一、唐仲友其人

明(万历)《金华府志》卷十六载:

> 唐仲友字与政。父尧封,为侍御史,以直言称,仕至直龙图阁、朝散大夫。仲友博涉群书,登绍兴进士,复中宏词科,累官判建康府。论时政,上纳其言,再转知台州。兴利除害,政声烨然。俄为同官高文虎所忌,谮于提举刑狱,劾罢。主管建宁武夷山冲道观,开席授徒,学者云集。仲友史学精绝,尤邃于诸经,下至天文地理、王霸兵农、礼乐刑政、阴阳度数、郊庙学校、井野疆疆,莫不穷探力索而会通其故,精粗本末,

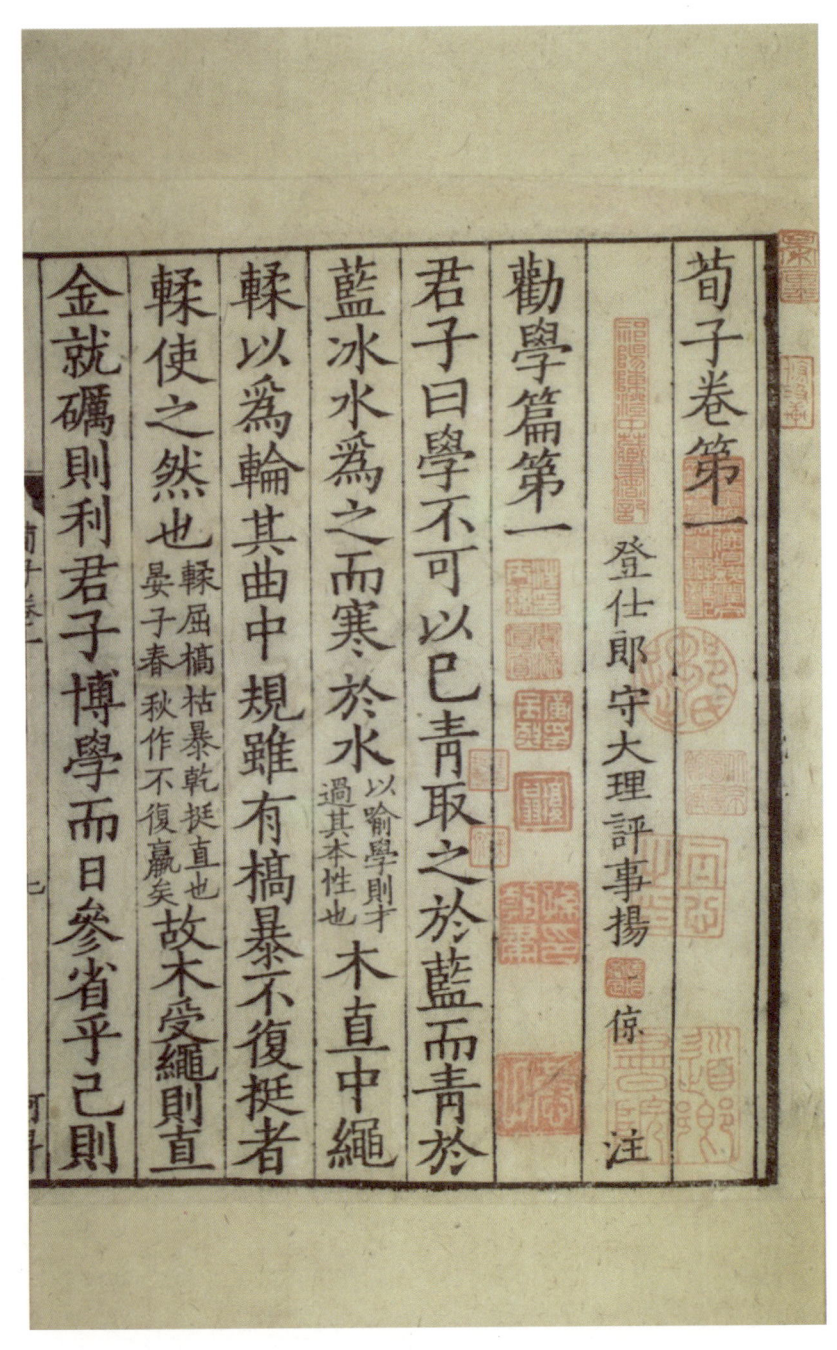

宋嘉定翻刻台州本《荀子》　中国国家图书馆藏

兼该并举。与吕子同居于婺，而独尚经制之学。然天性廉直，与物多忤，仕未通显，托之于论述而终。

读了这段传记性文字，笔者相信谁都会认为唐仲友是中国封建社会士大夫中的一位政绩斐然、廉洁奉公、耿介敢言而又怀才不遇的良臣。谁能想到，这样一位被府志吹得"白璧无瑕"的人物，竟被朱熹连劾六状，其在台州任上不顾民瘼、贪赃枉法、骄奢淫逸、弄虚作假、伪造楮币等诸端劣迹，跃然纸上，暴露无遗。因而也就令人想到志书到底有多大的可信度。旧时修志，入志人物记死不记活，因而对已经作古之人，尤其是对那些高官硕儒，因有关乡邦声誉，所以曲笔描述，"隐恶扬善"，情可理解。但不管怎么舍小节，扬主流，也需要尊重事实。像《金华府志》对唐仲友这样"隐恶扬善"法，那就尽乎是颠倒黑白了。

二、朱熹劾唐仲友刻书的状文

南宋孝宗淳熙八年（1181），浙东大饥，朱熹任两浙东路茶盐司提举。熹临危受命，单车就道，救荒革弊，并担负了纠劾地方官员劣迹之责，故有累章按劾前台州知州唐仲友之举。

朱熹弹劾唐仲友一共六状：一是奏为本路诸州人户间有流移去处奏闻事；二是奏为知台州唐仲友违法促限催税，骚扰饥民事；三是奏为知台州唐仲友在任不公不法事；四是奏为知台州唐仲友诸端违法事；五是朱熹自己为屡奏不报从而乞罢事；六是奏为唐仲友利用犯人伪造假币及开版印制四子书事。

朱熹六道劾状中，第三、第四、第六状都言及唐仲友利用犯人蒋辉为其伪造东南楮币，及动用台州公使库公款令蒋辉等为其雕印《荀子》、《扬子》等四子书事。现将第三、四、六状中有关劾其刻书的文字摘录如次（见《晦庵先生朱文公文集》卷十八至十九）。

第三状曰：

仲友自到任以来，关集刊字工匠，在小厅侧雕小字赋集，每集二千道。刊板既成，般运归本家书坊货卖。其第一次所刊赋板印卖将漫，今又关集工匠，又刊一番。凡材料、口食、纸墨之类，并是支破官钱。又乘势雕造花板，印染斑缬之属，凡数十片，发归本家彩帛铺，充染帛用。

第四状曰：

奏为续根究知台州唐仲友不法事件，及藏匿伪造官会人蒋辉实迹，乞付外照勘，伏候圣旨。

仲友所印四子，曾送一本与臣，臣不合收受，已行估计价值，还纳本州军资库讫。但其所印，几是一千来本，不知将作何用。伏乞圣察。

奏状内第十四项，系藏匿伪作官会人蒋辉诈妄行移首尾情节，伏乞圣慈，详赐省览。此项系仲友舍匿死罪亡命奸人蒋辉，诈妄行移首尾情节，乞赐详览，即知仲友所犯非独赃私小过而已，伏乞圣照。

臣窃见仲友本贯婺州，近为侍御使论荐，又其交党有是近臣亲属者，致臣三奏，跨涉两旬，未奉进止。深虑本人狡猾，别有计会，兼恐所司观望，或致灭裂，切乞圣明照察，严赐戒敕施行。

具位臣朱熹。

据叶志等供，草簿内仲友以官钱开《荀》、《扬》、《文中子》、《韩文》四书，即不见得尽馈送是何官员。

第六状又曰：

唐仲友开雕《荀》、《扬》、《韩》、《王》四子印板，共印见成装

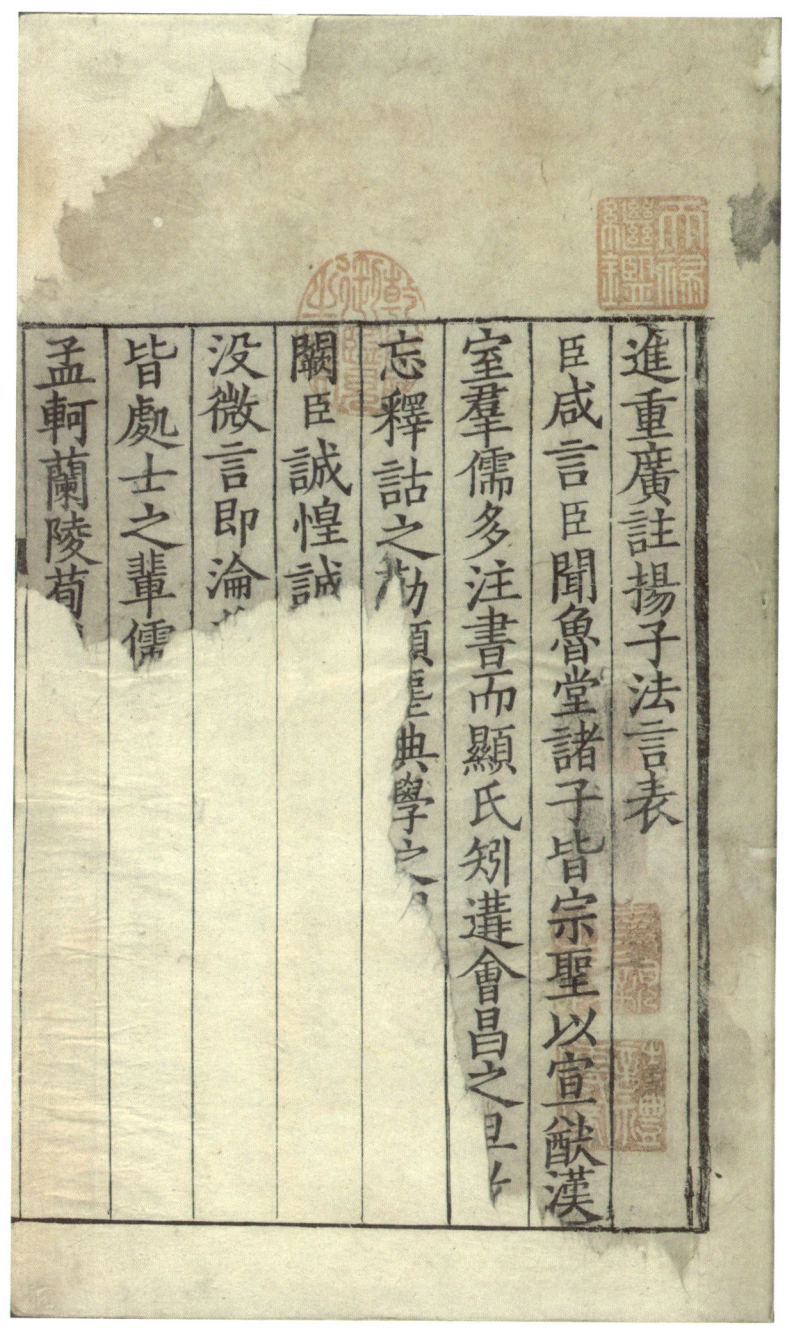

宋唐仲友台州公使庫刻本《揚子法言》　遼寧省圖書館藏

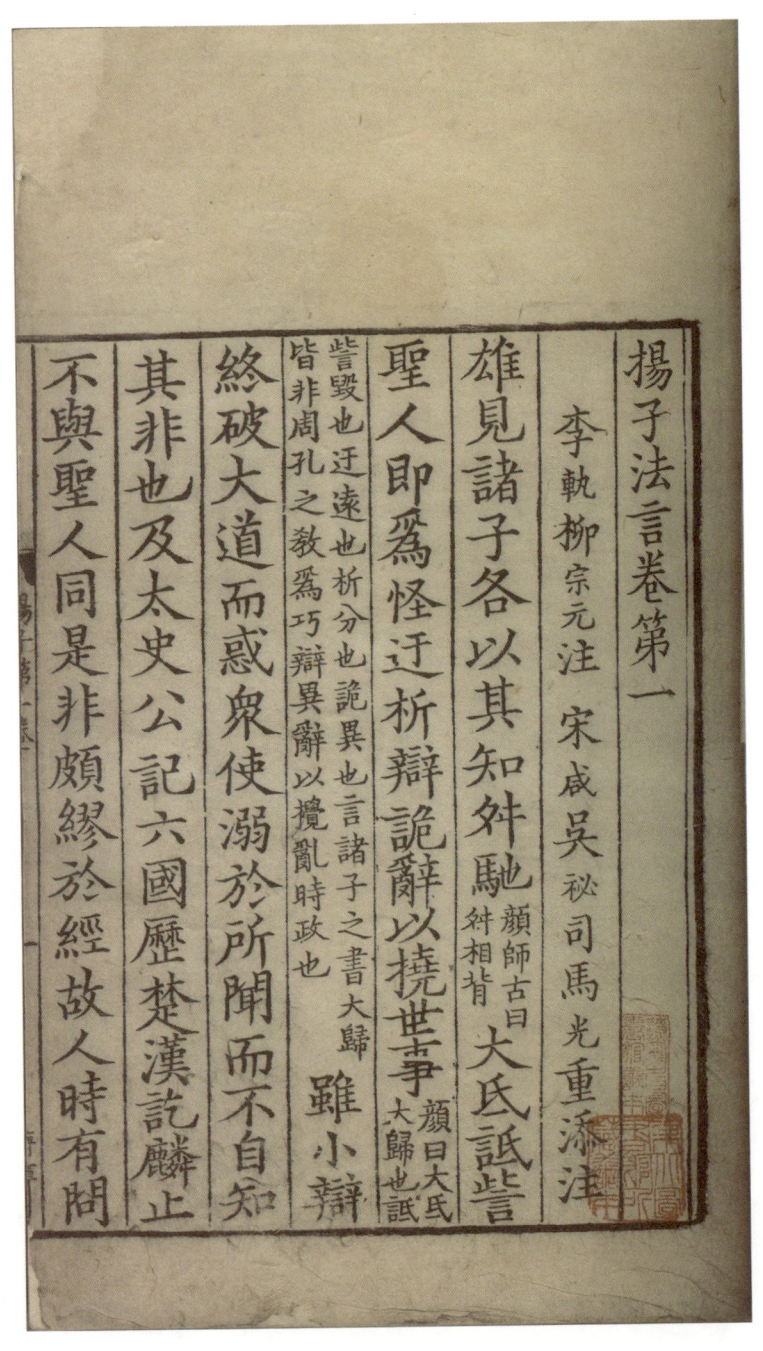

宋唐仲友台州公使庫刻本《揚子法言》　辽宁省图书馆藏

了六百六部,节次径纳书院,每部一十五册。除数内二百五部,自今年二月以后节次送与见任寄居官员,及七部见在书院,三部安顿书表司房,并一十三部系本州史教授、范知录、石司户、朱司法,经州纳纸,兑换去外,其余三百七十五部,内三十部系□表印,及三百四十五部系黄坛纸印到。唐仲友遂旋尽行发归婺州住宅。内一百部,于二月十三日令学院子董显等与印匠陈先等打角,用筹笼作七担盛贮,差军员任俊等管押归宅。及于六月初九日,令表背匠余绶打角一百部,亦作七担,用筹笼盛贮,差承局阮崇押归本宅。及一百七十五部,于七月十四日又令印匠陈先等打角,同别项书籍亦用筹笼盛贮,共作二十担,担夯系差兵级余彦等管押归宅分明。

据蒋辉供,元是明州百姓。淳熙四年六月内,因同已断配人方百二等伪造官会事发,蒙临安府府院将辉断配台州牢城,差在都酒务着役,月粮雇本州住人周立代役,每日开书籍供养。去年三月内,唐仲友叫上辉,就公使库开雕《扬子》、《荀子》等印板。辉共王定等一十八人,在局雕开。至八月十三日,忽据婺州义乌县弓手到来台州,将辉捉下,称被伪造会人黄念五等通取。辉被捉,欲随前去证对公事。仲友便使承局学院子董显等三人捉回。仲友台旨:"你是弓手,捉我处兵士,你不来下牒捉人。"当时弓手押回,夺辉在局生活。至十月内,再蒙提刑司有文字来追捉辉,仲友使三六宣教,令辉收拾作具入宅,至后堂名清属堂安歇宿食。是金婆婆供送饭食。得三日,仲友入来,说与辉,称:"我救得你在此,我有些事问你,肯依我不?"辉当时取覆仲友,不知甚事,言了是。仲友称说:"我要做些会子。"辉便言:"恐向后败获,不好看。"仲友言:"你莫管我,你若不依我说,便送你入狱囚杀。你是配军,不妨。"辉怕台严,依从。次日见金婆婆送饭入来,辉便问金婆婆,如何得纸来。本人言:"你莫管,仲友自交我儿金大去婺州乡下撩使菴头封来。"次日,金婆婆将描模一贯文省会子样入来,人物是接履先生模样。辉便问金婆婆,言是大营前住人贺选在里书院描模。其贺选能传神写字，是仲友宣教耳目。当时将梨木板一片与辉，十日雕造了，金婆婆用藤箱子乘贮，入宅收藏。又至两日，见金婆婆同三六宣教入来，将梨木板一十片，双面，并《后典丽赋》样第一卷二十纸。其三六宣教称："恐你闲了手，且雕赋板，俟造纸来。"其时三六宣教言说："你若与仲友做造会子留心，仲友任满带你归婺州，照顾你不难。"辉开赋板至一月。至十二月中旬，金婆婆将藤箱贮出会子纸二百道，并雕下会子板及土朱、靛青、棕、墨等物，付与辉。印下会子二百道了，未使朱印。再乘在箱子内，付金婆婆，将入宅中。至次日，金婆婆将出篆写"一贯文省"，并专"典官押"三字。又青花上写"字号"二字。辉是实方使朱印三颗。辉便问金婆婆、三六宣教"此一贯文篆文并官押是谁写？"金婆婆称是贺选写。至十二月末旬，又印一百五十道。今年正月内至六月末间，约二十次，共印二千六百余道。每次或印一百道，及一百五十道，并二百道。直至七月内，不曾印造。至七月二十六日，见金婆婆急来报说："你且急出去，提举封了诸库，恐搜见你。"辉连忙用梯子布上后墙，走至宅后亭子上，被赵监押兵士捉住，押赴绍兴府禁勘。

三、相关历史背景

在对上述案情做出科学分析、揭示朱熹弹劾唐仲友刻书真相之前，先要交代两个具体的历史背景：一个是唐仲友在婺州（今浙江金华）老家开有书籍铺；一个是宋代各地、各级政府公使库刻书司空见惯。这两个背景如不先做交代，真相就不易揭示，历史的真实面目就难以恢复。

唐仲友在老家婺州市门巷开有书籍铺，以今存其所刻《周礼》郑注可证。国家图书馆藏有宋刻《周礼》郑注十二卷，此本卷三后有"婺州市门巷唐宅"、卷四、卷十二后有"婺州唐奉议宅"等刻书牌记，因知此书为宋时婺州唐宅所刻。此之唐宅，

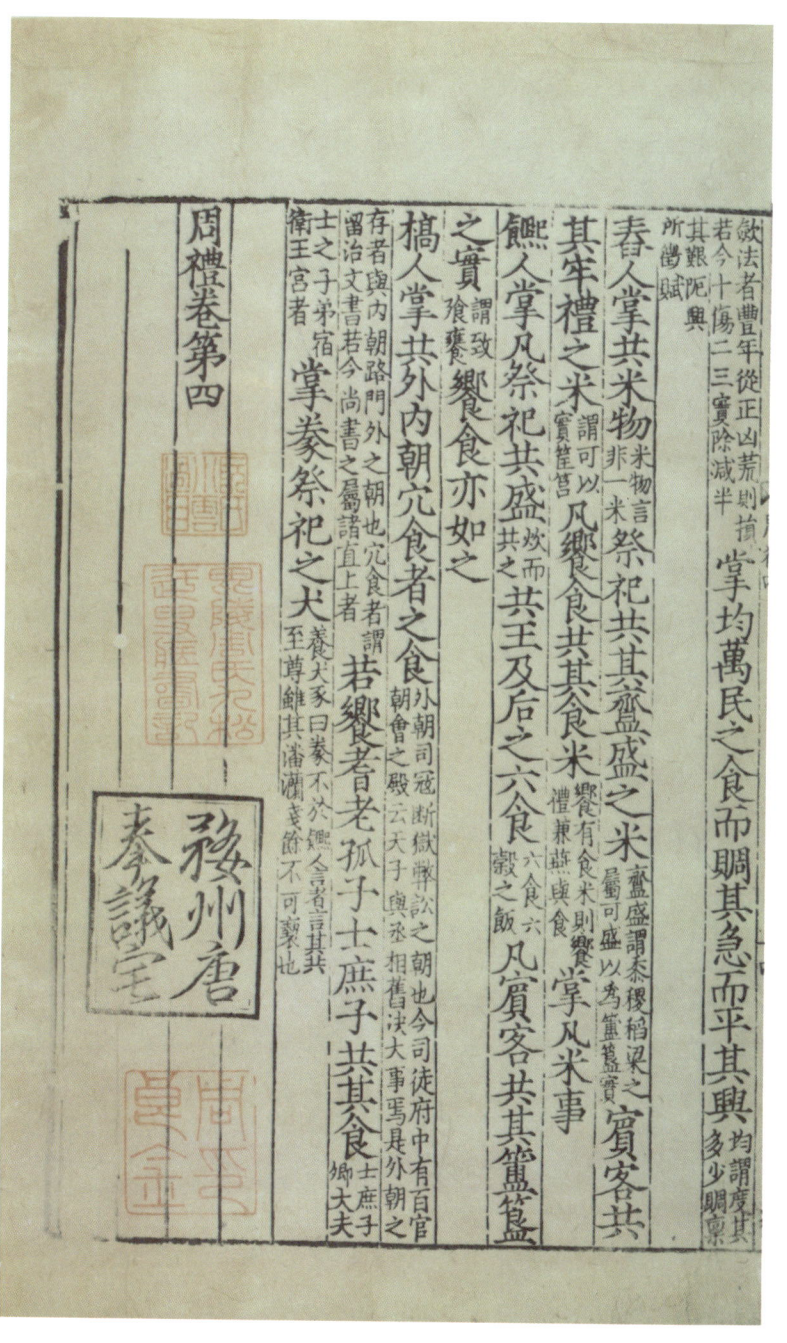

宋婺州市门巷唐宅刻本《周礼》郑注　　中国国家图书馆藏

指的当就是唐仲友家宅。

唐仲友的父亲唐尧封,南宋绍兴间进士,又中师儒选,累官侍御史、吏部侍郎、国子监祭酒、直龙图阁、朝散大夫。唐仲友是绍兴二十一年(1151)赵逵榜进士。其兄唐仲温,字与直,绍兴二十四年(1154)张孝祥榜进士,任饶州教授。其兄唐仲义,字与信,绍兴三十年(1160)梁克家榜进士,尝任通判。他们父子四人,先后在南宋绍兴中考取进士,可说是满门荣耀。所谓"市门巷唐宅"或"唐奉议宅",当指的就是他们这一家。

(康熙)《金华府志》卷二,记载当地有石板巷、芝麻山巷、柴场巷、螺蛳巷、麻糍巷、斯家巷、庄家巷、赵麻巷、石子巷、小仓巷、酒坊巷、曲务巷、戚家巷、曹家巷、壮城巷、八角库巷、跃龙巷、皂坊巷、上同巷等名称,因知婺州历史上街道有称巷的传统。由此推知,南宋初年唐宅所居的市门巷,是婺州某街巷名称。

宋代公使库类乎改革开放前全国各级各地政府举办的招待所,职责在于安寓来往差官,免其扰乱百姓。"太祖既废藩镇,命士人典州,天下忻便,于是置公使库,使遇过客,必馆置供馈,欲使人无旅寓之叹。……承平时,士大夫造朝,不赍粮,节用者犹有余以还家。归途礼数如前,但少损。"(南宋·王明清:《挥麈后录》卷一)

宋代这种公使库"诸道监、帅司及州、军、边县与戍帅皆有之。盖祖宗时,以前代牧伯皆敛于民,以佐厨传,是以制公使钱,以给其费,惧及民也。然正赐钱不多,而著令许收遗利,以此州郡得以自恣"(南宋·李心传:《建炎以来朝野杂记》甲集卷十七《财赋四》)。"若帅、宪等司,则又有抚养、备边等库,开抵当、卖熟药,无所不为,其实以助公使耳。公使苞苴,在东南而为尤甚。扬州一郡,每岁馈遗见于账籍者,至十二万缗。江浙诸郡,每以酒遗中都官,岁五六至,至必数千瓶。淳熙中,王仲行尚书为平江守,与祠官范致能、胡长文厚,一饮之费,率至千余缗。时蜀人有守潭者,又有以总计摄润者,视事不半岁,过例馈送,皆至四五万缗,供宅酒至二百余斛。孝宗怒而绌之,然其风盖未殄也。东南帅司、监司到署,号为上下马,邻路皆有馈,计其所得,动辄万缗。近岁,蜀中亦然。其会聚之间,折俎率以三百五十千为准。有一身而适兼数职者,则并受数人之馈。献酬之际,一日而得

二千余缗,其无艺如此。……诸郡皆立额,白取于属县,县敛于民,吏以输之。小邑一岁亦不下千缗,人尤以为怨,谓宜罢互送,而捐遗利,使上下一体,而害不及民,则合祖宗制公使之意矣。"(南宋·李心传:《建炎以来朝野杂记》甲集卷十七《财赋四》)可知宋代公使库,名义上是要以公帑接待来往官员,实际上却成了官员巧取豪夺、挥霍黎民百姓膏血的场所。为了尽可能满足来往贪官的需要,各地公使库除巧立名目征敛于民外,还从事刻书出版业,创收牟利,以补充招待馈送造成的无底黑洞。

事实上,宋代公使库刻书,还真是可以赚钱。如舒州公使库所刻曾穜的《大易粹言》,卷尾有一纸舒州公使库雕造所广告性的告白,曰:

舒州公使库雕造所。本所依奉台旨,校正到《大易粹言》,雕造了毕。右具如前。淳熙三年正月日。

……

今具《大易粹言》壹部,计贰拾册。合用纸数、印造工、墨钱下项:纸副耗共壹千叁百张;装背饶青纸叁拾张;背青白纸叁拾张;棕、墨、糊药、印背匠工食等钱共壹贯伍百文足;赁板钱壹贯贰百文足。本库印造见成出卖每部价钱捌贯文足。右具如前。淳熙三年正月日,雕造所贴司胡至和具。杭州路儒学教授李清孙校勘无差。

光凭这纸告白,算不出它的利润比例。

叶德辉《书林清话》卷六,记载旧抄本宋孔平仲《续世说》十二卷,书前保留着所据抄之沅州公使库刻竣时的广告性牌记:

其一云:"沅州公使库重修整雕补到《续世说》壹部,壹拾贰卷,壹佰伍拾捌板,用纸叁佰壹拾陆张,右具如前。"

其一云:"今具印造《续世说》一部,计六册,合用工食等钱如后:一印造纸墨工食钱,共伍佰叁拾肆文足。大纸壹佰陆拾伍张,计钱

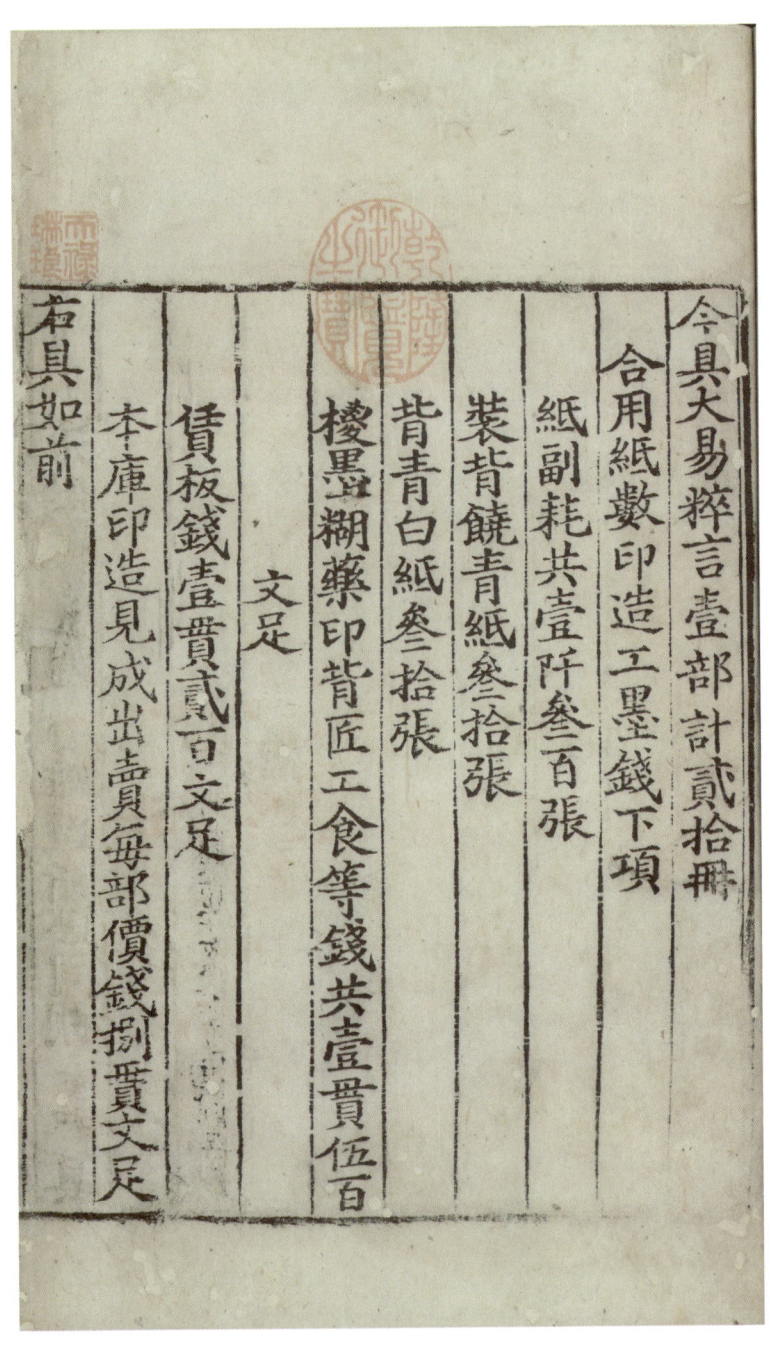

今具大易粹言壹部計貳拾冊

合用紙數印造工墨錢下項

紙副耗共壹阡叁百張

裝背饒青紙叁拾張

背青白紙叁拾張

樓墨糊藥印背匠工食等錢共壹貫伍百文足

賃板錢壹貫貳百文足

本庫印造見成出賣每部價錢捌貫文足

右具如前

宋淳熙三年舒州公使庫刻本《大易粹言》　中國國家圖書館藏

叁拾文足；工墨钱，计贰佰肆文足。一裱褙青纸物料工食钱，共贰佰捌拾壹文足。大青白纸共九张，计钱陆拾陆文足；面蜡工钱，计贰佰壹拾伍文足。以上共用钱捌佰壹拾伍文足。右具在前。"

这样我们即可以粗略算出，大纸 165 张，计钱 30 文足，合每张 0.115 文。大青白纸共 9 张，计钱 66 文足，合每张 7.33 文。以此作为参数，则舒州公使库所出版之《大易粹言》，用纸 1300 张，合钱约 150 文足；装背饶青纸 30 张，约合 220 文足，背青白纸 30 张，亦约合 220 文足，共 440 文足。三项纸钱不足 600 文。再加上 1 贯 500 文棕、墨、糊药、印背匠等的工食钱，1 贯 200 文的赁板钱，总共是 3 贯 290 文，不到 4 贯钱。可是每部出售定价却开到了 8 贯钱，利润在一倍以上。因此，宋代各地公使库竞相刻书。

据记载和现存传本可知：北宋哲宗元符元年（1098）苏州公使库刻印出版了朱长文《吴郡图经续记》三卷。徽宗宣和四年（1122）吉州公使库刻印出版了欧阳修《六一居士集》五十卷，又续刻五十卷。南宋高宗绍兴二年至三年两浙东路茶盐司公使库刻印出版了司马光《资治通鉴》二百九十四卷《目录》三十卷，此书现藏中国国家图书馆。绍兴十九年（1149）明州公使库刻印出版了《骑省徐公集》三十卷。绍兴二十八年（1158）沅州公使库刻印出版了孔平仲《续世说》十二卷。淳熙三年（1176）舒州公使库刻印出版了《礼记郑注》二十卷，《礼记释文》四卷，又出版了《春秋经传集解》三十卷。同年还刻印出版了《大易粹言》十二卷。这些书，国家图书馆都有藏本。淳熙七年（1180）台州公使库刻印出版了《颜氏家训》七卷。九年（1182）信州公使库刻印出版了《李复潏水集》十卷。十年（1183）泉州公使库刻印出版了《司马太师温国文正公传家集》八十卷。十四年（1187）鄂州公使库刻印出版了《花间集》十卷。此外淳熙年间抚州公使库还刻印出版了《周易注》九卷、《春秋公羊经传解诂》十二卷、《释文》一卷，筠州公使库刻印出版了苏辙《诗集传》二十卷。国家图书馆亦有藏本。这些都是宋代公使库刻书的实例，足见两宋公使库开展副业、从事刻书，乃司空见惯之事。动用公使库公款镌刊经史诸书，乃至用公款为当地先贤、自己先人师友刻印专著、文集亦不稀见。如苏辙的曾孙苏诩到江西筠州做官时，就利用筠州公使库公帑为其曾祖刻印了文集及《诗集传》。只要出书之后不为自己牟利，这在宋代不算贪赃枉法。

两个背景作如上交代后，下面再分析唐仲友刻《荀子》等书遭劾，就比较容易理解了。

四、唐仲友刻《荀子》的遭劾本质

唐仲友在台州任上因刻书而遭朱熹弹劾，本质上不是因为用了犯人为其开版，也不是因为动用了公使库官银付梓。蒋辉虽是犯人，但发配到台州以后，本来就是要"每日开书籍供养"，唐仲友若是出以公心，弘扬文化，传播学术，为本州公使库创收赢利，恐怕构不成什么罪过。问题是唐仲友用犯人，又用公款，而刻书之后却中饱私囊，这才是事情的本质。

蒋辉本是明州（今宁波）的一位刻字工人，因"同已断配人方百二等伪造官会（纸币，亦称楮币）"而获罪，被发配到台州牢城。作为台州知州的唐仲友，对蒋辉本该依法严加管教，事实正好相反，唐仲友却乘人之危，对蒋辉采用了威逼利诱的手段，迫使蒋辉继续为其雕印假的楮币，前后共印二千六百余道。这是伪造假币罪，不在本讲论列之内。本讲所要论列者，乃是唐仲友利用蒋辉继续为其开雕书版，印制营私。

前引第六状称："又至两日，见金婆婆同三六宣教入来，将梨木板一十片，双面，并《后典丽赋》样第一卷二十纸。"前引第三状称："仲友自到任以来，关集刊字工匠，在小厅侧雕小字赋集，每集二千道。刊板既成，般运归本家书坊货卖。其第一次所刊赋板印卖将漫，今又关集工匠，又刊一番。凡材料、口食、纸墨之类，并是支破官钱。又乘势雕造花板，印染斑缬之属，凡数十片，发归本家彩帛铺，充染帛用。"可知唐仲友利用犯人蒋辉首先为其开雕的是《后典丽赋》。《典丽赋》是辑选古今律赋而成的书，宋代先有杨翱所辑《典丽赋》六十四卷、王咸所辑《典丽赋》九十三卷。后来唐仲友又辑成同样之书四十卷，名为《后典丽赋》。收赋起自唐末，止于宋绍兴年间。

宋朝官员在任，其自己的著作，在自己所在的官署开雕，也是司空见惯，不足为奇。

但开雕之后自己并不从中渔利，因而没人遭劾。唐仲友在自己所职掌的台州公使库开雕自编的《后典丽赋》，之所以遭朱熹参劾，是因为唐仲友将印完装好之书"般运归本家书坊货卖"。而这个"本家书坊"，恰是前边所说在婺州"市门巷"开设的唐宅书坊。这是明显的假公济私。因而要连带追究唐仲友刻印此书时所用"材料、口食、纸墨之类，并是支破官钱"。

同样，唐仲友利用公使库公款开雕《荀子》、《扬子》等四书，也不是仅因为用公款就遭参劾，而是因为印成装好后"除数内二百五部，自今年二月以后节次送与见任寄居官员，及七部见在书院，三部安顿书表司房，并一十三部系本州史教授、范知录、石司户、朱司法，经州纳纸，兑换去外，其余三百七十五部，内三十部系□表印，及三百四十五部系黄坛纸印到。唐仲友遂旋尽行发归婺州住宅。内一百部，于二月十三日令学院子董显等与印匠陈先等打角，用箬笼作七担盛贮，差军员任俊等管押归宅。"又"一百七十五部，于七月十四日又令印匠陈先等打角，同别项书籍亦用箬笼盛贮，共作二十担，担夯系差兵级余彦等管押归宅分明。"显然也是将大部分印好的书籍运回老家书坊发卖，中饱私囊。这才是唐仲友刻《荀子》遭朱熹弹劾的真相。

所以历史上朱熹劾仲友，罪证很多，就是刻《荀子》也不能简单说成"领公使库钱刻《荀子》、《扬子》二书，为朱子所弹劾"（叶德辉：《书林清话》卷十），更不能简单说"仲友以校刻《荀子》等书遭朱熹弹劾得名"（赵万里主编：《中国版刻图录》）。这样说会给人造成假象，好像朱熹霸道，只许自己刻书，不许别人刻书。

中国古籍十二讲

第八讲　宋刻十行本《十三经注疏》

阮元在《重刻宋板十三经注疏总目录》后跋中曰：

> 右《十三经注疏》，共四百十六卷……逮两宋刻本浸多。有宋十行本注疏者，即南宋岳珂《九经三传沿革例》所载"建本附释音注疏"也。其书刻于宋南渡之后，由元入明，递有修补。至明正德中，其板犹存。是以十行本为诸本最古之册。

阮元所谓宋十行本《十三经注疏》为"诸本最古之册"的说法恐未必准确。阮氏所说宋十行本《附释音十三经注疏》在大陆、台湾、日本等，都还有零种存世。即或是不全的整部，中国大陆也还存世三部。对其进行深入研究，仍有丰厚的实物基础。

一、十三经与《十三经注疏》的形成

十三经不是一日形成，而是经过不断认识、不断尊增，分几个历史阶段逐渐形成的。

西汉只有《易》、《诗》、《书》、《礼》、《春秋》五经立于学官，并立有五经博士。到东汉，蔡邕"以经籍去圣久远，文字多谬，俗儒穿凿，疑误后学，熹平四年，乃与五官中郎将堂谿典，光禄大夫杨赐，谏议大夫马日磾，议郎张驯、韩说，太史令单飏等，奏求正定《六经》文字。灵帝许之。邕乃自书于碑，使工镌刻立于太学门外。于是后儒晚

《熹平石经》残石

学,咸取正焉"(南朝宋·范晔:《后汉书》卷六十下《蔡邕传》)。这就是所谓的《熹平石经》。《熹平石经》共刻四十六石,收录《易》、《书》、《鲁诗》、《春秋》、《公羊传》、《仪礼》、《论语》,相当于后来十三经中的七经。

魏正始间曾刻三体石经,由于未能刻完,难说其时打算刻几种经书。

至唐则将《周易》、《尚书》、《毛诗》、《周礼》、《仪礼》、《礼记》、《春秋左氏传》、《春秋公羊传》、《春秋谷梁传》等九经立于学官。至唐文宗太和七年(833)刻石经时又加进《孝经》、《论语》、《尔雅》,成为十二经,另附《五经文字》、《九经字样》,共二百二十七石,开成二年(837)竣工,立于长安务本坊国子监太学前,称为"开成石经"。

至南宋朱熹,将《礼记》中《大学》、《中庸》两篇析出,与《论语》、《孟子》并列,

《开成石经》拓片

成为《四书》,《孟子》始成为十三经之一(此为一种说法)。

由汉迄唐,经书皆有注,有的也已有疏。至唐太宗"讨平东夏,海内无事,乃锐意经籍。""太宗又以经籍去圣久远,文字多讹谬,诏前中书侍郎颜师古考定《五经》,颁于天下,命学者习焉。又以儒学多门,章句繁杂,诏国子祭酒孔颖达与诸儒撰定《五经义疏》,凡一百八十卷,名曰《五经正义》,令天下传习"(《旧唐书》卷一百八十九上《儒学传上》)。孔颖达与"颜师古、司马才章、王恭、王琰等诸儒受诏撰定《五经》义训,凡一百八十卷,名曰《五经正义》。太宗下诏曰:'卿等博综古今,义理该洽,考前儒之异说,符圣人之幽旨,实为不朽。'付国子监施行,赐颖达物三百段。时又有太学马嘉运驳颖达所撰《正义》,诏更令详定,功竟未就。十七年以年老致仕。十八年图形于凌烟阁"(《旧唐书》卷七十三《孔颖达传》)。这是政府组织力量对《五经》经、注所做的义疏工作。

孔颖达领衔所作的《五经正义》,《易》用三国魏王弼注,《书》用汉孔安国传,《毛诗》用西汉毛公传、东汉郑玄笺,《礼记》用东汉郑玄注,《左传》用西晋杜预集解。至此,《五经》之经、注都有了义疏。"高宗永徽中,贾公彦始撰《周礼》、《仪礼》义疏"(清·沈廷芳:《十三经注疏正字·例言》)。这样唐时已有七经有了义疏。

宋太宗"端拱元年三月,司业孔维等奉敕校勘孔颖达《五经正义》百八十卷,诏国子监镂板行之。《易》则维等四人校勘,李说等六人详勘,又再校,十月板成以献;《书》亦如之,二年十月以献;《春秋》则维等二人校,王炳等三人详校,邵世隆再校,淳化元年十月板成;《诗》则李觉等五人再校,毕道昇等五人详勘,孔维等五人校勘,淳化三年壬辰四月以献;《礼记》则胡迪等五人校勘,纪自成等七人再校,李至等详定,淳化五年五月以献"(南宋·王应麟:《玉海》卷四十三《艺文》)。这表明至北宋太宗淳化五年(994),孔颖达的《五经正义》经过七年的严格校勘均已完成。就在淳化五年(994)这一年,兼判国子监李至又上言:"《五经》书疏已板行,惟二传、二礼、《孝经》、《论语》、《尔雅》七经疏义未备,岂副仁君垂训之意!今直讲崔颐正、孙奭、崔偓佺皆励精强学,博通经义,望令重加雠校,以备刊刻。从之。"(《宋史》卷二百六十六《李至传》)"咸平三年三月癸巳,命国子祭酒邢昺校定《周礼》、《仪礼》、《公羊》、《谷梁》传正义。又重定《孝经》、《论语》、《尔雅》正义。四年九月丁亥（一作丁丑），翰林侍讲学士邢昺等及直讲崔偓佺表上重定《周礼》、《仪礼》、《公》、《谷》传、《孝经》、《论语》、《尔雅》七经疏义，凡一百六十五卷。"（南宋·王应麟：《玉海》卷四十三《艺文》）由此可知，到了真宗初年的咸平时，《十三经》中的十二经都有了疏义。故景德二年（1005）真宗御国子监检阅库书时，询问国子监有多少经版，祭酒邢昺则十分自豪地回答："国初不及四千，今十余万，经、传、正义皆具。"并颇有感触地说："臣少从师业儒时，经具有疏者百无一二，盖力不能传写。今板本大备，士庶家皆有之，斯乃儒者逢辰之幸也。"（《宋史》卷四百三十一《邢昺传》）

这些事实告诉人们，到北宋真宗初年，十二经不但都有了义疏，而且都已版行于世。至于《孟子》，东汉赵岐已为之作注，后世何人为《孟子》原文及注作疏，历来说法不一。

南宋王应麟《困学纪闻》卷八《孟子》云：

《正义序》云"孙奭"，《崇文总目》、《馆阁书目》、《读书志》皆无之。朱文公谓："邵武士人作，不解名物制度。其书不似疏。"

南宋黎靖德《朱子语类》卷十九《论语一》云：

《孟子疏》，乃邵武士人假作，蔡季通识其人。当孔颖达时，未尚《孟子》，只尚《论语》、《孝经》尔。其书全不似疏样，不曾解出名物制度，只绕缠赵岐之说耳。

清钱大昕《十驾斋养新录》卷三"孟子正义非孙宣公作"曰：

《孟子正义》，朱文公谓邵武士人所作。卷首载孙奭序一篇，全录《音义序》，仅添三四语耳。其浅妄不学如此。晁公武《读书志》有孙奭

《音义》，而无《正义》，盖其时伪书未出。至陈振孙《书录解题》始并载之。马端临《经籍考》并两书为一条，云《孟子音义正义》共十六卷。

《四库全书总目》卷三五《经部·四书类一》"孟子正义十四卷"条称："旧本题宋孙奭撰疏"。又谓：

> 今考《宋史·邢昺传》，称昺于咸平二年受诏与杜镐、舒雅、孙奭、李慕清、崔偓佺等校定《周礼》、《仪礼》、《公羊》、《谷梁春秋传》、《孝经》、《论语》、《尔雅》义疏，不云有《孟子正义》。《涑水纪闻》载奭所定著，有《论语》、《孝经》、《尔雅》正义，亦不云有《孟子正义》，其不出奭手，确然可信。

按，蔡季通即蔡元定（1135—1198），字季通，号西山，宋建州建阳（今属福建）人。幼从父蔡发学，长师从朱熹，熹视为讲友。博涉群书，深究义理。熹疏释《四书》，作《周易本义》、《诗集传》、《通鉴纲目》，皆与其往复参订。朱子说《孟子疏》是邵武士人假托之作，并说蔡季通知道假托者为谁，因此影响深远。朱熹只说蔡季通知道这位邵武士人是谁，却不说自己知道，显然滑头。朱熹这么一滑，弄得迄今谁也无法知道伪托者为谁，造成千古遗憾。直至阮元作《孟子注疏校勘记序》，仍谓奭"本未尝作正义也，未详何人拟他经为正义十四卷，于注义多所未解，而妄说之处全抄孙奭《音义》，略加数语，署曰孙奭疏。朱子所云邵武一士人为之者，是也"（清·阮元：《重刊宋本十三经注疏·孟子注疏校勘记序》）。《孟子注疏》究属谁作，至今仍是个悬而未决的问题。但无论如何，朱熹确曾见过此书，可知《孟子注疏》至晚在朱熹之前已经行世。

"十三经"的注、疏虽在北宋已完成十二经，并版行于世，但当时所刻梓者仍都是经、注、疏各自单行。读一经必将经、注、单疏备齐，然后左顾右盼寻找注文、疏义，才能弄清每句经文的含义。览者病焉。最初发现这个问题并站在读者立场在实践上将经、注、单疏合刻在一起的，是南宋的两浙东路茶盐司。

二、经、注、疏合刻之始

南宋光宗绍熙三年（1192），两浙东路茶盐司提举黄唐刊竣《礼记正义》后在该书卷末留下一篇跋文，称：

> 六经疏义，自京监、蜀本皆省正文及注，又篇章散乱，览者病焉。本司旧刊《易》、《书》、《周礼》，正经、注、疏萃见一书，便于披绎，它经独阙。绍熙辛亥仲冬，唐备员司庾，遂取《毛诗》、《礼记》疏义，如前三经编汇，精加雠正，用锓诸木，庶广前人之所未备。乃若《春秋》一经，顾力未暇，姑以贻同志云。壬子秋八月，三山黄唐谨识。

这篇跋文可以说明如下几个问题：

一是流行的《六经》疏义，从国子监本到蜀刻本，都是将经文及注文省去，只是单疏流行，加上篇章散乱，览者皆以为不便；二是两浙东路茶盐司面对这种状况，从便于读者披阅的角度出发，旧时便刊印了《易》、《书》、《周礼》三经经、注、单疏的合刻之本，以便披绎，可是这三经以外的其他经书尚付阙如；三是绍熙二年（1191）辛亥仲冬，黄唐提举两浙东路茶盐司，继承该司固有传统，又将《毛诗》和《礼记》如前三经一样编汇，校勘梓行，以增广该司旧日尚未编刻的经典；四是关于《春秋》一经，顾力未暇，只好留给有同样志向的后来者。总共一百一十六字的跋语，将该司为什么要合刻经、注、单疏，旧日刻了几经，黄唐来提举茶盐司又刻了几经，哪一经留待后来者完成，都交代得十分清楚。关于两浙东路茶盐司旧刊的《易》、《书》、《周礼》到底旧到什么时候，今人经过仔细考察，已断定在南宋高宗绍兴（1131—1162）年间，也就是南宋初期。

黄唐想刻而"顾力未暇"的《春秋左传正义》在八年后，即庆元六年（1200），

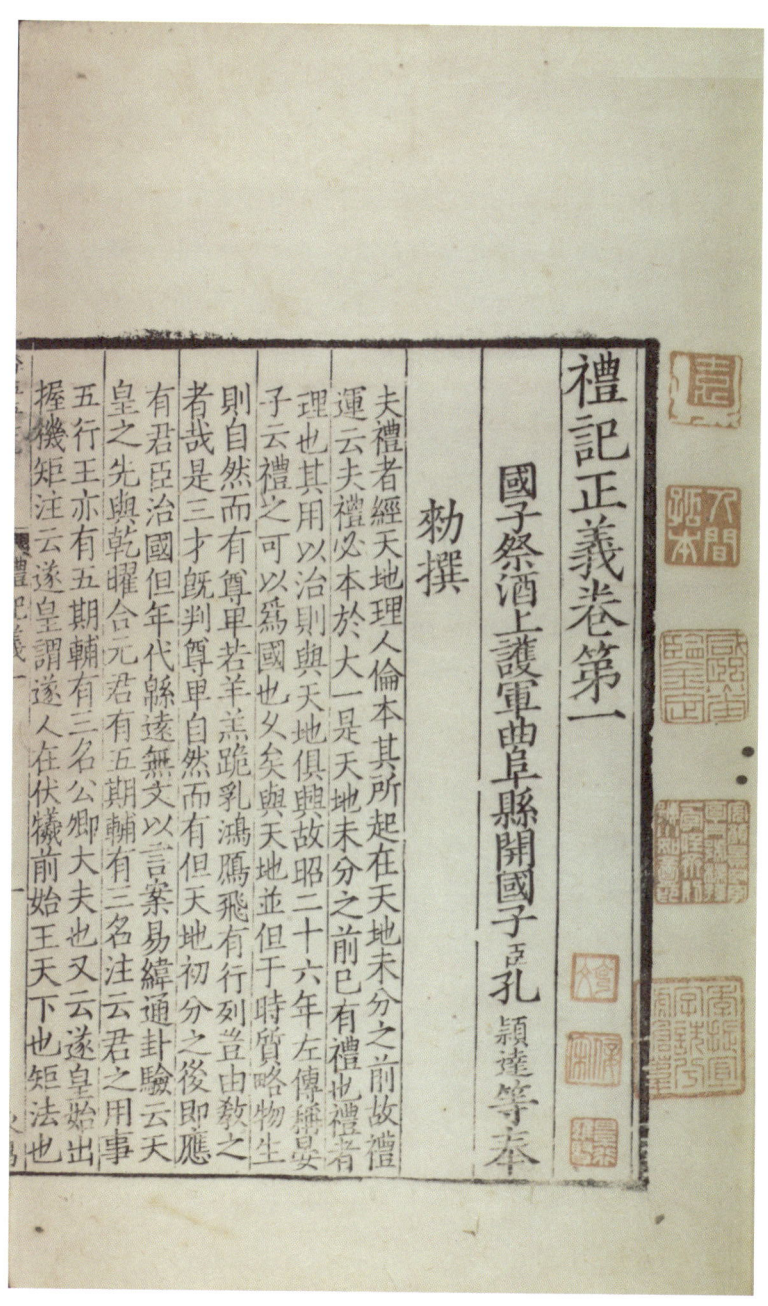

宋绍熙三年两浙东路茶盐司刻宋元递修本《礼记正义》
中国国家图书馆藏

由绍兴府知府沈作宾赓续完成。沈氏《春秋左传正义》刻书跋中曰：

> 窃惟《春秋》一经，褒善贬恶，正名定分，万世之权衡也。笔削渊奥，虽未易测知，然而左氏传、杜氏集解、孔氏义疏发挥圣经，功亦不细。萃为一书，则得失盈衰之际与夫诸儒之说是非同异，昭然具见。此前人之雅志，继其后者庸可已乎？遂卒成之。诸经正义既刊于仓台，而此书复刊于郡治，合五为六，炳乎相辉，有补后学，有裨教化，遂为东州盛事。（清·张金吾：《爱日精庐藏书志·春秋左传正义》）

至此，从南宋高宗绍兴间起，至宁宗庆元末的半个多世纪中，由两浙东路茶盐司完成了《易》、《书》、《毛诗》、《周礼》、《礼记》五经经、注、单疏合刻的任务，而《春秋》一经的经、注、单疏合刻任务，则由当时绍兴府知府沈作宾继续完成。两浙东路茶盐司的官署在绍兴，绍兴府治所也在绍兴，绍兴古称越州，故这六经便有了"越州本六经"之称。"越州本六经"是八行本经、注、单疏合刻的开山之作，不仅是经学发展史上的大事，也是出版史上的创举。

三、十行本诸经注疏的刊刻

前引岳氏刊正《九经三传沿革例》，说是其校、刻群经时曾用家藏二十三个版本反复参订，其中有一个本子就是"建本附释音注疏"，即宋十行本诸经注疏。这个本子的刊刻主人就是南宋建安一经堂主人刘叔刚。

（一）十行本诸经注疏的刊刻主人刘叔刚

方彦寿在《文献》杂志1988年第二期发表《建阳刘氏刻书考》（上）一文，文中说："刘叔刚，名中正，字叔刚，贞房第十世孙。"方氏之所以这么说，是因其读到了建阳麻沙元、利二房合修的《刘氏族谱》和书坊所修《贞房刘氏宗谱》。前者重修于清光绪六年庚辰（1880）；后者又称《建州刘氏忠贤传》，重修于民国九年（1920）。

据元叶留《为政善报事类》卷四载："唐刘翱，京兆万年县人。以镇守建州，因居建之建阳。居官廉洁，狱无留讼。所至以阴德为先……有子四人，晓，秘书省校书；暐，太子校书；晔，刺史；曔，观察使。孙十人，皆历仕。公后以朝议大夫、开国公致仕，寿八十五。"《建州刘氏忠贤传》卷一《开国公翱传》进一步说翱"于唐昭宗乾宁六年镇守建州，领散骑常侍……时中原扰攘，公以荣禄大夫、彭城郡开国公致仕，遂与妻兄蔡长官炉，妹夫翁节度部、弟金吾将军翔、将作监豳，渡江入闽，各择地而居"。清李清馥《闽中理学渊源考》卷二十六亦载："蔡氏炉，弋阳郡人，生唐宣宗大中中，拜凤翔节度使，再授东昌刺史。昭宗朝谪次从王潮入闽，为建阳长官。同刘少府翱、节度使翁部同时入闽。"翱卜居麻沙，号西族北派；豳卜居建阳马伏，号西族南派；翔卜居崇安五夫，号东族。翱为刘氏西族北派始祖。生有四子，曰晓、曰暐、曰晔、曰曔，分为元、亨、利、贞四房。刘书刚乃是贞房第十世孙。若以二十五年为一辈计算，当从唐乾宁六年后推二百五十年，时当南宋绍兴十六年（1146）前后，刘叔刚可能才刚出生，而从事刻书出版业，则更当在南宋孝宗淳熙（1174—1189）至宁宗庆元（1195—1201）前后。其仿效两浙东路茶盐司并添加音释刻印附释音诸经注疏，亦当在这个历史时段。前已述及，南宋高宗绍兴（1131—1162）年间已有两浙东路茶盐司将《周易》、《尚书》、《周礼》三经经、注、单疏合刻的先例。作为出版家，刘书刚应该很快嗅到这种出版方式带来的新意，更会感到它便于披览所开辟的读者市场，所以在两浙东路茶盐司独辟蹊径之后，着手合刻群经注疏。

（二）刘叔刚是否遍刻十三经注疏

刘叔刚是否遍刻十三经注疏，不得而知。明黄佐《南雍志》卷十八《经籍考》曰："《十三经注疏》刻于闽者，独阙《仪礼》，以杨复《图说》补之。嘉靖五年，巡抚都御

國子祭酒上護軍曲阜縣開國子臣孔穎達等奉

勅撰

國子博士兼太子中允贈齊州刺史吳縣開國男臣陸德明釋文

春秋序○陸曰此元凱所作既以釋經故依例音之本或本釋例序或一云春秋左氏傳序或一云春秋左氏傳序或一云左氏傳集解序或一云春秋經傳集解序或云春秋左氏傳序案晉宋古本及今定本並一云春秋左氏傳序今依用之南人多云此本釋例序後人移之於此且有題曰春秋釋例序置之釋例之端今所不用晉太尉劉寔與杜同時人也宋大夫博士賀道養去杜亦近俱爲此序作註題並云不言釋例序明非釋例序也又晉宋古本亦徐邈以晉世言五經音訓爲此序作音目此序本籍分年相附隨而釋音別集諸例從而解之名曰釋例是言寫集解作序也文籍之名釋例序與叙之說釋例詳之是其據集解而指釋例安得爲釋例之序

〔疏〕正義曰此題爲春秋左傳序題目文多不同或云春秋序或云左氏傳序或云春秋左氏傳序或云春秋左氏經傳集解序此云春秋序者

春秋正義序終

建安劉叔剛鋟梓

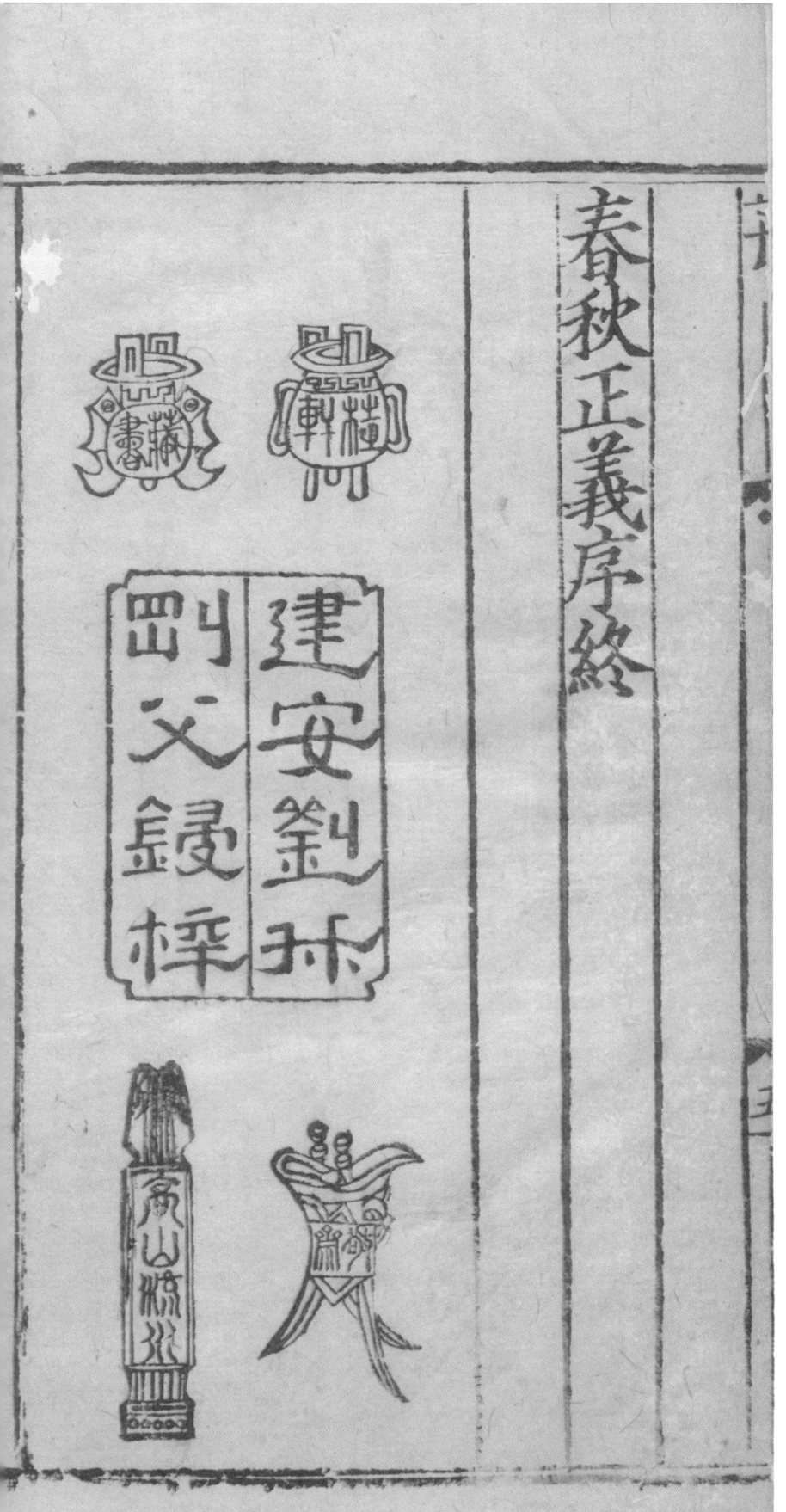

史陈凤梧刻于山东,以板送监。"这里的《十三经注疏》刻于闽者,指的绝非李元阳任福建监察御史时所刻的《十三经注疏》,因为陈凤梧在山东补刻杨复《仪礼图》的那一年是嘉靖五年(1526),这一年李元阳才刚中进士,尚未做闽中监察御史,更未刻《十三经注疏》,所以此处之"《十三经注疏》刻于闽者",指的应仍是刘叔刚所刻的附释音注疏本。

明丘浚《大学衍义补》卷九十四有一段议论:"臣于此又有一见,今世学校所诵读,人家所收积者,皆宋以后之五经,唐以前之注疏,讲学者不复习,好书者不复藏,尚幸《十三经注疏》板本尚存于福州府学,好学之士犹得以考见秦汉以来诸儒之说。臣愿特敕福建提学宪臣,时加整葺,使无损失,亦存古之一事也。余如《仪礼经传通解》等书刻板在南监者,亦宜时为备补。"丘氏之书成于明孝宗弘治(1488—1505)初年,即十五世纪末叶,表明丘氏在写此书时尚有《十三经注疏》存于福州府学。存的究竟是《十三经注疏》成书还是板片,从其所说"时加整葺,使无损失"看,应指的是《十三经注疏》的板片。证明直到明弘治年间,刘叔刚所刻或元代所翻刻的《附释音十三经注疏》版片仍存福州府学。

四、宋刻十行本《十三经注疏》的存况

刘叔刚所刻《附释音十三经注疏》,被当今很多人说成中国已无宋本,有者几乎都是元刻明修本。这不完全符合事实。现就所知,将宋刘叔刚所刻《附释音十三经注疏》迄今仍留存于世者,简述如次。

严绍璗《日藏汉籍善本书录》经部诗类著录日本足利学校遗迹图书馆藏有"《附释音毛诗注疏》二十卷,(汉)郑玄笺,(唐)孔颖达等疏,宋建安刘叔刚一经堂刊本。日本重要文化财"。又曰:此本"每半叶有界十行,行十八字。小字双行,行二十三字,线黑口"。又曰:"卷中《序》后,刊有篆文木记'刘氏文府'(方形)、'叔刚'(钟形)、'桂轩'(鼎形)、'弌经堂'(方形)。"又曰:书中"凡玄、炫、驚、弘、殷、慇、匡、筐、恒、貞、楨、徵、頫、讓、勗、桓、媾、購、溝、講、惇、慎、

敦"等字皆缺笔。综合上述原书所存的这些客观证据，定其为"宋建安刘叔刚一经堂刊本"，可信而无疑。其付梓上板时间大约在南宋光宗一朝，因为"惇"、"敦"已经避讳。

中国国家图书馆收藏一部《附释音春秋左传注疏》，版本著录为宋刘叔刚刻本。如此著录的依据，是本书序后镌有"建安刘叔刚父锓梓"长方形隶书牌记，及鼎形"桂轩"、"藏书"，爵形"敬斋"、琴形"高山流水"木记。有如此确凿的证据，定其为宋刘叔刚刻本无庸置疑。其版式行款为每半叶十行，行十七字，小字双行，行二十三字，细黑口，左右双边。有书耳。版心上方偶镌字数。"慎"、"敦"等字缺末笔，显避南宋孝宗赵昚、光宗赵惇嫌名之讳。可惜国图所藏仅存二十九卷（卷一至卷二十九），卷三十至卷六十今藏台北故宫博物院。日本足利学校遗迹图书馆亦有藏，凡六十卷，二十五册，原日人藤原宪实旧藏。日本定为重要文化财。其版式行款，与中国国家图书馆所藏全同，版本著录为宋建安刘叔刚一经堂刊本。"慎"、"敦"、"郭"等缺笔避讳。表明刘叔刚一经堂刻附释音十三经注疏时已届宁宗赵扩一朝。

中国国家图书馆还藏有《监本附音春秋谷梁注疏》二十卷，晋范宁集解，唐杨士勋疏。每半叶十行，行十七字，小字双行，行二十三字，但书口却被著录为"白口或黑口"，边栏被著录为左右双边。有书耳。国家图书馆将其版本定为宋刻元修本。定其为"宋刻"者，因为其版式字体、行款字数，均与刘叔刚所刻上述经书全同；定其为"元修"者，以其书口有的变成了白口，当属元代再印时补板造成的现象。

综上可知，南宋刘叔刚所刻《附释音十三经注疏》，就海内外而言，迄今至少有三种存世。如果加上国家图书馆所藏清乾隆六十年（1795）和珅影刻之《附释音礼记注疏》十三卷，就是四种。和珅本虽属影刻，但却完整保留了宋版旧第，诸如序后亦镌"建安刘叔刚宅锓梓"长方牌记等。表明和珅影刻所依据的底本也是宋建安刘叔刚所刻。其版式行款也是每半叶十行，行十七字，小字双行，行二十三字，细黑口，左右双边。

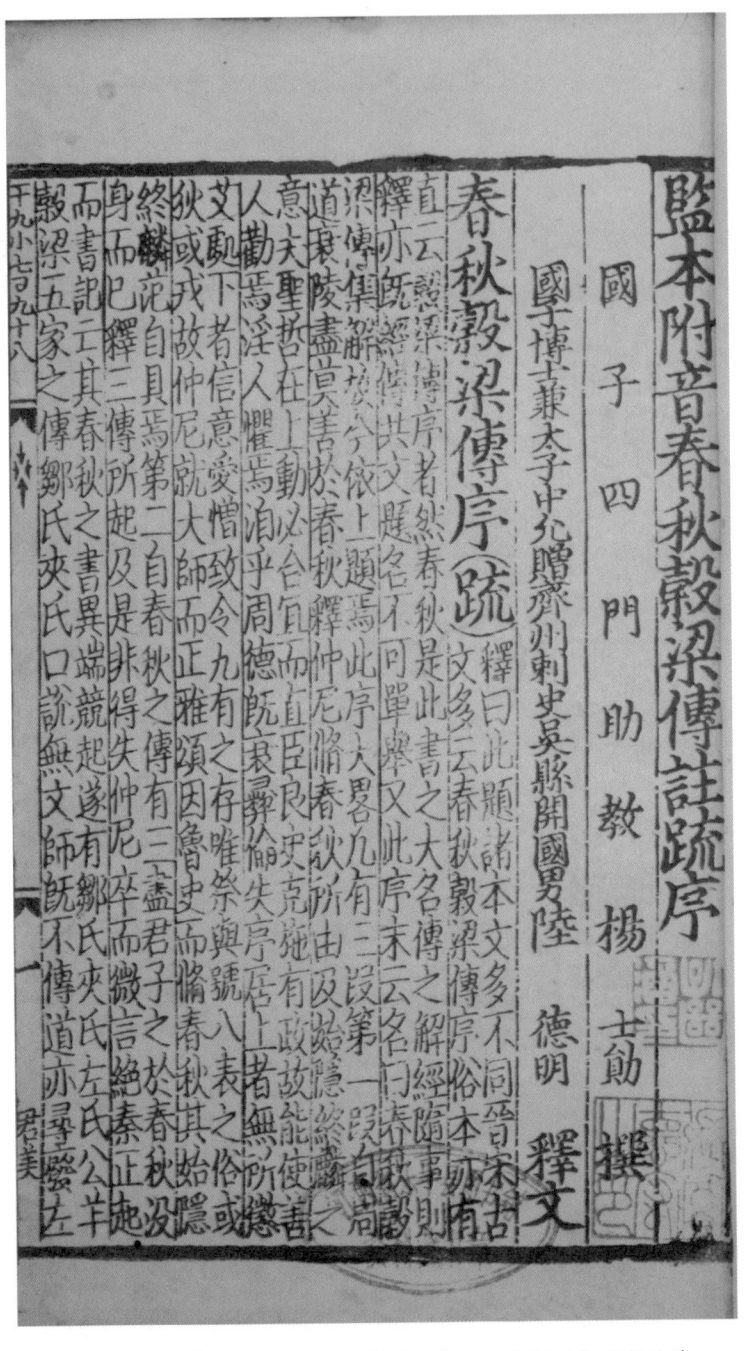

宋刻元修本《監本附音春秋穀梁注疏》　中國國家圖書館藏

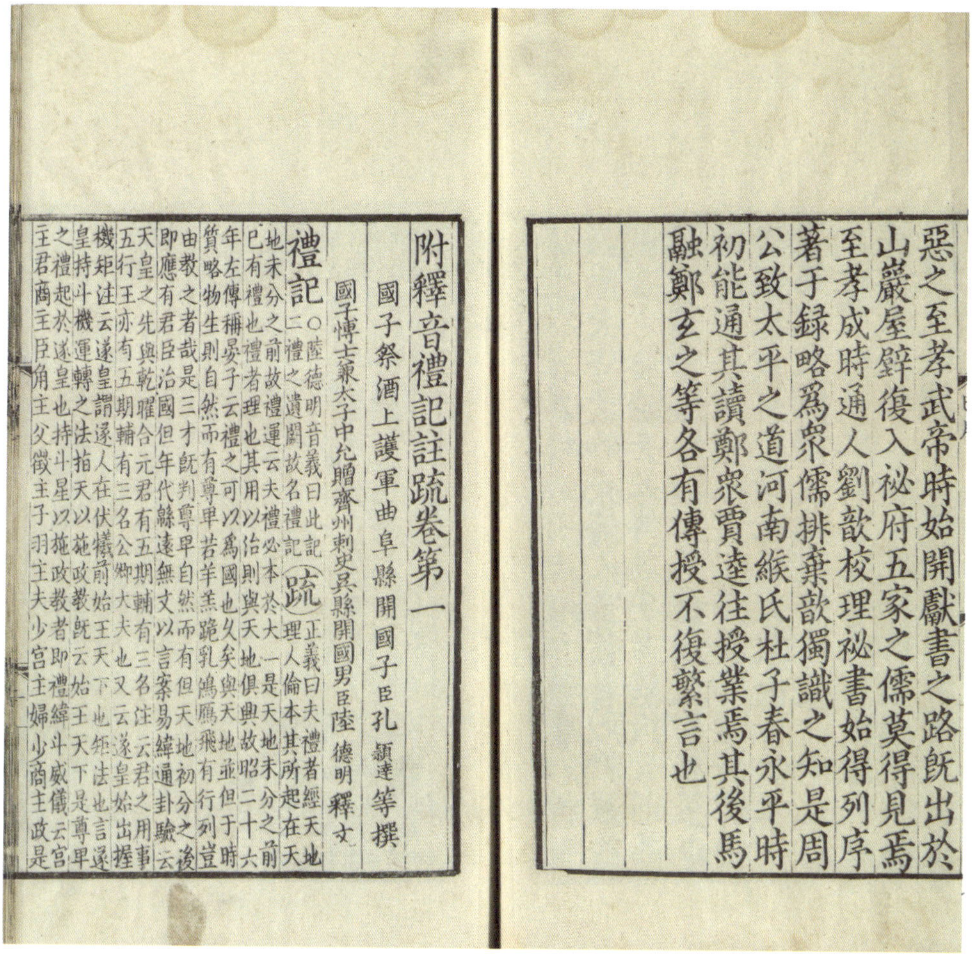

清乾隆六十年和珅影宋刻本《附释音礼记注疏》 中国国家图书馆藏

五、十行本《十三经注疏》的版本

宋刘叔刚所刻十行本《十三经注疏》，其版片传至元代，有的尚能刷印，印制流传下来者，自是宋刻本。有的版片部分尚可直接刷印，则用原版刷印；有的部分朽蠹漫漶，不能再直接用来刷印，或修补或重雕再印，这就是所谓的宋刻元修本。有的全书版片朽蠹漫漶，只得重刻，这就成了元刻本。元刻版片传至明代，再次重修，用以刷印，便成

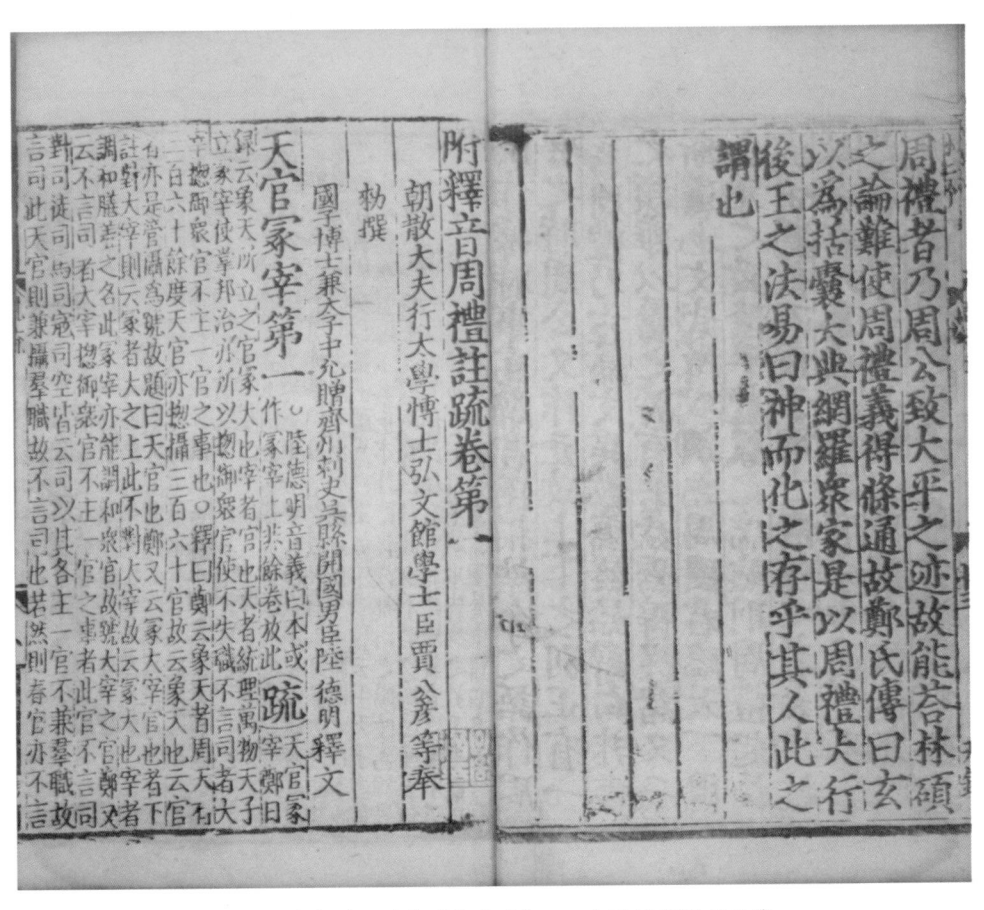

元刻明修本《附释音周礼注疏》　　中国国家图书馆藏

了元刻明修本（如国家图书馆藏元刻明修本《附释音尚书注疏》、《附释音周礼注疏》）；有的版片传至明代，已全不能用，只得重刻，这就又成了明刻本。故于现存整套十行本《十三经注疏》，其版本似可著录为"宋元明刻元明递修本"；若于单经，则应分别不同情况，著录为"宋刻本"、"宋刻元修本"、"元刻本"、"元刻明修本"、"明刻本"。

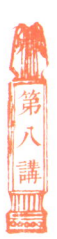

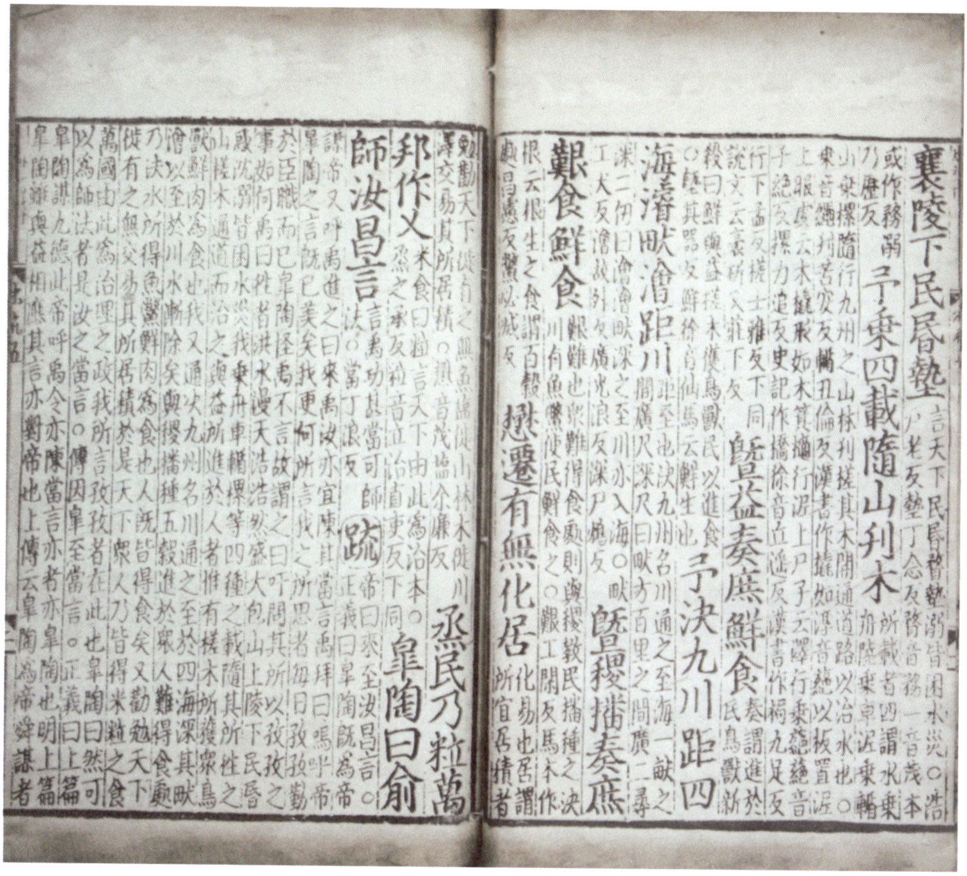

襄陵下民昏墊言天下民昏瞀墊溺皆困水災○浩尸老反墊丁念反瞀音務一音茂本或作務溺乃歷反予乘四載隨山刊木所載者四謂水乘舟陸乘車泥乘輴山乘樏隨行九州之山林刊槎其木開通道路以治水也○乘音繩刊苦寒反輴丑倫反漢書作毳如淳音毳以板置泥上服虔云木毳形如木箕擿行泥上尸子云澤行乘蕝蕝音子絕反樏力追反史記作橋徐音丘遙反漢書作梮九足反行下孟反槎士雅反下同說文云衺斫也又莊下反暨益奏庶鮮食奏謂進於民鳥獸新殺曰鮮與益槎木獲鳥獸民以進食○暨其器反鮮徐音仙馬云鮮生也予決九川距四海濬畎澮距川距至也決九州名川通之至海一畝之間廣尺深尺曰畎方百里之間廣二尋深二仞曰澮澮畎深之至川亦入海○畎工犬反澮古外反廣光浪反深尸鴆反暨稷播奏庶艱食鮮食艱難也眾難得食處則與稷教民播種之決川有魚鼈使民鮮食之○艱工閑反馬本作根云根生之食謂百穀懋音茂又音謀鼈必滅反懋遷有無化居化易也居謂所宜居積者勉勸天下徙有之無魚鹽徙山林木徙川澤交易其所居積○懋音茂鹽余廉反烝民乃粒萬邦作乂米食曰粒言天下由此為治本○烝之承反粒音立治直吏反下同皐陶曰俞師汝昌言言禹功甚當可師法○當丁浪反

疏帝曰來至汝昌言○正義曰皐陶既為帝謨帝又呼禹進之曰來禹汝亦宜陳其當言禹拜曰嗚呼帝皐陶之言既已美矣我更何所言我之所思者每日孜孜勤於臣職而已皐陶詰禹不言故謂之曰吁問其所以孜孜之事如何禹曰往者洪水漫天浩浩然盛大包山上陵下民昏墊沈溺皆困水災我乘舟車輴樏等四種之載隨其所往之山槎木通道而治之與益所進於人者惟有槎木所獲眾鳥獸鮮肉為食也我又通決九州名川通之至於四海深其畎澮以至於川水漸除矣與稷播種五穀進於眾人難得食處乃決水所得魚鼈鮮肉為食也人既皆得食矣又勸勉天下徙有之無交易其所居積於是天下眾人乃皆得米粒之食萬國由此為治理之政我所言孜孜者在此也皐陶曰然可以為師法者是汝之當言○傳因皐至當言○正義曰上篇皐陶謀九德此帝呼禹令亦陳當言亦者亦皐陶也明上篇皐陶謨與益稷相應其言亦對帝也上傳云皐陶為帝舜謀者

元刻明修本《附释音尚书注疏》　　中国国家图书馆藏

第九讲 《东京梦华录》及其作者考

一、《东京梦华录》其书

《幽兰居士东京梦华录》十卷现存最早的刻本是元刻本，框高 22 厘米，宽 16.3 厘米。每半叶十四行，行二十二字至二十四字不等，细黑口，左右双边。今藏中国国家图书馆。

《东京梦华录》所记大多是宋徽宗崇宁（1102—1106）到宣和（1119—1125）间北宋都城汴梁的情况。其于开封的城垣、河道、桥梁、宫室、官署、街巷、坊市、店铺、酒楼，以及朝仪郊祭、时令节日、民俗风情、饮食起居、歌舞百戏等无所不包，确可说是文字版的《清明上河图》。该书是研究北宋都市及经济社会生活的重要文献。按中国经、史、子、集四部分类法，列于史部地理类杂记之属。

二、《东京梦华录》作者其谁

该书作者向题为"孟元老"，但孟元老是否为其真名，历有不同的说法。清人常茂徕《读东京梦华录跋》云："艮岳之筑，专其事者为户部侍郎孟揆。揆非异人，即元老也。元老其字而揆其名者也。推元老之意，知其负罪与朱勔等，必为天下后世所共指责，故隐其名著其字。"（清·常茂徕：《怡古堂文抄》）这是第一位提出"孟元老即孟揆"者。

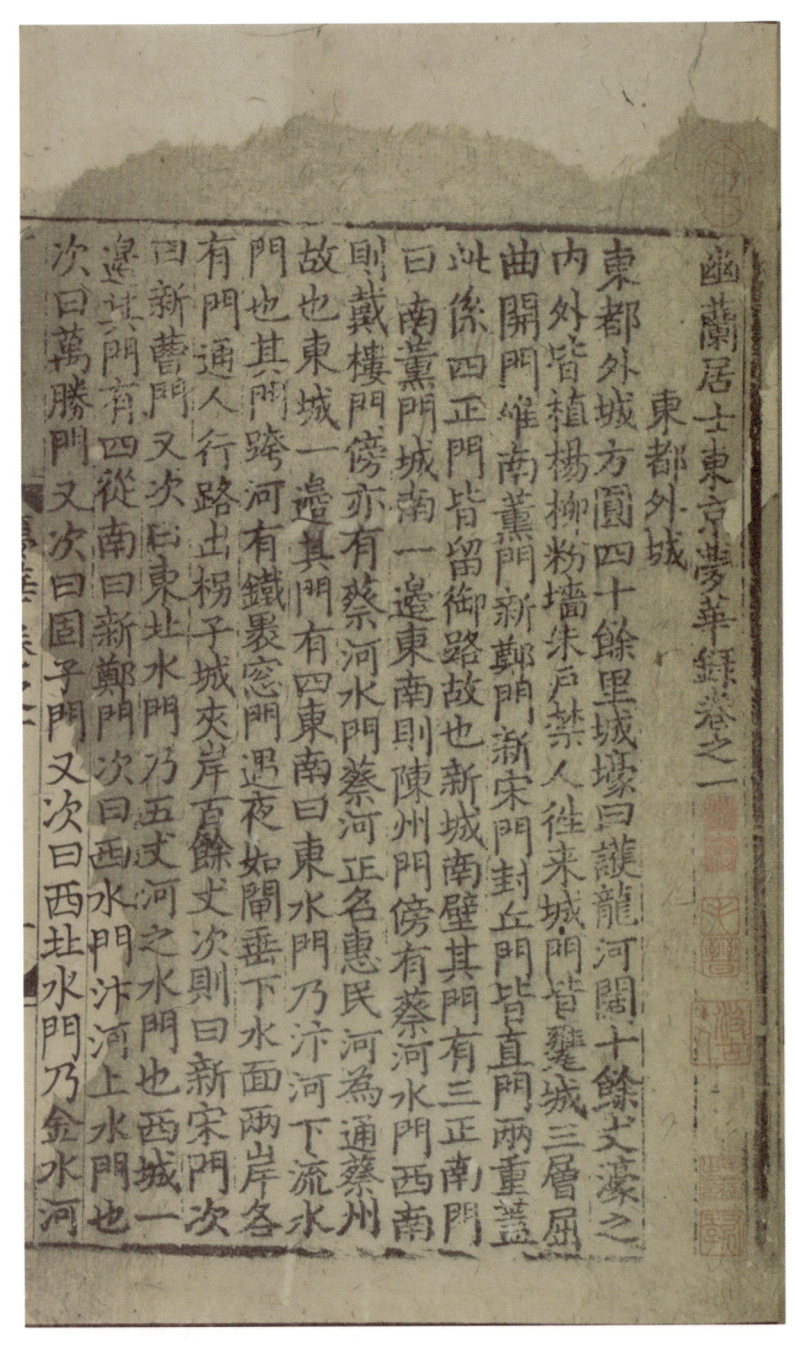

元刻本《幽兰居士东京梦华录》 中国国家图书馆藏

　　民国年间邓之诚先生写《东京梦华录注序》，则讥评常氏"胸无黑白可知"，对其"孟元老即孟揆"之说断然加以否定。此观点实获我心，常氏说孟元老即孟揆，完全是臆想，没有根据。但常氏说孟揆不露其名，只表其字，乃"知其负罪"、"必为天下后世所共指责，故隐其名著其字"，恐有一定道理。此说对于进一步考证《东京梦华录》的著者，有一定启发。

　　1980年，《历史研究》第4期发表孔宪易先生《孟元老其人》一文，也认为常氏"孟元老即孟揆"之说是无稽之谈。其理由是孟元老《东京梦华录自序》中有"观妓籍则府曹衙罢"、数十年于东京汴梁"烂赏叠游，莫知厌足"等语，推断其身份比较低下。而当时身为户部侍郎、工部侍郎、龙图阁直学士的孟揆，为了保持自己身份地位的尊严和免遭言官弹劾，是不会"烂赏叠游"，更不会游到秦楼楚馆的。孟揆与《东京梦华录》所记某些内容的身份不符，由此可以否定"孟元老即孟揆"的说法。可贵的是，孔宪易先生不只是简单否定前人之说，同时还提出了自己的创见，认为孟元老乃孟昌龄及其诸子孟揆、孟持、孟扬、孟扩等的"有服"晚辈族人——孟钺，并提出了自己的考证。孔文发表后，颇受学界重视，《中国大百科全书》关于《东京梦华录》作者孟钺的著录，即由此所从出。现遵循孔先生的思路，补充一些资料，略加续考，进一步证明孔先生之说应是可信的。

　　壹　孔先生根据孟元老《东京梦华录自序》中"仆从先人宦游南北，崇宁癸未到京师……渐次长立"语，谓其随家人到京师汴梁，是在崇宁癸未，癸未即崇宁二年（1103）。"渐次长立"，古时"成人曰长"，"三十而立"。故"渐次长立"是说孟元老谓自己在汴京逐渐长成大人乃至立学立业。由此可知其初到汴梁时的崇宁二年（1103），既谈不上"长"，更谈不上"立"，当正在孩童阶段。而孟揆受命主修艮岳，则在政和七年（1117）。《宋史》卷二十一《徽宗本纪三》谓：政和七年（1117）十二月，"以童贯领枢密院。命户部侍郎孟揆作万岁山。"万岁山，因位在开封汴梁的东北方向，东北属"艮"位，故又称"艮岳"。这一年，孟元老充其量过不了二十岁，怎么也不可能做到户部侍郎的高位。因此，作为户部侍郎受命主修"艮岳"的孟揆，

《清明上河图》酒楼

绝不可能是孟元老,故"孟元老即孟揆"之说,决不可信。

贰 崇宁二年,恰是蔡京入相的第二年。而"蔡京拔用从官,不论途辙,一言合意,即日持橐"(《宋史》卷一五九《选举五》)。而《宋史》卷四七二《蔡京传》又说蔡京"任孟昌龄为都水使者,凿大伾三山,创天成、圣功二桥,大兴工役,无虑四十万。两河之民,愁困不聊生,而京僴然自以为稷、契、周、召也"。表明孟昌龄确曾为蔡京所擢用,是很合蔡京之意的人。《靖康要录》卷二又记载:"御史中丞许翰言:'伏见保和殿大学士孟昌龄、延康殿学士孟扬、龙图阁直学士孟揆,父子相继领水衡职二十年,过恶山积。妄谈堤防之功,多张梢桩之数,穷竭民力,聚敛金钱,借以为资,结交权要。'"这段劾词不但充分说明孟昌龄与孟扬、孟揆为父子关系,且都依仗蔡京势力,长期把持治水要职,贪赃枉法,聚敛金钱,故与蔡京一道遭弹劾,理所当然。

叁 孔先生还谓:"到了宣和元年(1119),蔡京又保奏孟昌龄治河'有功',

'许回授本宗有官、有服、亲人、吏等支赐'。"于是便由孟昌龄"推恩",使在其服内的孟元老也做上了"开封府仪曹"的小官。这个推断既大胆,又合乎逻辑。检《宋会要辑稿》职官六九,记载靖康元年(1128)在处理蔡京、王黼、童贯、梁师成、李彦、朱勔、孟昌龄父子的同时,亦谓"开封府仪曹孟钺、将作少监宋㲄放罢"。表明孟氏家族确实随着蔡京的倒台,也都被劾罢,其中就包括这位做过"开封府仪曹"的孟钺。开封府仪曹,是开封府六曹参军之一,北宋徽宗崇宁三年(1104)五月,罢开封府功曹、法曹、仓曹之称,易以仪曹、刑曹、工曹之名,始有"开封府仪曹"之官。其职掌是功曹与法曹兼领检法,其余诸曹则兼领出入所属诸县事覆及分季轮流与司录参军事同推勘诉讼公事。此类官位宋前期为正七品下,元祐以后为正八品。编制是宋前期各曹只有一人,崇宁三年(1104)五月以后各曹定为二人。这种官既小且闲,因此有时间和自由在东京"烂赏叠游",可以得到酒楼、食店、勾栏、瓦肆老板的款待。所以孔宪易先生推断"孟钺"是孟昌龄的"有服"族人,其能做"开封府仪曹"是孟昌龄"推恩"的产物,是很有道理的。然孔先生在考证到孟钺是孟昌龄的"有服族人"之后,未能再往下深考,进一步确定孟钺与孟昌龄之间到底是什么关系。

孟钺在东京汴梁居住生活多年,又做过开封府仪曹这类闲散小官,故上至皇宫内院,下至瓦舍勾栏,大至朝仪郊祀,小至民风礼俗,都能亲见亲闻,有条件在其晚年将所见所闻写入《东京梦华录》一书。所以"孟钺即孟元老"的可能性极大。前引"观妓籍则府曹衙罢"之语,是孟元老自己说的话,"府曹衙罢"之后,就能去"观妓籍",是孟元老自己描述的行动。这个做过"府曹"的孟元老,与曾做过"开封府仪曹"而最终也被"放罢"的孟钺,难道还不能说两者就是一人吗?可见"孟元老即孟钺"之说,十分可信。

肆 孔宪易先生还引证《三朝北盟会编》卷一百一《炎兴下帙·大赦天下诏》,说是孟元老"出京南来,避地江左"之前,正是南宋高宗赵构在南京应天府(今商丘)即位之时。而即位之后的第一道诏书就宣布:"蔡京、童贯、王黼、朱勔、李邦彦、孟昌龄、梁师成、谭稹及其子孙，皆误国害民之人，更不收叙。"孟元老虽属孟昌龄"有服族人"，并且官职又很低，是否也在这"更不收叙"的范围之内，光靠这段文字尚不能确定孟钺是否受到如此的处分。

《靖康要录》卷六记载：

（靖康元年五月）五日，臣僚上言："顷者奸臣用事，子弟亲戚本无才学，夤缘冒宠，超躐显位，其甚者已赐罢黜。有幸免者，若蔡京之甥徽猷阁待制冯躬厚，婿显谟阁直学士叶著，孙婿校书郎郭南仲，王黼弟前右文殿修撰王丰，婿直龙图阁葛立经，王安中之子直龙图阁辟疆、辟先，婿三门辇运赵奇，妻之妹夫直秘阁霍知白，朱勔之婿朝散大夫周审言，迪功郎马震，蔡攸妻弟军器少监宋戬，孟昌龄孙开封府仪曹孟钺，或冒从官贴职之荣，或靥任使宫祠之职，未蒙斥免，士论怫郁，伏望褫罢，送吏部。"

这段材料进一步明确孟昌龄与孟钺不仅仅是"有服族人"，而且是祖孙关系。同其他高级官员之子弟亲属一样，在其长辈遭到罢黜之后，亦被臣僚以其"本无才学"，却"夤缘冒宠"而"超躐显位"之由，将其劾罢。所以到绍兴十七年（1147）孟氏为《东京梦华录》写序时，仍说自己"情绪牢落"。其惆怅不悦之情溢于言表。

伍 明代中叶李濂《汴京遗迹志》卷十八有一篇《跋东京梦华录后》，谓《东京梦华录》于"宋之京城、河渠、宫阙、官府、寺观、市井、勾肆，大而朝贺典礼，小而口味戏剧，无不详备，可谓勤矣。……但是时艮岳已成，梁台、上方寺塔俱在，而《录》内无一言及之，不知何也"。其后胡震亨也曾提出："艮岳于时最称雄丽，何可漏略！"

艮岳修建于北宋徽宗时期。南宋陈均《宋九朝编年备要》卷二十八"作万岁山"条记曰：宋徽宗即位之初，"皇嗣未广，道士刘混康以法箓符水出入禁中，建言京城

西北隅（笔者按：艮岳实际位于东北隅），地协堪舆，倘形势加以少高，当有多男之祥。始命为数仞岗阜。已而后宫占熊不绝，上甚喜，于是崇信道教，土木之工兴矣。一时佞幸因而逢迎，遂竭国力而经营之。至是，命户部侍郎孟揆筑土增高，以象余杭之凤凰山，号万岁山。后因神降，有艮岳排空之语，因名艮岳。"作为九五之尊，宋徽宗本应心系天下，却为多生男丁，听信道士胡言，不顾民生疾苦，悍然下令大兴土木，修造艮岳。

艮岳修成之后，颇为壮观。《宋九朝编年备要》又记曰："宣和四年始告成，御制记文，凡数千文。六年，有金芝产于万岁峰，改名寿岳。门号阳华。入门两旁有丹荔八十株。大石曰'神运昭功'者，立其中。旁有两桧，一夭矫者，名曰'朝日升龙之桧'；一偃蹇者，名曰'卧云伏龙之桧'。皆玉牌填金字书之。"宋周密《癸辛杂识》前集记载："万岁山大洞数十，其洞中皆筑以雄黄及卢甘石。雄黄则辟蛇虺，卢甘石则天阴能致云雾，蓊郁如深山穷谷。"关于艮岳之取石，《癸辛杂识》续记曰："其大而穿透者，致远必有损折之虑。近闻汴京父老云，其法乃先以胶泥实填众窍，其外复以麻筋杂泥固济之，令圆混，日晒极坚实，始用大木为车，致于舟中，直俟抵京。然后浸之水中，旋去泥土，则省人力，而无他虑。此法奇甚，前所未闻也。"由此亦可见，艮岳修造工程之大，耗资之巨。

而今通检《东京梦华录》一书，内独缺艮岳之描述，却屡屡尊称恶贯满盈之蔡京的宅园为"蔡太师宅"、"蔡太师桥"、"蔡太师园"，童贯的"童太师园"、王黼的"王太宰园"等等。如此描述，岂不令人诧异！

"艮岳"之修，乃徽宗一朝最大的"蠹政"，"花石纲"滋扰东南郡县，方腊起义由此而发。这件事连当时的平民都知道，孟元老怎么会只字不提呢？原因就是"艮岳"之修，乃是其孟家人孟揆主持的。孟家人主办此事，不但使自己家族获罪，更加速了北宋的灭亡，徽、钦二帝被金人所掳。教训惨痛，"过恶山积"，哪里还有胆量有脸皮再戳这个"痛处"、"短处"和"耻辱处"！所以《东京梦华录》中不记"艮岳"，乃是孟钺有意回避家族难却的罪名，不是因为疏略而失记。由此更进一步证明，孟钺的确当是孟昌龄、孟扬、孟揆等的家人，"孟钺即孟元老"应是毋庸置疑。

三、《东京梦华录》作者籍贯和行实

孟钺之籍贯，可以孟昌龄、孟扬父子之籍贯考之。检《宋人传记资料索引》，载："孟扬，分宁人，扶弟，黄庭坚之甥。庭坚作《劝学》赠之，勉其奋发，以光前人。"孟扬既是分宁（今江西修水）人，则孟揆等兄弟，无疑也是分宁人，因推知孟揆、孟扬的父亲孟昌龄，也是分宁人。且孟昌龄之夫人，系黄庭坚之姊妹。黄庭坚名气大，亦分宁人，与孟昌龄当是郎舅关系，与孟扬、孟扶则是甥舅关系。检黄氏《山谷集》卷二十，确有《劝学赠孟甥（扶、扬）》一篇，曰："柯辟杨墨，功愈于禹。仲子论《诗》，汜绍厥绪。喜凿言《易》，亦自名家。一姓几坠，光绵其瓜。……咨尔孟孙，望洋汉唐。其勤斯文，对前人光。"因而可以肯定，孟氏家族是江西分宁人。

分宁县，唐贞元十六年（800）置，因分自武宁县而得名。治所在今江西修水县内。元大德八年（1304）宁州治移此。明洪武初州废，改为宁县。然遍检有关书目，《分宁县志》则各处无藏，《修水县志》亦只有20世纪90年代新志，因而孟氏家族要员，包括孟钺在内的行实亦无从查考。检（嘉靖）《宁州志》、（康熙）《宁州志》、（乾隆）《宁州志》等地方志有关宋时科举、人物的材料，均无孟氏踪影。可知旧日修志那种"隐恶扬善"、记美不记劣的倾向太过严重。

孟钺行实，《靖康要录》亦有记载：卷一称靖康元年正月十八日"孟钺上章荐范宗尹、朱梦说，圣旨依奏，并召赴阙"。《靖康要录》卷二又记载其力保李纲事，曰："（靖康元年二月五日）孟钺上言：'臣近乞召用朱梦说、范宗尹事，已蒙俞允，天下幸甚。臣更怀迫切之诚，望赐采纳。臣闻太常少卿李纲，推孤忠自许之诚，首决天下之大事，蒙陛下处以股肱之任，虽愚懵无知之人，亦皆鼓舞欣忭，况忠直有识之士哉！今日忽闻李纲缘用兵少挫，已蒙加罪。以常情论之，固当如此；以大事论之，则臣别有愚见。……伏乞始终保全，令依旧裁决大事。'"可知孟钺为官虽小，尚能力荐才能忠良之士，还存有一点良知。但毕竟是孟氏家族中人，其仕途难免受其祖、父辈影响，故《靖康要录》卷六又记载："霍知白、赵奇、宋晟、孟钺并放罢。""放罢"即放逐罢黜，也就是说孟钺最后连"开封府仪曹"这个小官也没保住，所以才于"靖

康丙午之明年,出京南来,避地江左,情绪牢落"(《东京梦华录自序》)。

综上所述,我们似乎可以给孟钺行实勾勒一个大致的轮廓:孟钺,号幽兰居士,元老盖是其托名,分宁(今属江西修水)人。孟昌龄孙,孟扬、孟揆子侄辈。曾官开封府仪曹。靖康元年丙午(1126)被放罢。翌年,离开汴梁,避地江左。晚年"与亲戚会面,谈及曩昔",因"恐浸久,论其(笔者按:汴梁)风俗者失于事实,诚为可惜",故"谨省记编次成集,庶几开卷得睹当时之盛。……目之曰《梦华录》"(《东京梦华录自序》)。

第十讲 明内府写本《明解增和千家诗注》

《明解增和千家诗注》二卷,题南宋谢枋得注,明内府写彩绘插图本。框高26.7厘米,宽17.1厘米。每半页九行,行十四字,小字双行同。白口,四周双边。上图下文,图旁为增和诗。上、下两册各一卷,今分藏台北故宫博物院和中国国家图书馆。

一、《明解增和千家诗注》解题

(一)"明解"和"增和"

所谓"明解",是指每首诗都有简明的解释。如此书开篇第一首,选的是北宋程颢的《春日偶成》:"云淡风轻近午天,傍花随柳过前川。时人不识予心乐,将谓偷闲学少年。"这首诗的诗题后所标"程明道"名下有程颢传记行实、学行业绩等小注。全诗后又有简明的"释义",曰:"此诗,先生春日偶然而成也。盖见是时云色淡薄,风气轻清,而近日午之际,其时春日融和可爱,游玩花边柳外以过前川。是则即其所居之位,乐其日用之常,恐时人谓我偷闲学少年而曰荡也。"解释得简明易懂,是谓"明解"。

所谓"增和",是指为进一步帮助童蒙读诗、诵诗、懂诗,进而学着作诗,还在所选之诗上端插图旁步原韵增和一首,以便仿效。如此书卷一所选王安石《春夜》

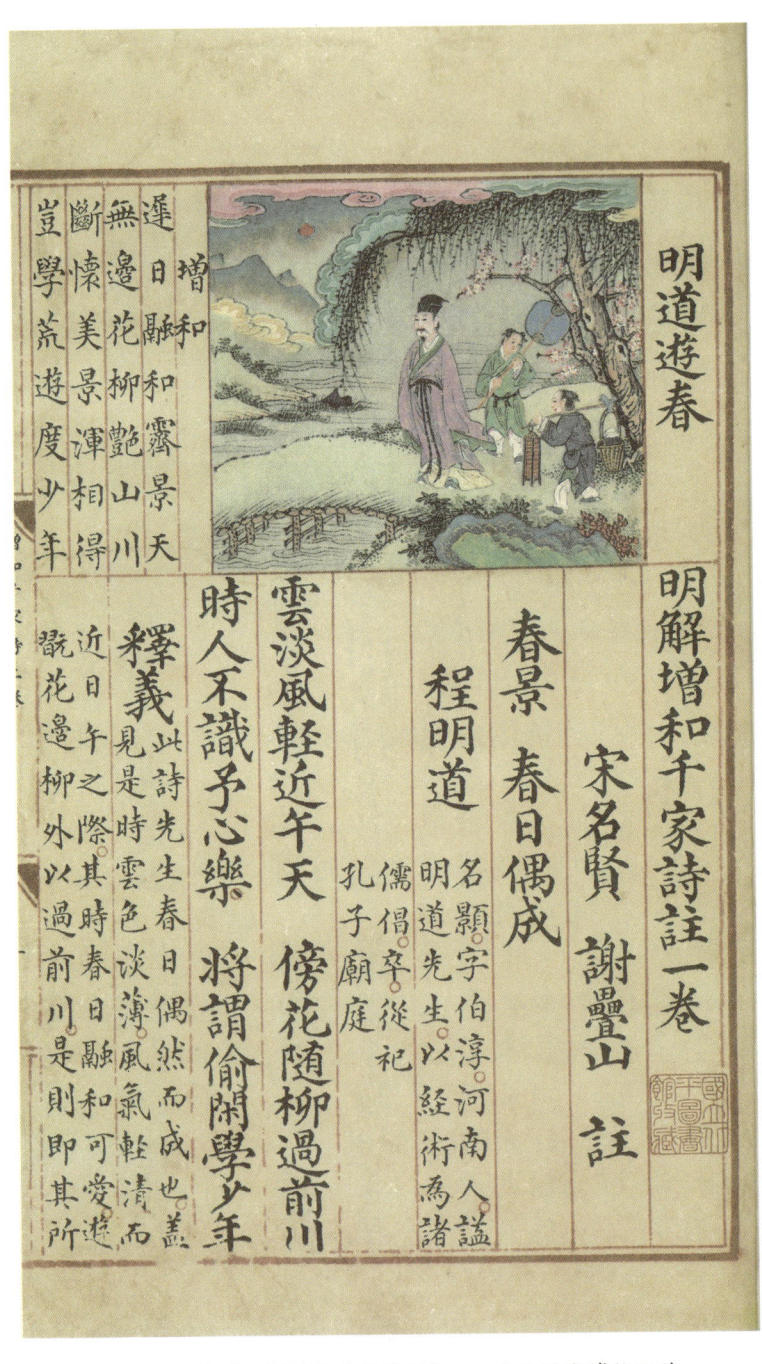

明解增和千家詩註一卷

宋名賢 謝疊山 註

明道遊春

春景　春日偶成

程明道
名顥。字伯淳。河南人。諡明道先生。以經術為諸儒倡。幸從祀孔子廟庭

雲淡風輕近午天　傍花隨柳過前川
時人不識予心樂　將謂偷閒學少年

釋義 此詩先生春日偶然而成也。蓋見是時雲色淡薄風氣輕清而近日午之際其時春日融和可愛遊觀花邊柳外以過前川是則即其所

增和
遲日融和露景天
無邊花柳艷山川
斷懷美景渾相得
豈學荒遊度少年

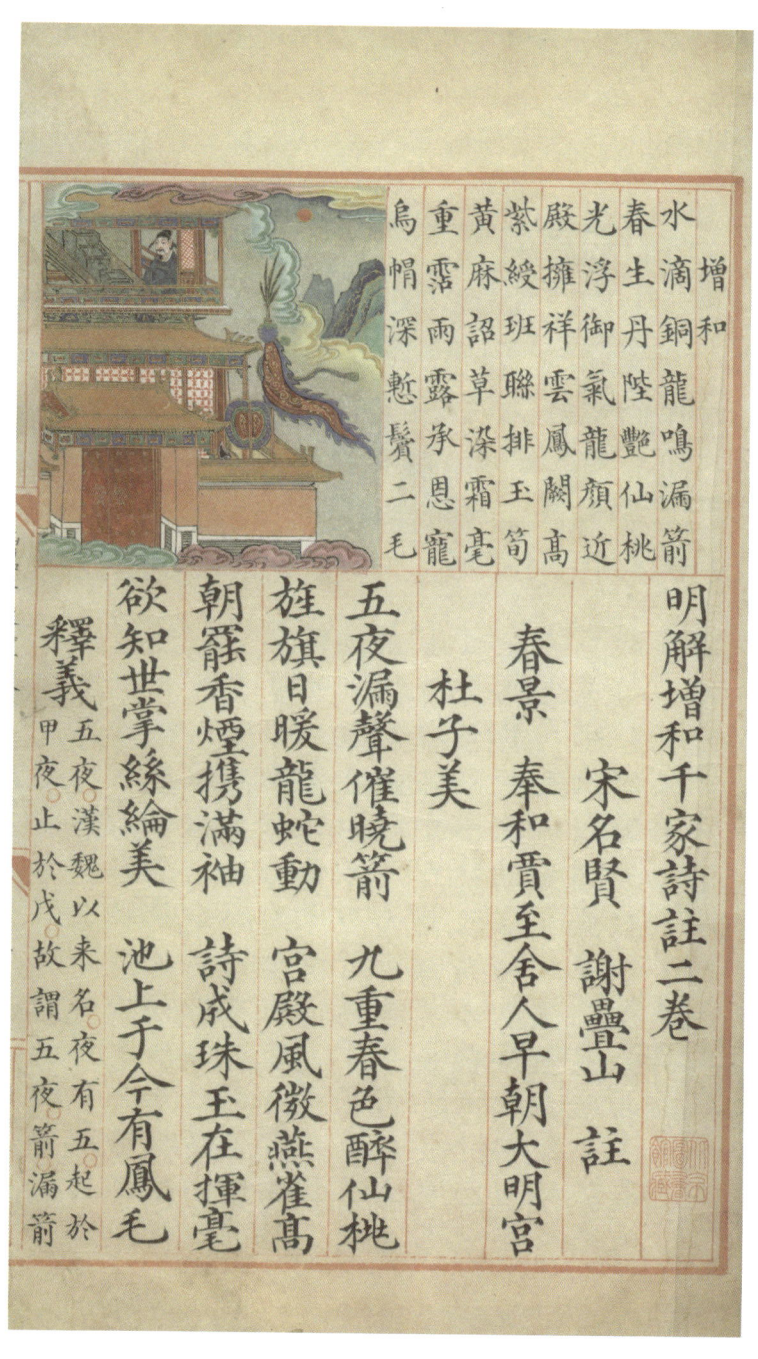

明内府写本《明解增和千家诗注》　中国国家图书馆藏

诗云："金炉香烬漏声残，剪剪轻风阵阵寒。春色恼人眠不得，月移花影上栏杆。"这首诗上面插图之左便增和一首云："花阴寂寂夜声残，明月斜侵锦帐寒。一点芳心无处著，沉吟偏倚曲栏杆。"和诗的水平虽说不上有多高，但也不是浅俗之人所能为之。

至于《千家诗》中的所和之诗到底是什么人所作，似乎历来无人探究，亦极难稽考。清道光年间阮元所修《广东通志》卷一百九十五《艺文略七》著录"《和唐诗鼓吹集》十卷、《咏史诗》一卷、《和千家诗》一卷。明唐璧撰"。这是一条值得注意的材料。这条材料说明唐璧不仅为《唐诗鼓吹》作了和诗，还为《千家诗》作了和诗，称《和千家诗》一卷。经查考，唐璧号主一，南海平步（今属广东佛山顺德区）人。性醇恪，文行酷似其父唐豫。母目盲，不能自食，璧则晨夕执匙箸养之，后遇神医，目明痊愈。璧孝感一时，为公卿所敬重，有"百鸟群中孤凤凰"之誉。参议陈赘待以宾礼。璧为文端严，远近尊师之。训诱子弟，必使端立，然后授以句读。正统十四年（1449），寇乱佛山，为乡人策划，贼不能入，远近赖之。事迹详明万历年间郭棐所修《粤大记》卷二十一。此人是否即是《千家诗》的和诗者，就其生活的年代，自身的修养而言，可能性很大，但亦不能遽定，尚待进一步考证。

（二）《千家诗》

最早以《千家诗》名书者，多推南宋著名文学家、诗人、鉴赏家刘克庄（号"后村"）选编之《分门纂类唐宋时贤千家诗选》，其卷数有题二十二卷，有题二十五卷者。该书甄选南北朝、唐、五代及宋人五七言律诗一千二百余首，其中辑选唐宋人诗为最多。然刘氏辑选所谓《千家诗选》，并非是童蒙诵读的普及读物，而是为了诗歌赏鉴，以广流传。传世的启蒙读本《千家诗》，多被认为是在刘克庄《分门纂类唐宋时贤千家诗选》的基础上精选七言绝句、七言律诗而成，厘为二卷。清乾隆时翟灏《通俗编》卷八曰："今村塾所谓《千家诗》者，上集七言绝八十余首，下集七言律四十余首，大半在后村选中，盖据其本增删之耳。"

说的恰是这层意思。

《千家诗》与《百家姓》、《三字经》、《千字文》、《名贤集》、《弟子规》、《六言杂字》等,乃旧中国书塾蒙生必读的几本小书。俗语所说"三百千千",指的就是《三字经》、《百家姓》、《千字文》、《千家诗》。这几本小书,流传十分广泛,下至穷乡僻壤的村塾,上至皇家深宫的内书堂,远至琉球的乡塾王室,俗至《红楼梦》里女眷掷骰子行令,都离不开《千家诗》。

明吕毖《明宫史》卷二载:"内书堂读书(宣德年间创,始命大学士陈山教授之,后以内臣任焉):凡奉旨收入官人,选年十岁上下者二三百人,拨内书堂读书。"陈山字伯高,沙县(今属福建三明)人。由举人历绍兴奉化教谕。后被召入朝,与修《永乐大典》。后又擢吏科给事中。宣德中为户部尚书兼谨身殿大学士。宣德间的内书堂,由陈山教授之,足见皇帝对内书堂读书一事的重视。这些学员"至书堂之日,每给《内令》一册,《百家姓》、《千字文》、《孝经》、《大学》、《中庸》、《论语》、《孟子》、《千家诗》、《神童诗》之类,次第给之"。可知至晚到明代宣德年间村塾蒙童所读的《千家诗》已影响到宫里的内书堂。

清潘相《琉球入学见闻录》卷二记载:"国王先后刊有《四书》、《五经》、《小学》、《近思录集解》、《便蒙详说》、《古文真宝》、《千家诗》,板藏王府,陈请即得。"可知《千家诗》的影响已延及海外。

《红楼梦》第一百零八回说老太太要行酒令,鸳鸯出主意掷骰子决胜负。薛姨妈一下掷出四个"么",鸳鸯说这叫"商山四皓",有年纪的都得喝一杯。贾母正举杯要喝,鸳鸯又说:"这是姨太太掷的,还该姨太太说个曲牌名儿,下家接一句《千家诗》,说不出来的,罚一杯。"足见《千家诗》广泛深入人心。

(三)《千家诗注》

《明解增和千家诗注》,题南宋谢枋得注。谢枋得(1226—1289),字君直,号叠山,别号依斋,信州弋阳(今属江西)人。"为人豪爽。……性好直言,一与人论古今治乱国家事,必掀髯抵几,跳跃自奋,以忠义自任。徐霖称其'如惊鹤摩霄,不事笼絷'"。南宋理宗宝祐四年（1256）进士。宋恭帝德祐元年（1275）,谢枋得以江东提刑、江西招谕使知信州。二年（1276）,元兵大举南下,枋得起兵迎战,但因寡不敌众,兵败城陷。枋得乃变姓名,入建宁唐石山,转茶阪,寓逆旅中。日麻衣蹑履,东乡而哭。人不识之,以为病狂。已而卖卜建阳市中,"其后人稍稍识之,多延至其家,使为子弟论学"（《宋史》卷四百二十五《谢枋得传》）。天下既定,遂居闽中。元人尝遣使礼聘之,枋得则致书时宰曰："宋室孤臣,只欠一死"（明·陈邦瞻:《宋史纪事本末》卷二十八《文谢之死》）。后枋得被胁迫入燕,绝食而死。其节烈与文天祥齐名。谢枋得既尝被延至人家为童蒙论学,就有可能对《千家诗》进行编选注解,作为童蒙读物。

二、《明解增和千家诗注》的版本

此本《明解增和千家诗注》,与村塾行用的刊印本《千家诗》在制作水平上极不相同。

首先是开本宏朗,高约32.2厘米,宽约21厘米,有别于通行本的俗简。

其次是该书的用纸,不是明代社会上写书、印书常用的白绵纸或黄绵纸,更不是廉价易脆的竹制纸,而是明代内府写书专用的加厚皮纸。这种纸极类嘉靖时《永乐大典》抄副的用纸。

再次是该书的边栏界行、版口鱼尾,皆为朱笔手绘,绝非雕版印制,此亦与明嘉靖时内府抄副的《永乐大典》相类。《永乐大典》虽然卷帙浩繁,但抄副乃承皇帝敕旨,故选纸、画栏、缮写均由内府职掌,边栏界行、书口、鱼尾全行手绘。界画师傅为使格匀线直,常在行在线下两端用针扎孔,一扎十数纸或数十纸,而后以笔沾朱墨,两板夹紧笔端,沿对准上下两针眼的直尺上下均匀画出,显得鲜明整齐,名曰朱丝栏。《明解增和千家诗注》栏格的形成亦悉数朱笔手绘,工致细腻,一丝不苟。

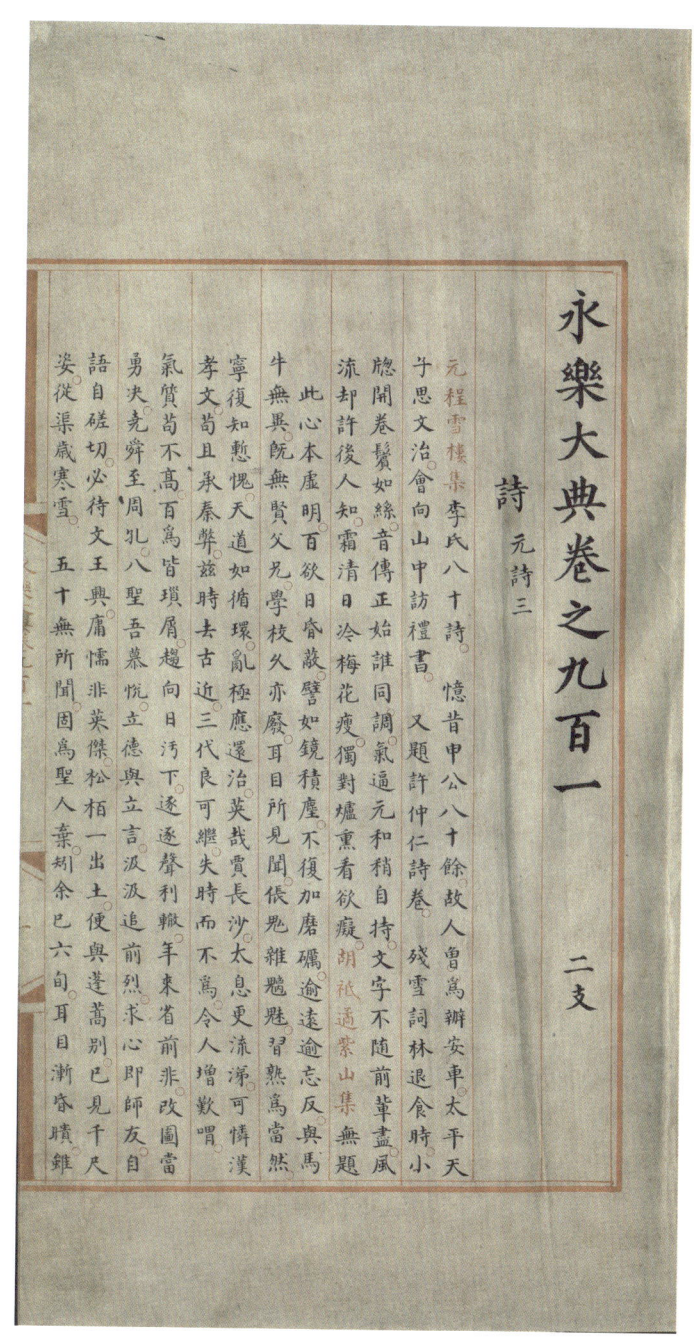

明内府抄本《永乐大典》　中国国家图书馆藏

增和

水滴銅龍鳴漏箭
春生丹陛艷仙桃
光浮御氣龍顏近
殿擁祥雲鳳闕高
紫綬班聯排玉筍
黃麻詔草溼霜毫
重雲雨露承恩寵
烏帽深慙鬢二毛

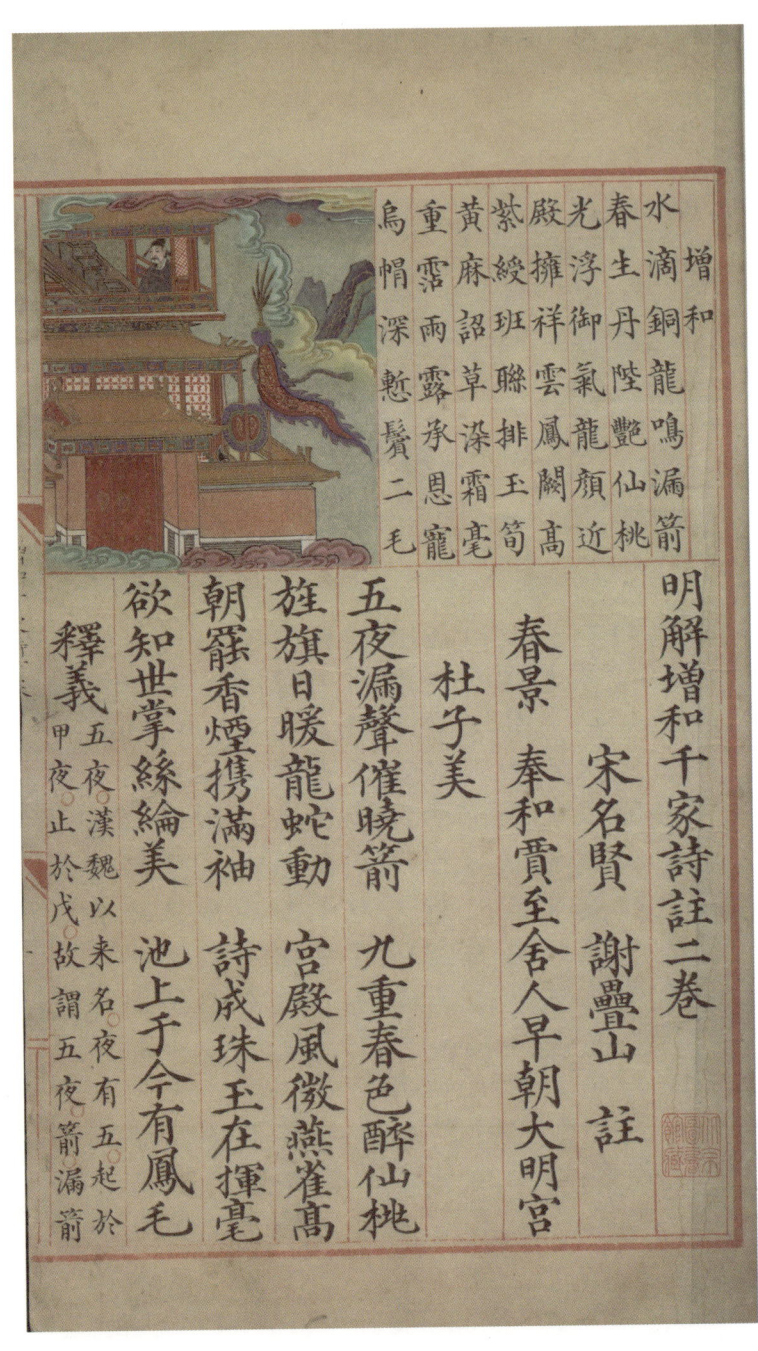

明解增和千家詩註二卷

宋名賢 謝疊山 註

春景 奉和賈至舍人早朝大明宮

杜子美

五夜漏聲催曉箭 九重春色醉仙桃
旌旗日暖龍蛇動 宮殿風微燕雀高
朝罷香煙攜滿袖 詩成珠玉在揮毫
欲知世掌絲綸美 池上于今有鳳毛

釋義 五夜漢魏以來名夜有五起於甲夜止於戊故謂五夜箭漏箭

明内府写本《明解增和千家诗注》

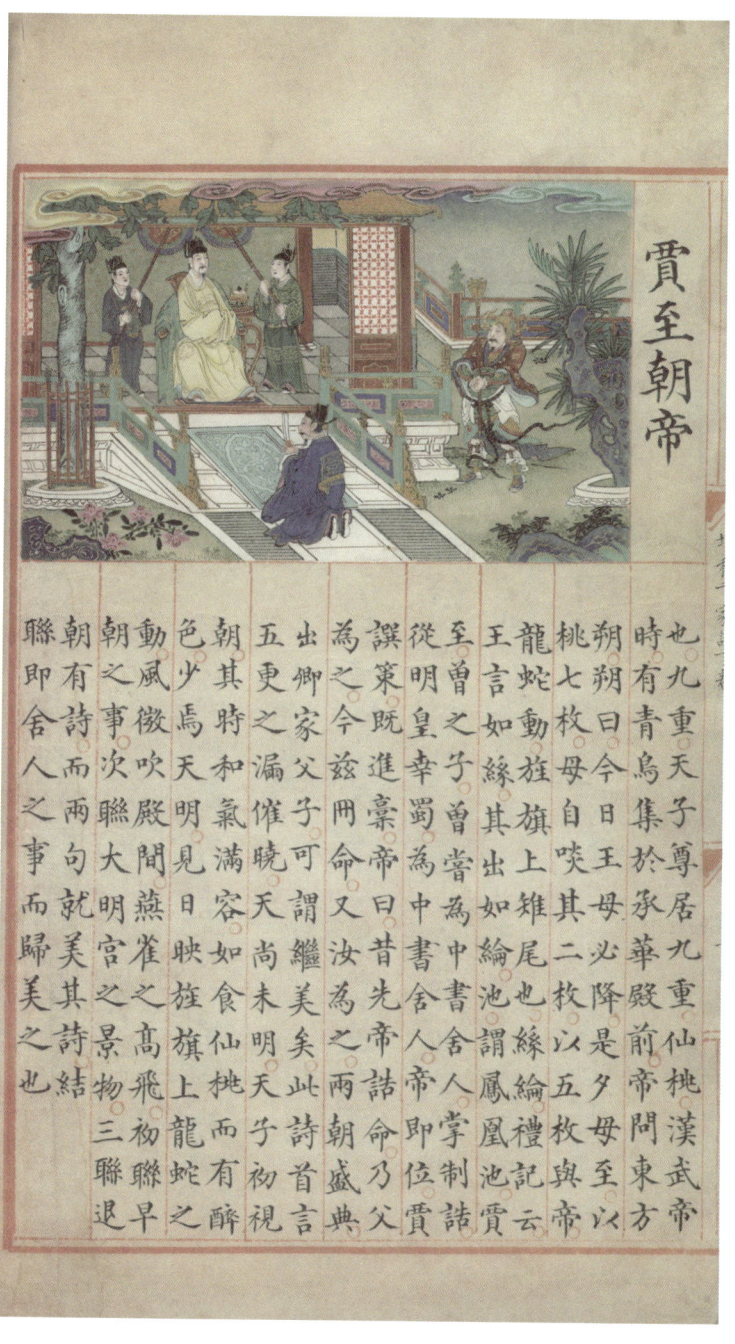

明内府写本《明解增和千家诗注》

明内府写本《明解增和千家诗注》彩绘插图

明万历内府写本《补遗雷公炮制便览》
中国中医科学研究院图书馆藏

再次是《明解增和千家诗注》的彩绘插图,工致有余,洒脱不足,似出明代宫廷画师之手。插图色彩鲜艳绝伦,饰色均用各种天然矿物质染料,故历经数百年,仍艳丽如初。其中的瓦陇户框、门饰雕栏,用金粉描绘,迄今看去仍金碧辉煌,光彩夺目,不减绘时本色。

为了一部启蒙读本,在用纸、画栏、配图、书写、绘画、饰色等方面如此不惜工本,其制作者恐非明内府莫属。中国中医科学研究院图书馆藏有一部内府煎制中草药的图书,名曰《补遗雷公炮制便览》,明万历内府楷写彩绘插图本。其在书写、用纸、绘图、饰色等方面,与此本《明解增和千家诗注》颇类。因疑此本《明解增和千家诗注》亦为万历时期之作品。

三、《明解增和千家诗注》的流转

今藏台北故宫博物院之《明解增和千家诗注》上册,首叶和末叶均钤有"国立北平图书馆收藏"印记。国立北平图书馆之前身,是创建于清宣统元年(1909)的京师图书馆。其藏书以清内阁大库、翰林院、国子监南学、热河避暑山庄文津阁《四库全书》为主。1926年,京师图书馆更名为国立京师图书馆。1927年,国民政府在南京成立,并定为首都。次年,下令改北京为北平。国立京师图书馆亦随之更名为国立北平图书馆。1933年赵万里编制出版《国立北平图书馆善本书目》(通称"北平图书馆善本甲目")著录此书,曰"《明解增和千家诗注》二卷,宋谢枋得辑,明抄本,存一卷",且将其与宋元旧刊、明版精刻及传世孤罕之善本编入甲库。因知《明解增和千家诗注》上册入藏于1928年国立京师图书馆更名为国立北平图书馆之后,1933年《国立北平图书馆善本书目》出版之前。

"九一八"事变后,东北沦陷。华北告急,形势紧迫。1933年,国立北平图书馆奉国民政府之命,将馆藏珍善之本装箱运至天津。1935年冬,又将这批善本在不到两个月的时间里分七次紧急南运至上海。太平洋战争爆发前,又在此批善本书中优中选优,装成一百零二箱,远渡重洋,寄存在美国国会图书馆。20世纪60年代前期,台北"中央图书馆"馆长蒋复璁提请台湾当局,派人赴美,与这批书的在美监护人

袁同礼及美国国会图书馆协商，将这批书运抵台湾，寄存在台北故宫博物院。明内府写彩绘插图本《明解增和千家诗注》上册，即在其中。

今藏中国国家图书馆之下册，首叶和末叶均钤有"北京图书馆藏"印记。据此，台北故宫博物院冯明珠女士在《院藏〈明解增和千家诗注〉再造记》（《故宫文物》月刊第385期）一文中，认为此印所指的北京图书馆是1926年中华教育文化基金董事会（以下简称"中基会"）所成立的那个北京图书馆。此与事实不符。以庚子赔款成立的中基会跟国立京师图书馆合作，并且签有协议。但那时北洋政府国库空虚，协议中规定该出的那点经费不能兑现。协议无法执行，中基会只得自己成立一个图书馆，叫北京图书馆，聘梁启超为馆长。但1928年随着"北京"改"北平"，中基会成立的"北京图书馆"也只好改名北海图书馆。1929年决定北海图书馆与国立北平图书馆合并，并准备合并事宜。1931年，国立北平图书馆新馆在琼岛西涯落成，两馆正式合并。冯明珠女士认为，1933年赵万里编制出版《国立北平图书馆善本书目》时，《明解增和千家诗注》下册还尚未从北海图书馆合并过来，或在过程中。故赵氏未能见到下册，该册亦未能列入该书目。

其实事情本没有这么复杂。待笔者把事情讲清楚，大家就会觉得事情很简单。1949年，新中国成立，北平更名北京，国立北平图书馆亦随之更名为国立北京图书馆。

中基会创办之"北京图书馆"古籍钤印

新中国成立后之"北京图书馆"古籍钤印

1951年，又更名为北京图书馆。1998年，再更名为国家图书馆。现在我们将中基会所创办之北京图书馆及1949年以后北京图书馆两颗藏书印摆在一起，就会发现两者虽然很是相似，但若仔细观察则不完全相同。冯女士如果对比过这两颗印，也许早就摒弃上述的猜测和推论。

更能说明问题的尚不是这两颗印，而是铁的事实。笔者曾调查过北京图书馆善本书籍账目，账上明确记载《明解增和千家诗注》下册，1956年北京图书馆从琉璃厂萧新祺手中购得。萧氏在北京琉璃厂开过一家古旧书铺，1956年公私合营之后进入中国书店。这一事实表明，明内府写本《明解增和千家诗注》下册，1956年才入藏北京图书馆。其藏书印是新中国成立以后之印鉴，与20世纪20年代中基会成立的那个北京图书馆，风马牛不相及。

中国国家图书馆藏《明解增和千家诗注》下册的封面现为黄绫线装，应为明代内府书籍封面之装潢风格。笔者原以为台北故宫博物院藏此书上册亦当如此。待笔者赴台北故宫博物院目验此书，发现此书上册虽是包背装，但书衣却类似磁青纸的软封面，绝非明代内府原装。这说明此书上、下册由深宫散出后，并非为同一人所得。

四、两岸合璧影印《明解增和千家诗注》

1998年北京图书馆出版社将《明解增和千家诗注》下册仿真影印出版。至2007年，笔者赴台北参加两岸书展，有幸参观台北故宫博物院。参观中，笔者无意于展橱内发现了《明解增和千家诗注》上册。此册与中国国家国图馆所藏下册何其相似，乃知是一部书而分藏两地者。因向时任台北故宫博物院文献处处长冯明珠女士建议，合璧精印此书。记得当时笔者谓：碍于众所周知的原因，合璧影印此书，北京方面可将拍好的片子送至台北，由台北合印；或台北方面将拍好的片子送至北京，由北京合璧影印；若两案均不便实施，台北方面也可单独影印出版，而后再行合璧。由于所提建议比较突然，冯女士一时难置可否，但事后可能将笔者的提议报告给了时任台北故宫博物院院长周功鑫。这才有2009年周功鑫院长向台北世界书局推荐出版《明解增和千家诗注》

下册,并建议与该书上册合璧销售之举。至 2010 年,《明解增和千家诗注》下册果在该书局影印出版。但上册和下册依然单行销售,没有合璧。

直至 2015 年,北京东方宝笈文化传播有限公司正式担当起合璧销售《明解增和千家诗注》的使命。该公司与中国国家图书馆、台北故宫博物院商妥,由国家图书馆与台北故宫博物院各依所藏原书进行扫描,而后由台北世界书局出版台北故宫博物院所藏上册,由北京文物出版社出版国家图书馆所藏下册,使久分两地的上、下两册在同函中合璧。此种合璧虽然仍不尽完美,但毕竟是有所进展,值得庆贺。

第十一讲　昔时陶陶室 今日在国图

"陶陶室"是清代著名藏书家黄丕烈藏书的室名之一,以同时藏有宋刻递修本《陶渊明集》十卷和宋汤汉刻《陶靖节先生诗注》四卷《补注》一卷(以下简称"两陶集")而得名。陶渊明以高尚的品格与醇厚的诗风,为历来文人雅士所推重,宋刻两陶集亦因之而为历来藏书家所青睐。二百年来,宋刻两陶集辗转递藏,演绎出许多感人而有趣的故事,最后归藏于国家图书馆,故谓"昔时陶陶室,今日在国图"。

一、陶渊明其人其诗其集

陶渊明(365—427),东晋至南朝刘宋时人。晋时名渊明,字元亮。入宋更名潜,字渊明,自号五柳先生。浔阳柴桑(今江西九江)人。渊明早年丧父,母孟氏,为名士孟嘉之女,将其抚养成人并深深影响其为人处世。渊明自幼志趣高远,闲静寡言,不慕荣利,但好酒。任彭泽令时,欲将三顷公田悉数种植高粱以酿酒,妻子固请种植粳米,才拨出五十亩种粳米,另二顷五十亩仍种高粱,可见其已嗜酒成瘾。渊明好读书而不求甚解,学综儒、玄,笃意真古,平和恬淡。渊明曾任江州祭酒、建威参军、镇军参军等职。东晋义熙元年(405)为彭泽令。郡守遣督邮至县督查工作,属吏请渊明束带整衣迎见之,渊明则以为"岂能为五斗米,折腰向乡里小儿",乃于同年十一月辞官归里,并作《归去来兮辞》。归田之后,躬耕垄亩,并赋《归田园居》

五首。"久在樊笼里,复返得自然"、"晨兴理荒秽,戴月荷锄归"、"相见无杂言,但道桑麻长"等朴实而脍炙人口的诗句,就写在这时,充分反映了渊明厌恶官场的牢笼和追求田园生活的悠然自得情怀。

陶渊明志行高洁,蔑视富贵,躬耕力田,故其诗格高标,独步一时,在南朝绮丽诗风中显得格外清新自然,生动真实,后世亦多宗为诗中冠冕。惜仅有一百二十余首传世。其散文亦风格独具,意韵深长。其《归去来兮辞》、《闲情赋》、《桃花源记》、《五柳先生传》等,都是千古传诵的名篇,惜仅有十二篇传世。南朝梁昭明太子萧统慧眼识珠,推崇其诗文,谓:"有疑陶渊明之诗,篇篇有酒。吾观其意不在酒,亦寄为迹焉。其文章不群,词采精拔,跌荡昭章,独超众类,抑扬爽朗,莫之与京,横素波而傍流,干青云而直上。语时事则指而可想,论怀抱则旷而且真。加以贞志不休,安道苦节,不以躬耕为耻,不以无财为病,自非大贤笃志,与道污隆,孰能如此者乎。"(南朝梁·萧统:《昭明太子集》卷五《陶渊明集序》)

正因为萧统对其诗文独具慧眼,所以才有上述极高的评价。正因为有如此的评价,所以萧统才"更加搜求,粗为区目"(出处同上),编成了《陶渊明集》八卷,并亲为之序。此集传入北齐后,颇受杨休之认同。杨休之《序录》说陶集"先有两本行于世,一本八卷,无序;一本六卷,并序目"。但这两本都因"编比颠乱,兼复阙少"而为杨氏所扬弃。"萧统所撰八卷,合序目、传、诔,而少《五孝传》及《四八目》,然编录有体,次第可寻",故在萧统所编陶集基础上动手补入《五孝传》和《四八目》,合序目,厘为十卷。可惜萧编八卷本及杨编十卷本均未能传至今日,难言其状。至隋、唐,别本纷出,流传日广,但亦大部分未能流传下来。至北宋,宋庠又重新加以整理,仍厘为十卷,上木刊行,始有定本。此后由宋经元,直至明清,官、私、坊三大系统所刻陶集多源于此本。

二、陶陶室宋刻两陶集的版本

陶陶室的宋刻两陶集,一指《陶渊明集》十卷,宋刻递修本,清金俊明、孙延题签,

汪骏昌跋；一指《陶靖节先生诗注》四卷《补注》一卷，宋汤汉刻本，清周春、顾自修、黄丕烈跋，孙延题签。这两部宋刻陶集，前者向被藏书家视为北宋刻本，倍受珍重；后者因有汤汉的诗注和补注，亦为历来藏书家所垂青。

（一）宋刻递修本《陶渊明集》

宋刻递修本《陶渊明集》十卷，末附《宋丞相私记》，宋丞相即宋庠，说明此本属于宋庠重新编定本的系统。框高20.15厘米，宽13.7厘米。每半叶十行，行十六字，白口，左右双边。黄丕烈推定为北宋刻本。

今检书中"構"字，已缺末笔，表明此书刊版时已届南宋，否则南宋高宗赵构的御名不会缺笔避讳。

且检刻工方成、洪茂、王伸、施章等，亦都是南宋初期杭州地区的名工。其中王伸、方成、洪茂，都参与过绍兴二十八年（1158）在明州（今浙江宁波）开雕的《文选注》六十卷。方成、王伸还参与过其后此版的补修工作。可知方成等人应该都是南宋高宗赵构至孝宗赵昚之间的刻字工人。洪茂还参与过南宋绍兴九年（1139）绍兴府所刻《毛诗正义》的刊版工作。这几个人又出现在此本《陶渊明集》上，证明此本《陶渊明集》当也刻在这一时期。而补版工人则多与明州本《白氏六帖》、《文选》六臣注相同，所以赵万里编辑出版之《中国版刻图录》便将此本《陶渊明集》归类在杭州或宁波，而在行文中则说："刻工施章、王伸、洪茂、方成，皆南宋初年杭州地区良工，绍兴十七年又刻明州本《徐铉集》。补版刻工与明州本《白氏六帖》、《文选六臣注》多同，因疑此本亦当为明州本。"

今细审此本的印纸墨色、字体风格，既非北宋刻书的敦厚风韵，也不类南宋初期杭州地区所刻之书的格调，定其为南宋初期明州刻本，当属可信。虽然此论一出，颠覆了两百年来定其为"北宋刊本"的结论，但这并不意味着其版本价值就因此而降低，它仍是此集较早的刊本，仍是不可多得的珍本。

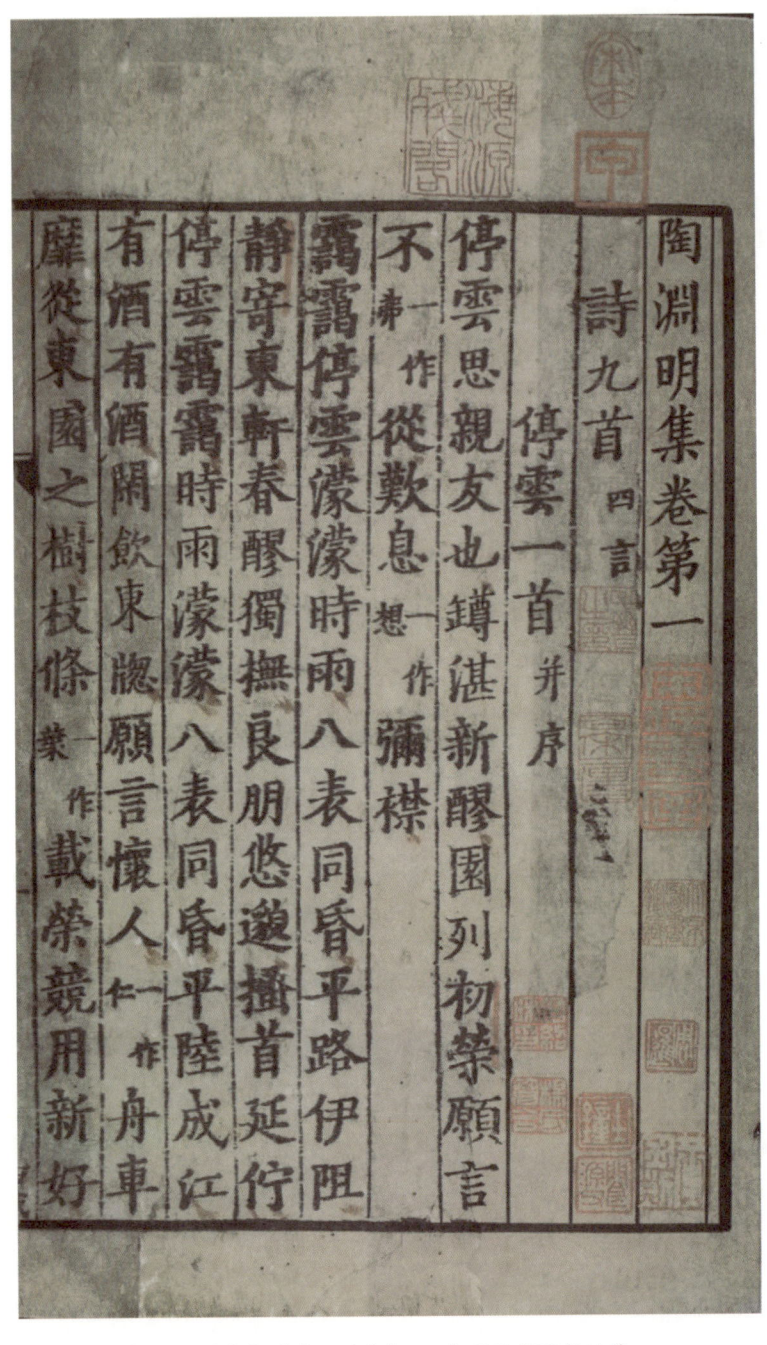

宋刻递修本《陶渊明集》　中国国家图书馆藏

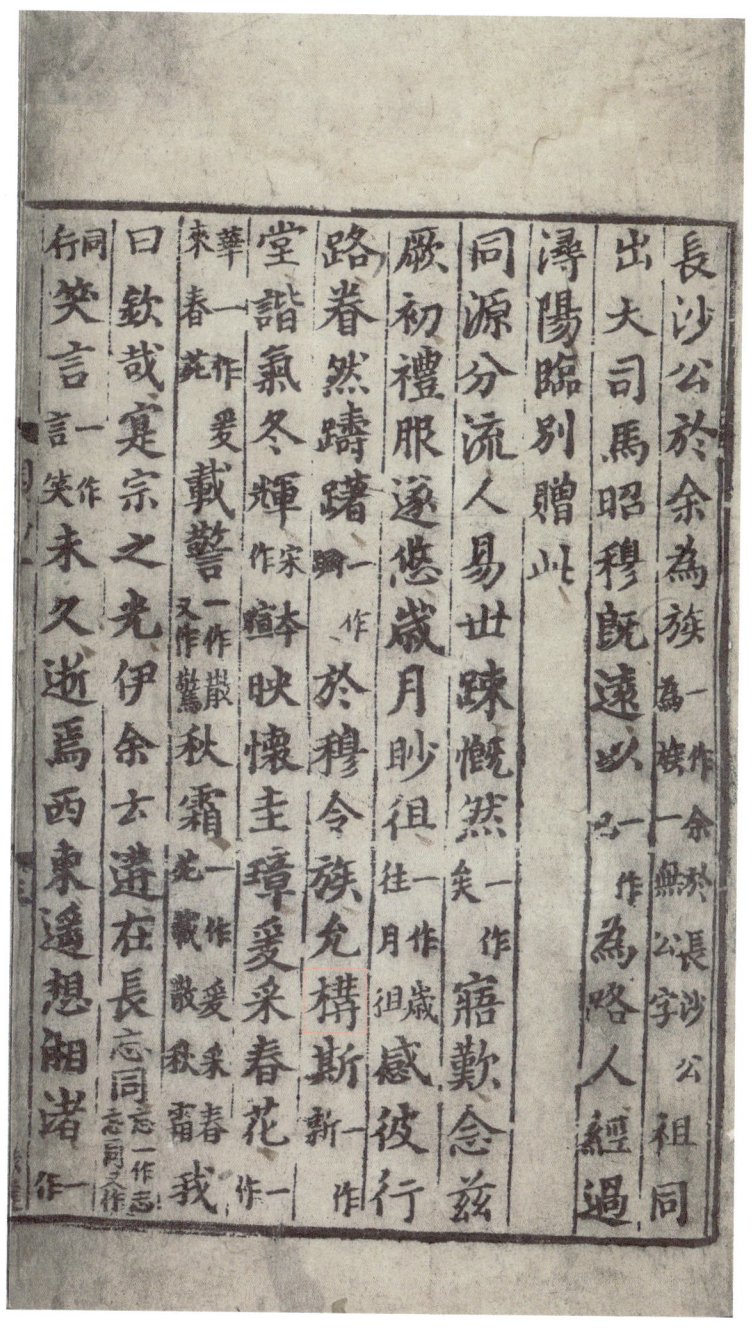

宋刻递修本《陶渊明集》"構"字

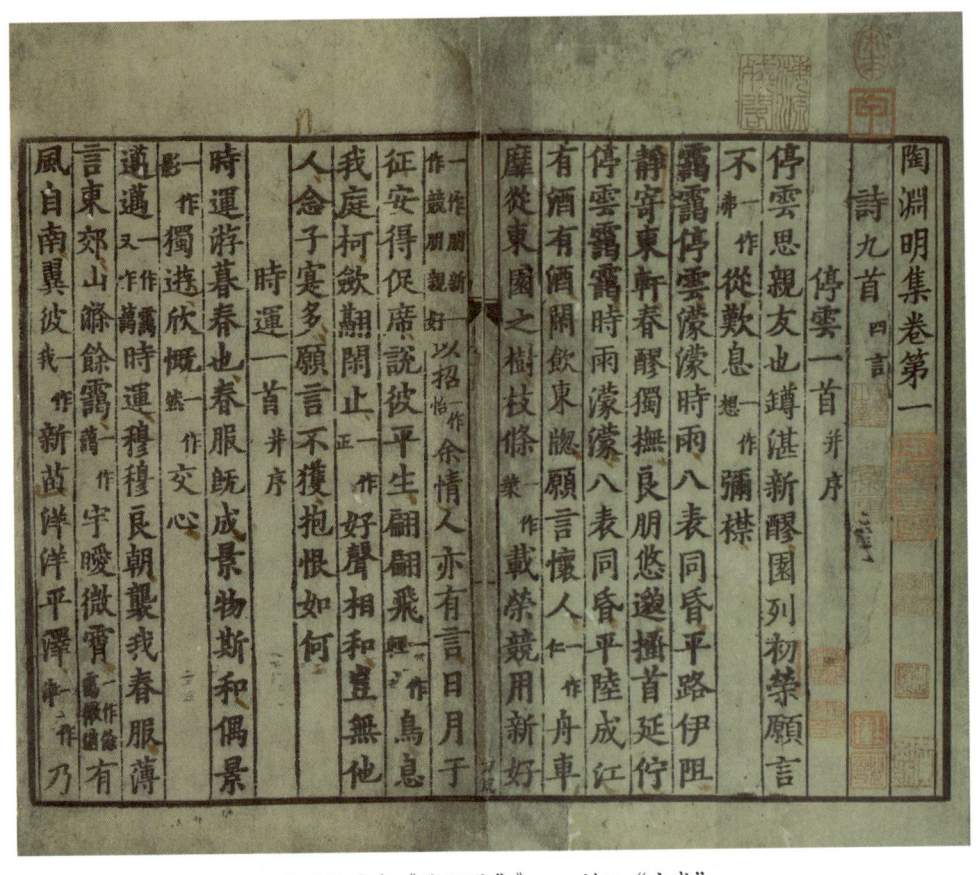

宋刻递修本《陶渊明集》 刻工"方成"

（二）宋汤汉刻本《陶靖节先生诗注》

汤汉（1202—1272）字伯纪，号东涧，饶州安仁（今江西余江）人。与兄干、巾、中皆知名当时。南宋淳祐四年（1244）进士。景定初，为福建运判。五年（1264）又出知福州兼福建安抚使。《宋史》卷四十六《度宗纪》载：咸淳四年（1268）夏四月，"汤汉三辞免刑部侍郎、福建安抚使"。同年十一月，"福建安抚使汤汉再辞免，乞祠禄。诏别授职"。咸淳五年（1269）冬十月，"以汤汉为显文阁直学士，提举玉隆万寿宫兼象山书院山长，进华文阁学士，以端明殿学士致仕"。卒，年七十一，谥文清。汤

汉自四十三岁步入仕途,为官二十余年,迁调频繁。为人直言敢谏,素有政声。著有《东涧集》六十卷(久佚)、《妙绝古今》四卷、《陶靖节诗注》四卷等。

汤汉为陶诗作注的缘起,据其自序说是因为陶诗"精深高妙,测之愈远,不可漫观",犹恐"千载之下,读者不省为何语","因加笺释,以表暴其心事"。汤序作于淳祐初元(1241)九月九日,这应该是他笺注陶诗基本告竣的年份,以此推算,其时汤汉才三十出头,因知《陶靖节先生诗注》乃汤氏早年的作品。而真正将之付诸剞劂,版行于世,则是在汤汉晚年出守福州兼福建安抚使时期,即景定五年至咸淳五年(1264—1269)之间。景定五年(1264),是宋理宗在位最后一年。次年,新皇登基,是为度宗,改年号为咸淳。因知此书付梓实际当在咸淳元年至五年(1265—1269)之间。

此书刻工有蔡庆、邓生、吴清等。这三个人都是福建建宁地区名工,咸淳元年(1265)共同参与过吴革在建宁府镌印朱熹《周易本义》的开版工作。邓生参与过福建漕治镌印《龟山先生语录》的开版工作,他们又同时出现在此本《陶靖节先生诗注》上,进一步证明此书确当刻在咸淳前几年的时间里,与上述汤汉在福建任职时段亦相吻合,所以它的版本应著录为"南宋咸淳汤汉福建刻本"。

此本框高19.5厘米,宽13.8厘米,每半叶七行,行十五字,小字双行同,白口,左右双边。

三、陶陶室两陶集的早期流传

宋刻两陶集在成为黄丕烈藏品并为之另辟他室——陶陶室之前,由宋经元,迭经前明清初,各自有不同的流传路径和递藏关系,厘清它们的传承脉络和递藏关系,不但有利于我们进一步了解此二书,还会听到许多有趣的故事。

(一)宋刻递修本《陶渊明集》的早期流传

宋刻递修本《陶渊明集》,是黄丕烈陶陶室珍藏的两陶集之一。黄丕烈《百宋一

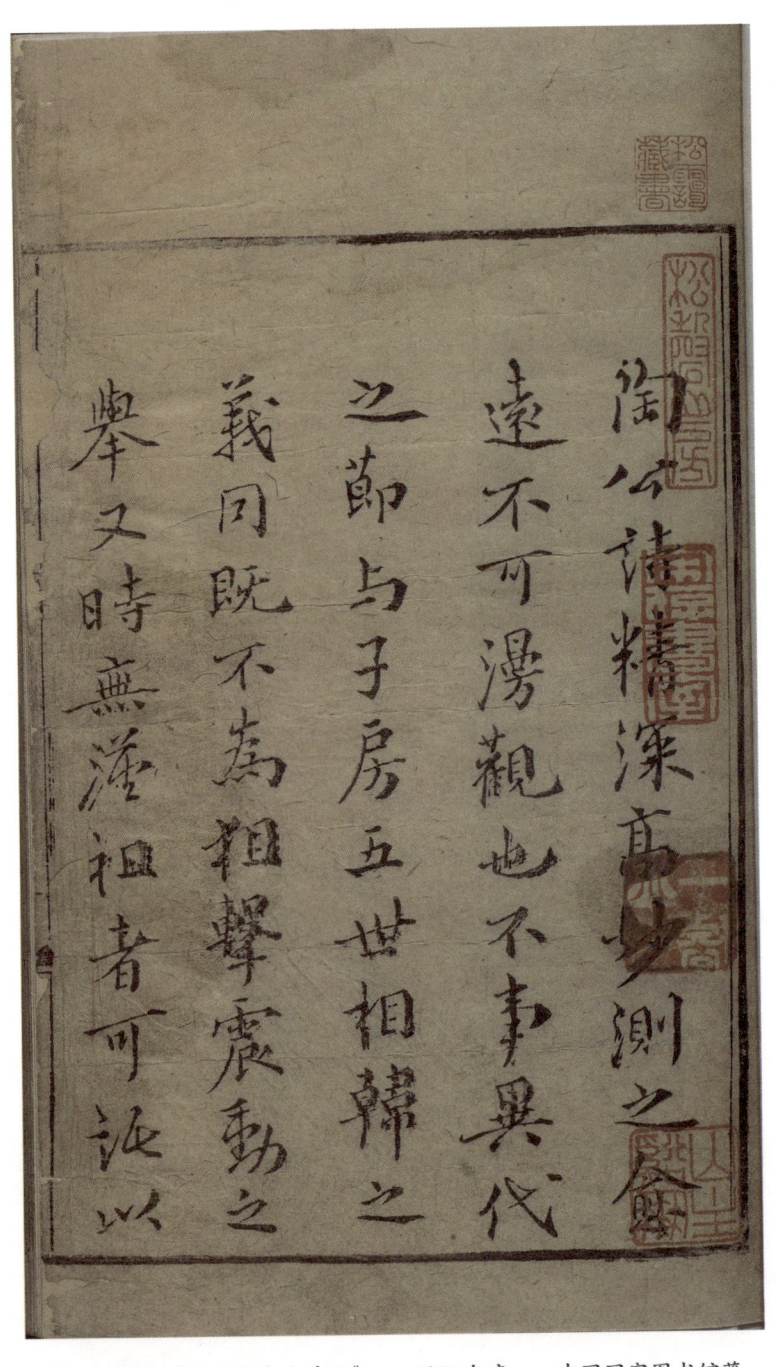

宋汤汉刻本《陶靖节先生诗注》　汤汉自序　中国国家图书馆藏

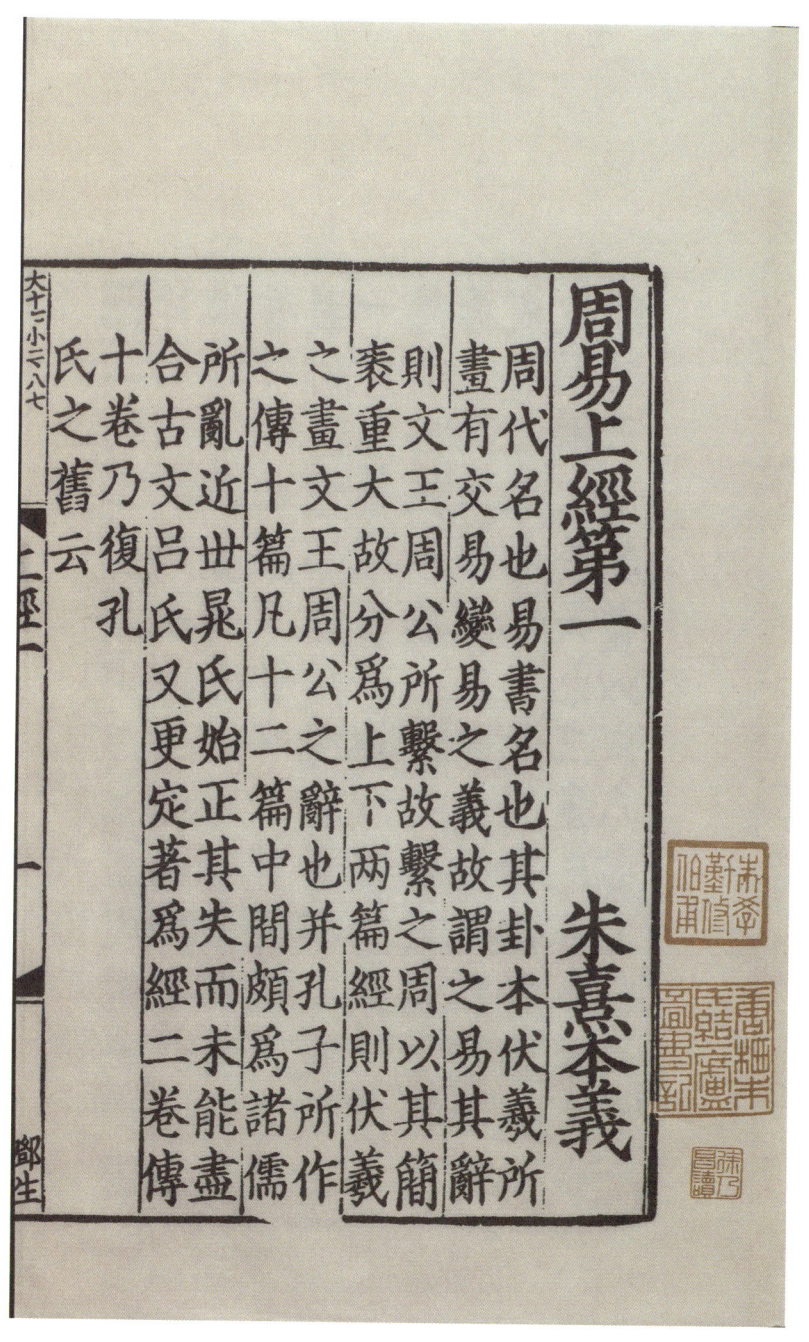

宋咸淳元年吴革刻本《周易本义》 刻工"邓生" 中国国家图书馆藏

廛书录》谓此书钤有"'啸庵'、'桃源戴氏'、'宋微子后自亳之吴再迁于鄞'三印，验其篆文印色，皆元时人也"。黄氏从印文篆法及印泥色泽上推断此三印的主人是元朝人，不能不说很有眼力，很有经验，但事实却未必十分贴切。

考"桃源戴氏"及"宋微子后自亳之吴再迁于鄞"两印，钤盖时未必入元。民国年间王荣商《容膝轩诗文集》卷四有一篇《书戴埴〈鼠璞〉后》，说宋左圭所刻《百川学海》丛书中收录了此书，其作者题为"戴埴仲培父。《四库提要》以'桃源'为县名，故不详其仕履。余观书中辨'大人堂'、'欸飞庙'二条，皆四明掌故，乃知'桃源'实鄞之乡名，非县名也"。并根据《鄞志》中的《选举表》，查到戴埴于"嘉熙二年上舍（中进士）。《戴机传》埴与兄埙先后持节将漕，为衣冠光，语本王应麟《桃源戴氏世谱引》。是戴氏本桃源乡望族。埴之自署桃源者以此，而埴为埙弟，于'仲培父'之字正合。左圭，鄞人，故是书见收于《学海》，而志传反不著录，则亦误以桃源为县尔"。王氏的考辨有根有据，当属可信。元王元恭撰（至正）《四明续志》卷十一有一篇王应麟的《桃源世谱引》，谓："戴氏出宋戴公，亦商后也。"并说："余观《桃源世谱》，第进士者六人（机、樟、得之、进之、埙、埴），特科二人，名荐书上礼部者踵相蹑也。"表明桃源戴氏一族中有六人先后中进士，埴为最晚。而资辈最晚的戴埴，亦登嘉熙二年（1238）进士，距宋亡尚有三十八年，可知他们还都是宋朝人。

王应麟《桃源世谱引》谓"戴氏出宋戴公，亦商后也"。印文亦说"宋微子后"，可知桃源戴氏的世系渊源十分久远。所谓微子者，指的当是微子启，汉代为避景帝讳又称微子开，乃商帝乙的长子，商纣王的同母庶出之兄。因见纣王荒淫暴虐，数次相谏不听，遂出走避祸。待到周武王率兵讨伐商纣王时，微子启则拿着祭器前往武王军门，袒身反缚相告。武王释之并恢复了其职位。商朝灭亡后，周公率军东征，则以微子启奉守商祀，并将之封于宋（今河南商丘），成为宋国第一代国君。这就是桃源戴氏又称为"宋微子后"的原因。有一种说法，当宋国传到第十一位国君时，死后谥"戴"，其后子孙便以谥号为姓，是为河南戴氏。其后有一支由河南迁到谯国（今安徽亳州），成为亳州戴氏。再后又有一支由亳州迁到江苏吴县（今苏州），再迁至鄞县（今浙江宁波）桃源乡，于是又有了桃源戴氏。

宋刻递修本《陶渊明集》所钤"桃源戴氏"、"宋微子后自亳之吴再迁于鄞"两印，正反映出戴氏家族世系的变迁，更表现出此书早期曾为宁波桃源戴氏所收藏，其文物价值不言自明。

前边已经讨论过，此本虽非北宋刻本，但从"構"字缺笔避讳、原版及补版工人又都是南宋初期杭州至浙东地区良工看，已经推定它为南宋初期明州（今宁波）刻本。明州所刻之书，明州戴氏就近购买收藏并钤盖上述两颗藏印，实在是情理中的自然之事。至于说这两颗藏印钤于何时，很有可能还在宋代，黄丕烈从印文篆法及印泥色泽断其为元人，接近事实，很了不起，但不太贴切。

书中又钤有"文彭之印"及"文寿承氏"印记。文彭，字寿承，号三桥，别号渔阳子、国子先生，苏州人。文徵明长子。明经廷试第一，授秀水训导，官国子监博士。工书善画，犹精篆刻，能诗。文彭认为精篆刻者必先精六书，否则篆文篆法都难臻精准。其所用牙章，均亲自篆写，然后求南京李石英镌刻，以求篆法、刀法俱佳。传说文彭在南京时曾得民间雕琢首饰用的灯光石，移作制印石材，使篆刻家可以亲自操刀镌刻，进一步使篆法、刀法得以完美结合。从此冻石之名始被世知，广为篆刻家所采用。文彭篆刻秀丽典雅，风格清新，影响苏门一派。此书钤有文彭的两颗印记，不但说明到明代中叶两陶集之一的《陶渊明集》又归藏于文彭之手，就是这两颗印，亦很有可能是文彭亲手篆刻的遗迹，为此书增添不少光彩。

此书又钤有虞山毛氏汲古阁的几颗藏印，说明到明末清初，两陶集之一的《陶渊明集》又成了汲古阁的架上之物。汲古阁是毛晋家的藏书楼。毛晋，原名凤苞，字子久，后改名晋，字子晋，号潜在，苏州府常熟人。生于明万历二十七年（1599），到天启七年（1627），已是而立之年的毛晋，再次到南京参加乡试，结果仍然是落榜而归，这对其人生是个极大的转折。毛晋上次到金陵乡试，结识一位镇江学子刘生。此人最喜唐代王维的诗，读得烂熟，能全部背诵，号称"刘王维"。一次书生聚会，刘生即席吟诵《春日与裴迪过新昌里访吕逸人不遇》："桃源一向绝风尘，柳市南头访隐沦。到门不敢题凡鸟，看竹何须问主人。城上青山如屋里，东家流水入西邻。闭户著书多岁月，种松皆作老龙鳞。"诵完有人指出最后一句不对，并拿出自己的版

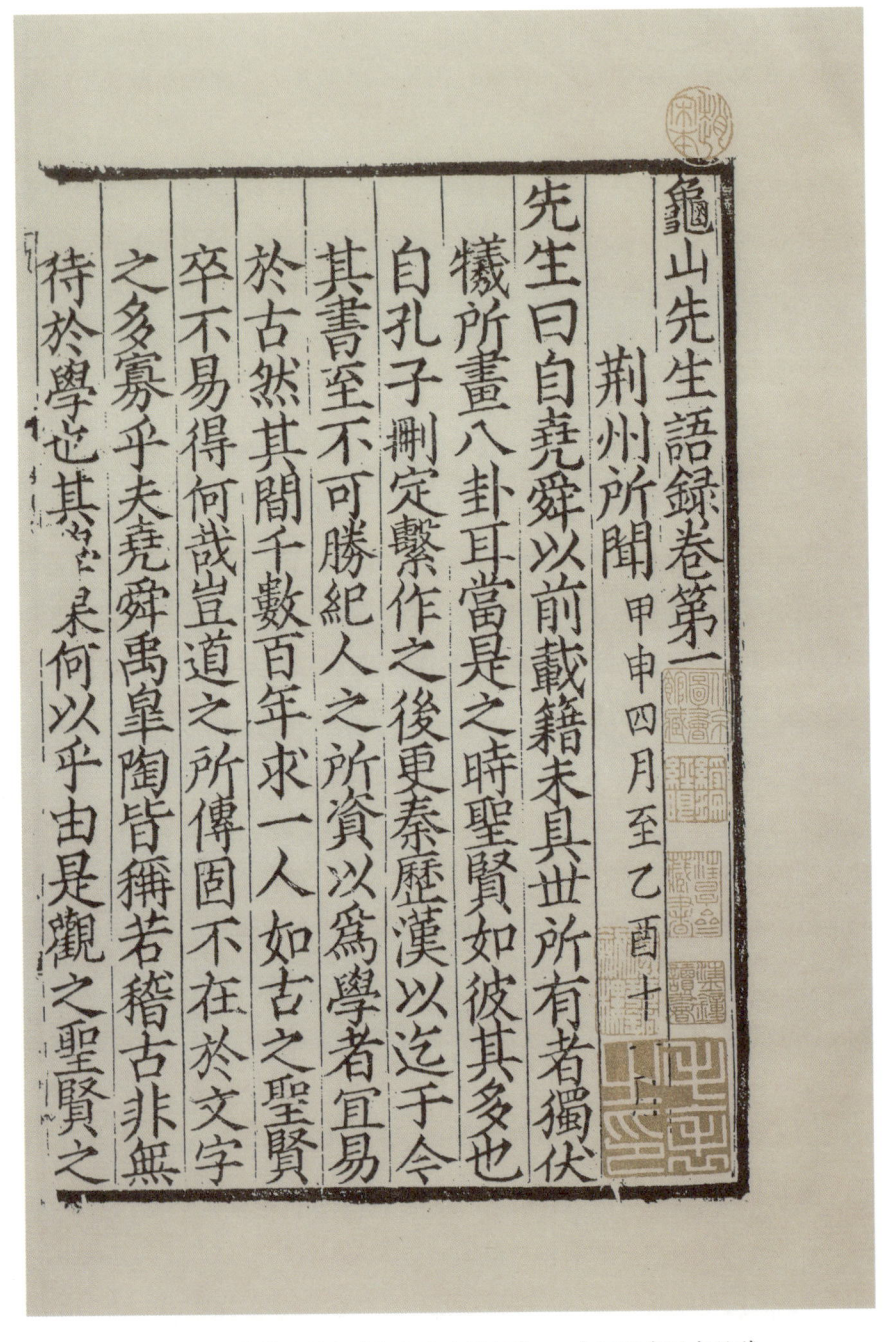

宋吴坚福建漕治刻本《龟山先生语录》　中国国家图书馆藏

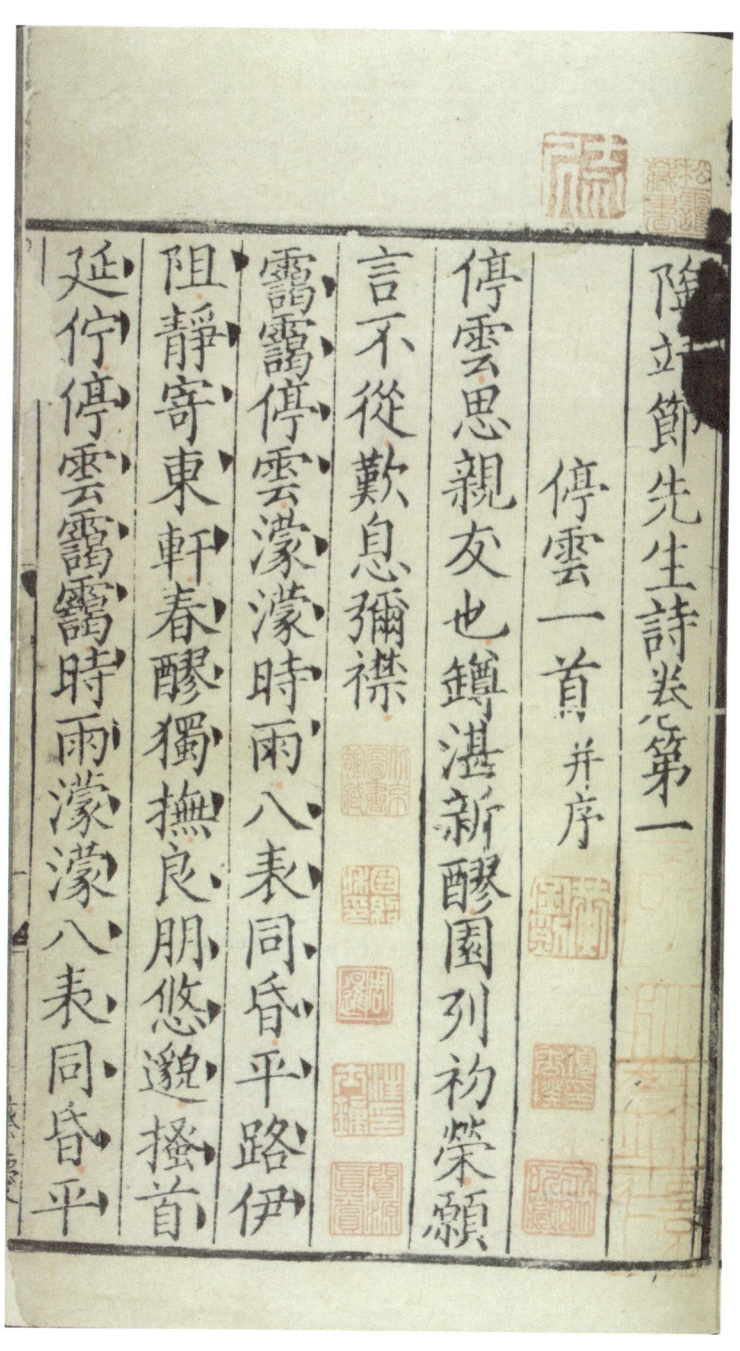

宋汤汉刻本《陶靖节先生诗注》 中国国家图书馆藏

本让他看,结果真不是"种松皆作老龙鳞",而是"种松皆老作龙鳞"。刘生张口结舌,无言以对。此番又去金陵,得知刘生已患癔症,几成废人,原因竟是因为这句诗之误。后来得知,刘生并没记错,而是因为刘生所用的本子并非善本,而是俗本。由此可见,俗本误人子弟,害人匪浅。从那以后,毛晋"以田养书",开始藏书刻书。从这一年即天启七年（1627）起,到清顺治十六年（1659）毛晋谢世,汲古阁藏书、刻书达到了巅峰状态。

毛晋死后,事业逐步下滑。到其小儿子毛扆于康熙五十二年（1713）谢世,总共不过八十年,事业已经败落。不要说藏书,连书版都售卖殆尽。汲古阁藏书散出后,不少为泰兴季振宜所得,其后辗转由黄丕烈所得,成为陶陶室的奠基之书。

（二）宋汤汉刻本《陶靖节先生诗注》的早期流传

汤汉刻本《陶靖节先生诗注》首尾钤有"董宜阳"印记。董宜阳（1511—1572）,字子元,自号紫冈山樵,别号七休居士,华亭（今属上海）人。诸生。宋室南渡,其先人随之从汴京（今开封）迁往吴会,后又迁居沙冈。宜阳屡试不第,遂弃举子业,日坐一室,读书万言。工诗,善书法,与何良俊、徐献忠、张之象才名相亚,时称"四贤"。他尤其关注历代典制及郡县文献,著有《皇明名臣琬琰录》、《皇明先哲金石录》、《云间近代人物志》、《云间诗文选略》、《松志备遗》、《上海纪变》等。曾在沙冈手植紫藤,筑紫冈草堂,藏书、读书、校书其间。主要生活在明嘉靖时期。此本《陶靖节先生诗注》钤有其藏书印记,表明明代中期此本曾是其架上之物。

此本《陶靖节先生诗注》又钤有"项禹揆"印记。项禹揆,字子毗,号怀清道人,秀水（今浙江嘉兴）人。诸生。明末诗人、藏书家,精鉴赏。藏书室名"清和草堂"。明亡后,被南明鲁监国封为职方司。顺治十六年（1659）清兵南下,与如皋李之春等同遇害于南京。其祖父乃明代著名收藏家项元汴。项元汴,字子京,号墨林子,又号香严居士、退密斋主人。筑有天籁阁,庋藏其积累的法书、名画及善本图书。项氏生当明代嘉靖、隆庆承平之世,家中财力雄厚,重金收采法书、名画及善本图书,

一时三吴珍秘归之如流。项禹揆自小生长在如此的家庭环境中,耳濡目染,宋代汤汉注并付梓的《陶靖节先生诗注》,自是其搜采的珍秘之一。

汤注宋刻《陶靖节先生诗注》在进入黄氏士礼居之前,还曾经过鲍廷博、张燕昌、周春等短暂收藏,且故事曲折动人。

鲍廷博(1728—1814)字以文,号渌饮,别号通介叟、得闲居士、援鸿居士等,安徽歙县人,后流寓浙江桐乡之乌镇。诸生。嘉庆十八年(1813)以广刊珍本秘籍,有利天下而获赐举人。鲍廷博以藏书宏富,校勘精审名家。乾隆三十八年(1773)朝廷开馆编纂《四库全书》,鲍廷博进书七百多种,为天下献书之冠。四十一年(1776),以所藏善本图书,手自校雠,编刻《知不足斋丛书》三十集二百二十种。

张燕昌(1738—1814)字文鱼,号芑堂,又号金粟山人,浙江海盐武原镇人。乾隆四十三年(1778)优贡。嘉庆元年(1796)举孝廉方正。擅长各体书法,精金石篆刻,工画竹兰,兼善山水、人物、花卉,浙派篆刻刀法开山祖师丁敬的高足。

周春(1729—1815)字芚兮,号松霭,晚号黍谷居士,浙江海宁人。乾隆十九年(1754)进士,授广西岑溪县知县。在任革除陋规,不扰于民,有循吏之风。丁忧归家守丧后,百姓追念其政清治明,合其前任刘嘉信、于烜建岑溪"三贤祠"以祀之。周春丁忧服阕时不到五十岁,已无仕进之心。家中藏书万余卷,起居其中,凝尘满室而不顾,终日博览群书,潜心著述几十余年,一生著作等身。

乾隆四十六年(1781)四月,鲍廷博从苏州回浙江桐乡乌镇,同新仓吴骞一道顺访海宁周春著书斋。当天晚上鲍廷博疟疾发作,不能饮酒,灯下闲谈。鲍氏言及前不久所得《陶靖节先生诗注》,序末题名为汤汉,不知为何许人。周春一听则拍案称奇,谓汤汉乃南宋人,《宋史》有汤氏传记,《文献通考》著录了汤氏的这部诗注。鲍廷博听罢,显得爽然有所失,也很尴尬。而周春接着追问,此部陶集是否带在鲍氏行箧里。鲍氏则说已送给海盐张芑堂张燕昌了。周春听后,心中窃喜,遂于这一年的端午之日前去海盐,将书从张氏家中借到手。周春携书走后,张燕昌也意识到此书虽然破旧,却以金粟笺纸装面护心,怀疑或为珍本秘籍,于是索要催还甚急。但周春视此书为至宝,硬是赖着不肯还。多亏有书友张佩兼从中调停，张才暂缓催还。先是，周春打算以自己所藏之书、画、铜瓷端砚等物与张燕昌相交换，张则坚辞不允。后知张燕昌适需古墨，周春因出叶玄卿手制"梦笔生花"大圆墨以易之。此墨重达一斤，价值白金亦如此数。周春肯出如此瑰宝，加之张佩兼的两面撮合，至乾隆四十八年（1783）五月商议始定，时间长达两年之久。

乾隆四十六年（1781）端午，周春从海盐张燕昌处借得此书，尚在商讨交换未定之时，便急不可耐地写下一篇跋文："汤文清公事实，详见《宋史·儒林传》。《靖节诗注》四卷，惟马氏《通考·经籍门》著于录。是书乃世间所稀有，宋刻之最精者也。流传日久，纸墨敝渝，偶从友人处得之，不胜狂喜。手自补缀，亟命工重加装订，分为两册，完好如新。余家旧藏有东涧选本《妙绝古今》，此更出其上矣。乾隆辛丑长至后三日，内乐村农周春书。"其欣喜之情可以理解，其未归己有就急忙写跋则是操之过急，所以黄丕烈批评周春，"其书之得，近于巧取豪夺"（清·黄丕烈：《士礼居藏书题跋记》卷五《陶靖节先生诗注四卷》）。待真的得到此书后，周春则将之与先藏宋刻《礼书》并储一室，并颜之曰"礼陶斋"，从此秘不示人，并说死后也要携之随葬。又说："此本大字端楷，作欧阳率更体，颇便老眼，且校雠亦鲜'形夭'、'庚钓'之讹。装后，覆阅数过，诚可宝爱。松霭。"

然而天有不测风云，书有来去之由。周春费尽心机搭建起来的礼陶斋，不久便因《礼书》的失去而坍塌了一半。周春不得已卖掉《礼书》，虽然也很伤心，但由于还有《陶靖节先生诗注》在，并未动以真情，只是将"礼陶斋"改称为"宝陶斋"而已。按黄丕烈的说法，周春得此书"近于巧取豪夺"，礼亏德欠。最后因自己折算不周，又被别人将之巧买而去。嘉庆十三年（1808）夏秋之交，书贾吴东白到海宁周宅求购此书。周春无心出让，便大胆抬高其价，妄以超乎寻常的价格吓走书贾，因而狂言索价三十二番，并说要身怀此数，立即付款，不能反悔。岂料，吴氏有备而来，势在必得，听后立即如数交款，弄得周春瞠目结舌，又不好食言，只得极不情愿地将书卖与书贾吴东白。书去之日，周春泣下数行，十分痛心，不得已，又将"宝陶斋"改名为"梦陶斋"。回顾周春为了这部《陶靖节诗注》，不择手段，不惜重金，几易

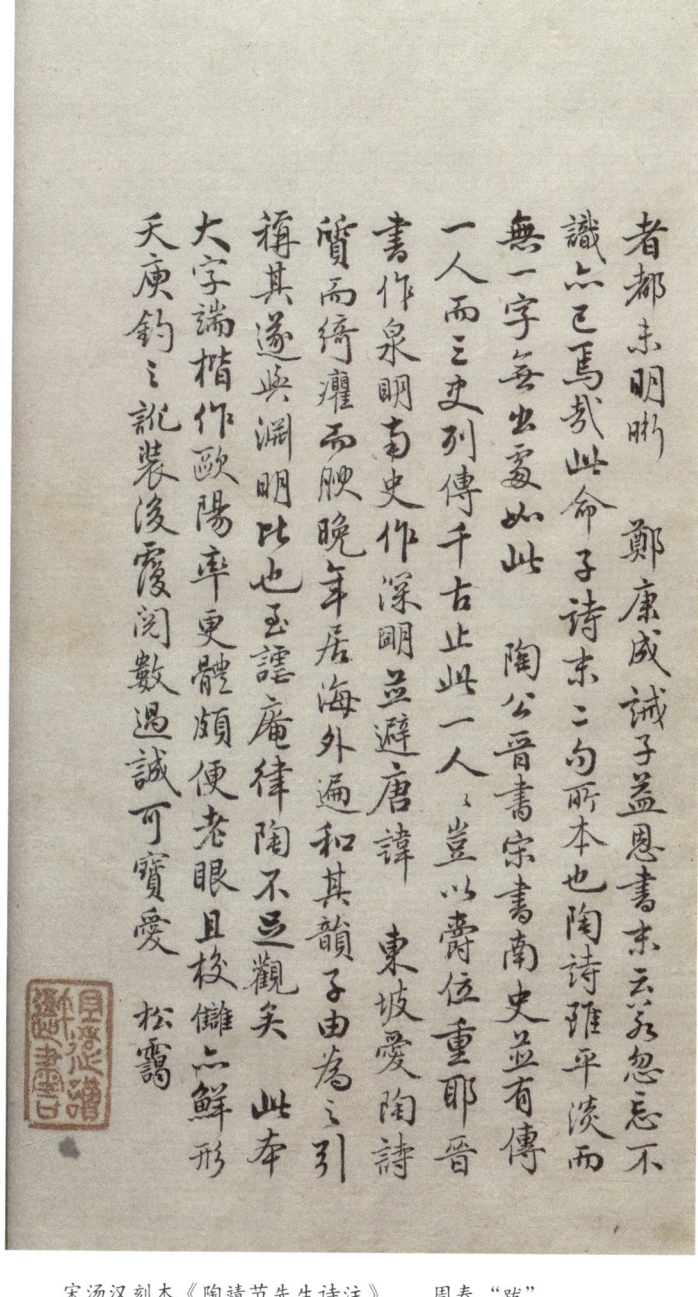

宋汤汉刻本《陶靖节先生诗注》　　周春"跋"
中国国家图书馆藏

斋名，一片痴情，最终却洒泪别书，得而复失，望之而去，其心情可以说是五味杂陈，难以言表。

四、两集共储陶陶室　书林佳话又添增

（一）黄氏收《诗注》　始葺陶陶室

黄丕烈原已购藏宋刻《陶渊明集》，但得陇望蜀，更想购藏宋刻《陶靖节先生诗注》，使之两相匹配，以惬己心。风闻《诗注》从周春手中流出后，特别关注它的动向，跟踪它的流向。嘉庆十三年（1808）夏秋之交，黄氏听说有一位叫吴东白的书贾已购得此书，并打算来吴门（苏州）出售，可是久等未来。后接嘉兴朋友来信，说有此书可以出让，黄出四十金，未能成交，遂被浙江海宁硖石人蒋梦华购去，心中快快不快，但也无可奈何。第二年，即嘉庆十四年（1809）夏，又有朋友名吴子修者来吴门约见黄丕烈，黄氏欣然往见。吴子修则出示所携之书，汤注《陶诗》就在其中，遂问其所由来。吴子修则答曰来自硖石蒋梦华，并说可以商量交易。黄因而先请求将书借归，然后再商议价钱。经过几个月的讨价还价，到这一年的中秋，黄氏终以百两白银之值将书买了下来，其中"银居其大半，文玩副之"，并说："此余佞宋之心固结而不可解者，后人视之毋乃讪笑乎！"（清·黄丕烈：《士礼居藏书题跋记》卷五《陶靖节先生诗注四卷》）黄氏得宋刻《陶靖节先生诗注》这一年四十七岁，不胜欢喜，因在嘉庆十四年（1809）这一年的冬天，重新修葺所居，名曰"陶陶室"，宝贮其来之不易的宋刻两陶集。

黄丕烈爱书且佞宋，生前身后很多人都知道，但其尤为钟爱这两陶集，就不仅仅是爱书佞宋解释得了的。黄丕烈的同年好友、儿女亲家王芑孙《渊雅堂全集·惕甫未定稿》卷七收有一篇《黄荛圃陶陶室记》，《记》中谓黄氏"今者托趣于陶陶，非独喜其宋本之不一而足也，盖荛圃宜为县而不为，略似陶公；其力耕校书，又大致仿佛，故因以自寓焉"。原来是黄丕烈以陶渊明自喻，故爱屋及乌，及于两陶集。

黄丕烈（1763—1825）字绍武，号荛圃，又号复翁，江苏长洲（今苏州）人。乾隆五十三年（1788）举人，其后礼闱数上而皆名落孙山，但朝廷却"大挑一等"，也就是破格以知县用发直隶。按清代的规矩，凡被"大挑一等"而直为县官者，通常都要馈礼上官。黄氏馈礼上官后得主事，本可走入仕途，但黄氏却未做，而是归里藏书，附庸风雅。所以王芑孙说其"宜为县而不为"。况且黄丕烈与陶渊明的时代、际遇有很多不同："陶公处衰季，求官于贵族，濡足焉而后去之。荛圃遭逢盛际，以高材久次，随辈获选，不由求请，顾且洒然脱屣，归卧不出，斯其遇远胜陶公。"（清·王芑孙：《渊雅堂全集·惕甫未定稿》卷七《黄荛圃陶陶室记》）显然，黄丕烈以陶渊明自喻，连其儿女亲家都并不完全认可。这是旧社会知识分子科第、仕途遭遇挫折失意后，总觉得是自己怀才不遇，因而到历史上找际遇类似的人物以寄情。此为旧知识分子常有的通病，不足为奇。

（二）再获大苏和陶诗 以之共储陶陶室

嘉庆十六年（1811）黄丕烈四十九岁，立冬之日吴县潘榕皋拉其一道游太平山，观赏红叶。道出苏州来风桥，潘氏说风闻香岩主人周锡瓒藏有宋刻苏东坡《追和陶渊明诗》，可以往借一观。黄氏则说："言借未必可得，吾当诡言，得以取之。"（清·黄丕烈：《士礼居藏书题跋记》卷五《注东坡先生诗二卷》）待到见面后谈及此书，已届古稀之年的周锡瓒，竟觉得此书自藏已有四十年，一直认为已有重刻本，此残卷不足为珍，不如将之让予既藏书又读书的黄丕烈。一个想得，一个想让，天作之合，

黄丕烈

一举成功。黄氏遂将此书携往舟中，与潘榕皋共赏。之后，潘氏建议黄丕烈，黄家既有陶陶室，何不将此宋刻苏东坡《追和陶渊明诗》同储一室之中，以成"百宋一廛"之盛事。黄氏听从潘氏建议，遂将宋刻苏东坡《追和陶渊明诗》共贮于陶陶室。

黄氏所得宋刻苏东坡《追和陶渊明诗》，乃施顾《注东坡先生诗》中的第四十一、四十二两卷，即苏东坡《追和陶渊明诗》的全部内容。当时苏东坡《追和陶渊明诗》的卷次被分别挖改成上卷、下卷，以充单刻全书。黄丕烈被蒙在鼓里好久。

所谓施顾《注东坡先生诗》，指的是宋施元之、顾禧等所注解的苏东坡之诗。施、顾所注苏东坡诗，深得宋代爱国诗人陆游的赞赏，并为之写序。南宋嘉定六年（1213）淮东仓司将之刻梓行世。明嘉靖至万历之际，无锡桂坡馆安国家曾收藏一部《注东坡先生诗》。明末，该书又为虞山毛氏汲古阁所藏。清康熙年间，又为商丘宋荦所得。乾隆间，又转入揆叙的谦牧堂。乾隆三十八年（1773）腊月十七，又为翁方纲以十六金购得。虽书已残缺，翁氏仍如获至宝。

翁方纲（1733—1818）字正三，号覃溪，直隶大兴（今北京）人。乾隆十七年（1752）进士，历仕广东、江西、山东三省学政，官至内阁学士。翁氏私淑于古圣前贤，得宋刻《注东坡先生诗》后，不仅题其藏书室曰"宝苏斋"，并自号"苏斋"，还特聘扬州画家罗聘画苏东坡四十岁戴毡笠折梅花小像于其上，自题"此公书与公集"。更令人感叹者，翁氏得书后还在每年苏东坡生日时，邀请社会名流、亲朋好友、文人雅士，设坛公祭，届时捧出这部镇宅之宝，让众人一睹风采，因而前后得桂馥等近百人题赞其上。黄丕烈当年游京都，亦闻风拜访翁覃溪，以得见此书为快。

黄丕烈陶陶室得宋刻苏东坡《追和陶渊明诗》之后，想学当年的翁方纲。于是在这一年的腊月十九苏东坡诞辰之日，登门寻访潘榕皋，准备两人共同为苏东坡行拜祭之礼。不料，潘氏赴友人之招不在家，因而兴致索然，只得提笔写下七绝四首：

> 东坡生日是今朝，愧未焚香与奠椒。
> 却羡苏斋翁学士，年年设宴话通宵。

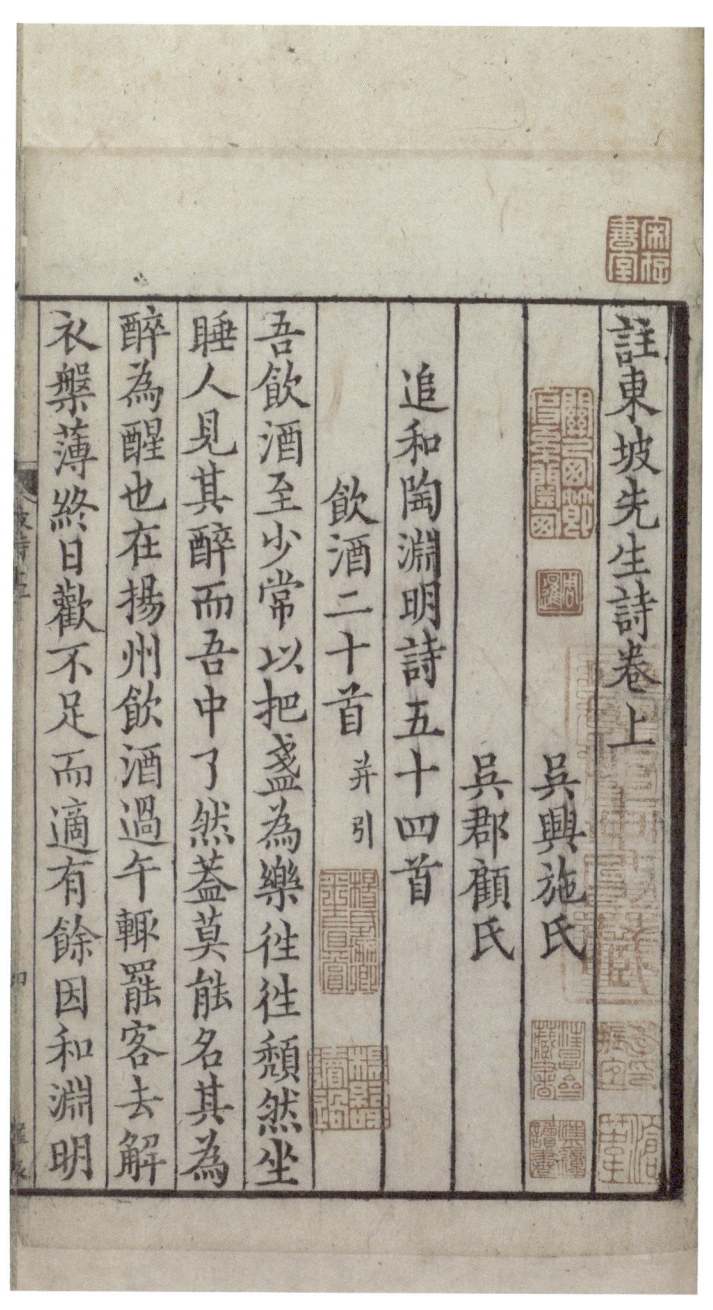

宋嘉定六年淮东仓司刻本《注东坡先生诗》追和陶诗
中国国家图书馆藏

东坡生日是今朝，一老冲寒赴友招。
闻道春风来杖履，凌云意气正飘飘。

东坡生日是今朝，我独闲居苦寂寥。
但把和陶诗熟诵，樽无浊酒也愁消。

东坡生日是今朝，助我清吟兴转饶。
谁复景苏同此意，县桥人又忆花桥。

此诗充分表达了黄丕烈当时思想穿越时空后的跌宕遐想和带有些许忧伤的情绪。此事为潘榕皋知道后，颇受感动，因于当年腊月二十六日又步原韵奉和四首：

东坡生日是今朝，蓟北苏斋岁莫椒。
何似宋廛人独坐，和陶一卷咏深宵。

东坡生日是今朝，有客城南置酒招。
早觉春风来杖履，篆烟浓傍鬓丝飘。

东坡生日是今朝，可有朝云慰寂寥。
想到六如亭下路，蛮风暖处雪全消。

东坡生日是今朝，斗室长吟兴自饶。
善本流传期共赏，一瓻拟致县东桥。

（以上诗文均见：清·黄丕烈：《士礼居藏书题跋记》卷五《注东坡先生诗二卷》）

潘榕皋，名奕隽，字守愚，一字榕皋，号水云漫士，晚号三松老人，江苏吴县（今苏州）人。乾隆三十四年（1769）进士。累官内阁中书、户部主事。工书善画，既是封建士大夫，又是文人雅士。潘氏所作和诗，格调似高于黄丕烈，没有忧伤的情调。为了一部施顾《注东坡先生诗》中的残卷，竟能演绎出这样一段书林佳话，但也透露出那时文人些许的无聊。雅兴也好，无聊也罢，黄丕烈以其固有的"佞宋"秉性为后世保存一批珍贵典籍，确也不失为一种历史功绩。

黄丕烈建立起陶陶室之后的嘉庆二十五年（1820）春，又收得查药师手抄《陶杜诗选》一部，也将此书藏入陶陶室。《荛圃藏书题识》卷十《陶杜诗选跋》称："余生平酷爱陶诗，既收得两宋本，藏诸一室，名曰'陶陶室'，后辍赠人。又收得一宋本，改颜曰'陶复斋'。此册查药师手写《陶诗选》，后附杜诗者，余绝爱其笔迹，因收之而重为装池。庚辰秋，复翁。"查药师，名岐昌，字药师，一字石友，号岩门山樵，浙江海宁人。查慎行之孙。尝官崇明县令。工诗善文，著述等身。其书法甚佳，黄丕烈曾收藏他手写的《陶杜诗选》，十分珍爱。

五、陶陶室所藏三书的后期流传

黄丕烈藏书始于其赴南京参加乡试中举的那一年，即乾隆五十三年（1788）。这一年黄氏二十六岁，第一次从朱文游家得校本《楚辞》残册；翌年，即乾隆五十四年（1789），二十七岁的黄丕烈又从朱氏滋兰堂借得沈宝砚校本《扬子法言》并手而录之；乾隆五十七年（1792）十一月，三十岁的黄丕烈始于书肆购得宋版《大戴礼记》，并写下第一篇简短跋文。此后，藏书之好一发不可收拾，凡遇善本，不惜重金购之。至嘉庆十七年（1812），二十余年间所得之书富甲东南，光宋版书就不下二百部，为藏书家中之翘楚，故有"百宋一廛"之美誉。且其藏书远绍钱谦益绛云楼、毛氏汲古阁及王闻远孝慈堂之余绪，颇有根底。王闻远也是苏州人，据说黄丕烈当年手捧王氏《孝慈堂书目》，按目求书，王氏藏书几乎悉数收归黄丕烈。黄丕烈倒不是那种完全附庸风雅的土财主，而是既藏书又读书又校书的藏书家，一生经其读校并留下题跋者不下九百种，也有说在千种以上者。可以说是轰轰烈烈，名噪一时。其父谢世，成了黄丕烈家道的转折。相传，其父病逝，灵柩停放正堂，不慎失火，黄丕烈则扶柩痛哭，誓与乃父棺椁共存亡，结果火灭。此次失火，损失惨重，家道亦因此中衰。迫于生计，藏书逐渐流散，陶陶室宋刻两陶集及《追和陶渊明诗》也同其他书一样，不得不离开黄氏经营多年的书室，开始后期的大流转，为此，黄氏十分伤感。最后，仅剩宋杭州棚北睦亲坊陈宅书籍铺刻本《唐女郎鱼玄机诗》时，黄氏仍请书友题七绝八首。并于第八首注曰："予家百宋一廛中物，按图索骏，几为一空，惟此以予所钟爱，得以守之勿失，此宋廛百一之珍也。子孙其世守之，勿为豪家所夺。"写此注时，"先生已病苦，气逆不顺"（清·江标：《黄荛圃先生年谱》卷下），十分难过。钱大昕的女婿瞿中溶曾为黄丕烈祭书第二图题诗曰："烟云聚散本无常，只合流传在四方。但得主人真好古，校雠刊布似黄郎。"（清·江标：《黄荛圃先生年谱》卷上）。此诗虽不是为黄氏藏书流散的释怀之作，但比较看得开，想得深，未尝不是对藏书家的共勉。

（一）种树类求佳子弟　拥书权拜小诸侯

清代文达公阮元隶书所题"种树类求佳子弟，拥书权拜小诸侯"，是悬挂在当年苏州山塘街汪氏艺芸书舍正堂的一副楹联。意思是说为使后辈儿孙能成为有用之才，光宗耀祖，汪氏藏书之多之精可以称作是"小诸侯"。清代的吴郡（今属苏州）乃学术渊薮之地，人文荟萃，商贾云集，经济十分繁荣。崇尚风教，雅好收藏，亦是苏州豪门富户的共同追求。因此，藏书家攥集，并且此消彼长，使得善本珍玩转藏于吴地各个富商大贾或仕宦之家。黄丕烈、汪士钟两家藏书的易主，就是典型的一例。

汪士钟，字阆源，长洲（今苏州）人。尝官户部郎中。清代著名的藏书家，所建藏书楼名艺芸书舍，位居苏州最为繁华的山塘街。嘉庆时江南著名藏书家黄丕烈、周锡瓒、顾之逵、袁廷梼所藏，皆归之汪氏。汪士钟的父亲是苏州的大布商，经营益美布号，曾将生意做到海外。所以，汪家饶有家资。汪士钟受乃父影响，不但能子

承父业，将生意经营得有声有色，还能阅读其父所藏经史四部之书。然读来读去，觉得都是些习见之本，不足为奇。因蓄志对宋椠元刊、稿抄精校，以及《四库》未收之书广事收集，且不惜重金。尤其对黄丕烈的藏书"虽残帙十数叶，亦有至十数金者"，只要"有复翁跋，虽一行数字，亦必重价收之"，"若题识数行，价辄至十数金矣"，乃"至残破签题、毁损跋语，亦售一二金"（清·叶昌炽：《藏书纪事诗》卷六汪士钟《补正》周星诒《自题行箧书目》）。所以《吴县志》杂记类记载说"黄荛圃孝廉殁，其书为汪观察士钟捆载而去"。后又得青浦王氏所谓千金帖，使金石藏品亦充盈书舍。所以阮元赠写楹联云："万卷图书皆善本，一楼金石是精摹。"（清·叶昌炽：《藏书纪事诗》卷六汪士钟藏书《补正》）

就在黄丕烈藏书绝大部分转归汪氏艺芸书舍过程中，原黄氏"陶陶室"的宋刻两陶集及宋刻《追和陶渊明诗》，亦随之整体移入艺芸书舍，《艺芸书舍宋元本书目》所录"《陶渊明集》十卷、又不分卷，汤注《陶诗》四卷，苏东坡《和陶诗》二卷"，即指此。

人有时来运转，也有运败时衰。曾几何时，益美布号经营不善，连年亏损，最终倒闭，因而艺芸书舍藏书也就随之不断散出。而当太平军的喊杀声逼近苏州时，汪氏又合家避难逃离，舍中宋椠元刊又被左邻右舍的奸佞小人趁火打劫不少。汪家遭此一难一劫，藏书只得大量流散，转到新生的富户。

（二）食荐四时新俎豆 书藏万卷小琅嬛

"食荐四时新俎豆，书藏万卷小琅嬛"，这是悬挂在山东聊城杨氏海源阁正堂两柱上的一副楹联。意思是说一年四时宴请宾客或举行祭祀的供品，以及盛装这些供品的几案、礼器都焕然一新；万卷藏书又营造了一个小的琅嬛福地，古韵清雅，黄卷飘香，引人入胜。"琅嬛"是藏书之地的美誉别称。海源阁是晚清北方知名的琅嬛福地。

海源阁藏书发端于杨兆煜，但未成气候；精进发展于杨以增、杨绍和；守成于杨保彝；流散于杨承训。几代经营，始成晚清中国四大私人藏书楼之一，与常熟瞿氏铁琴铜剑楼南北并峙，有"南瞿北杨"之称。

杨以增（1787—1855），字益之，号至堂，别号东樵，山东东昌（今属聊城）人。出身于诗书世家。少年勤奋好学。十七岁入县学就读，嘉庆二十四年（1819）考中举人，道光二年（1822）登进士第。先后任贵州荔波、贵筑知县，兴义、贵阳知府。后转任广西左江、湖北安襄荆郧道员。五十一岁为父居丧在家，始建海源阁。守孝三年后，调任河南开归陈许道员，后转任两淮盐运使，甘肃按察使。五十八岁升陕西布政使，第二年任陕西巡抚，代理陕甘总督。六十岁任江南河道总督，兼漕运总督，所任都是肥缺。咸丰五年（1855）病逝于任所，享年六十九岁。

中国明、清两代的私家藏书，向以江、浙为轴心。这两个地区的藏书家虽也此消彼长，兴替无常，但书却仍在这两地流转。杨以增出任江南河道总督时，亦是太平军方兴未艾之时，许多藏书家无力自守，所藏典籍大量散出。驻军于南京、扬州一带江南、江北大营的清朝官兵，乘机掠夺。"咸丰初，扬州始复，南、北各军往来淮上，往往携古书珍玩求售"（清·杨绍和：《楹书隅录》卷一《金本新刊韵略》跋）。杨以增则坐镇淮安，一手接南，一手接北，乘势收购。几百年辗转于吴、越之间的善本，几乎被杨氏一网打尽。尤其是汪士钟艺芸书舍藏书散出时，杨以增近水楼台，得之最夥。他利用主管河道之便，用运粮船沿京杭大运河北上山东聊城，藏入海源阁，使海源阁藏书不仅在数量上猛增，在质量上也敢与其前的藏书家方轨并驾，从此扭转了明清以来藏书偏在江南的格局。

杨绍和（1830—1875），字彦合，号协卿，杨以增次子。咸丰二年（1852）举人，后又成进士。历任内阁中书、翰林院编修、侍讲学士等职。咸丰末年，慈禧发动宫廷政变，杀顾命八大臣肃顺、端华等，怡亲王载垣亦被赐死。怡亲王死后，原怡府藏书陆续散出，杨绍和此时正在京师，又一次近水楼台，得书甚夥，再度丰富了海源阁的庋藏。20世纪30年代，王献堂曾说海源阁的珍藏"半得于北，半得于南"，虽未必全然确切，但也不无道理。

杨保彝（1852—1910），字凤龄，号凤阿，杨绍和之子。同治九年（1870）举人。曾任内阁中书，供职于总理各国事务衙门。后辞官家居，悉心保管整理自家藏

书。晚年手订的《海源阁书目》,内有签条,谓其家藏书共有三千二百三十六部,二十万八千三百余卷。2002年齐鲁书社出版之王绍曾等编《订补海源阁书目五种》的《后记》中,则统计海源阁藏书为四千三百多部,十七万九千余卷。可见杨氏海源阁的藏书,主要精进发展于杨以增、杨绍和父子两代。而杨保彝守成之功,亦不可没。

杨氏海源阁得宋刻两陶集,乃先得汤汉注刻的《陶靖节先生诗》。杨绍和《楹书隅录》卷四在著录宋刻《陶渊明集》时曾说:"汤注本先乞于道光己酉获之袁江,又明年,此本及东坡先生《和陶》复来归予斋,距荛圃之藏已花甲一周,不知几经转徙,乃聚而之散,散而之聚,若有数存乎其间者。"己酉,乃道光二十九年(1849),这一年,杨以增始于袁江得到了宋汤汉刻《陶靖节先生诗注》。第二年,宋刻《陶渊明集》及《追和陶渊明诗》,才一并获藏。杨绍和曾说其父"为诗宗王(维)、孟(东野),而探源彭泽陶公",对于陶渊明的诗作"莫不讽诵焉"。先后宦游四十载,在"文书填委,军报倥偬之际,退食少暇,未尝废吟咏,至老犹孜孜不倦"。然"每惜《渊明集》无佳刻","向闻黄荛圃'陶陶'故事,心艳羡之而不可得也。洎道光己酉庚戌间来帅南河,访之吴门,于是两陶集始先后收弆之,不胜狂喜,以为合璧重光,莫是过矣"(清·杨绍和:《楹书隅录》卷四《宋本陶靖节先生诗》跋)。因知杨以增两陶集还是"访之吴门"而得之。至此,源于黄丕烈的宋刻两陶集及施、顾注苏东坡《追和陶诗》,又先后进入海源阁,成为杨氏海源阁的珍秘。

(三)悉心搜采存公意 书香人淡自庄严

"悉心搜采存公意,书香人淡自庄严",这两句话既不是楹联,也不是诗句,而是借用下句又拼出来的一个上句之后形成的。2012年5月9日,国家图书馆为纪念周叔弢先生捐赠善本古籍六十周年,特地举办了"周叔弢自庄严堪善本古籍展",该展览的横幅标题就是"书香人淡自庄严"。这个题目巧夺弢翁的高风亮节和"自庄严堪"藏书楼的命意,寓意深远,耐人寻味。"书香人淡"自是一种美德,然"淡"有多种表现形式,"淡"到将毕生"精力所聚"的善本典籍毫无保留地捐献国家,就不仅仅是个"淡"字所能表达。其内心必存大公之意，才能慨然而为。1942年，周叔弢在《自庄严堪善本书目》上写道："数十年精力所聚，实天下公物，不欲吾子孙私守之。四海澄清，宇内无事，应举赠国立图书馆，公之世人，是为善继吾志。"可见早在日本侵略军横行神州大地时，弢翁就认识到数十年所搜求到的这些珍贵善本，乃是"天下公物"，待到"四海澄清，宇内无事"时"举赠国立图书馆"，以便"公之世人"，为天下所公用。这是何等的大公无私，何等的志存高远！所以笔者觉得在这个展览标题之前再加一句"悉心搜采存公意"，似乎更会使"书香人淡自庄严"建立在更加高远的境界之上。

周叔弢出身于仕宦、实业之家，家学渊源深厚。十六岁时，开始依张之洞《书目答问》按图索骥，买一些学习所用的实用书籍。之后又读版本目录学家莫友芝的《郘亭知见传本书目》，眼界豁然，开始搜求宋元善本。周叔弢选择善本十分考究，不仅要版本精当，而且提出"版刻字体好，等于一个人先天体格强健；纸墨印刷好，等于一个人后天营养得宜；题识好，如同一个人富有才华；收藏印记好，宛如美人薄施脂粉；装潢好，像一个人衣冠整齐"等五好标准。这就形象而生动地表达出周叔弢善本书藏的品位。

周叔弢大事搜求宋元善本之时，恰是杨氏海源阁藏书陆续散出之际。清宣统二年（1910），海源阁三代传人杨保彝去世，其过继之子杨承训（字敬夫）时年只有十岁，藏书只得由杨保彝之妻掌理。1914年冬，其家所藏宋蜀刻《孟东野集》残本二卷流出，标志着杨氏海源阁藏书已无力自守。1926年，杨敬夫定居天津。翌年，海源阁子部、集部的珍贵典籍二十六种散出，标价七万余元。当时张元济、傅增湘、叶恭绰等人曾商议集资整体购买，后商议未果，只得眼看着为诸家零星购去。1928年，西北军十七师马鸿逵部占领聊城，杨敬夫担心家中藏书难保，又迫于生计，于是匆匆由天津赶回老家聊城，将家中藏书装了十几大箱，运至天津。此后，兵荒马乱，海源阁不断为匪军所践踏。京、津书贾亦闻风而至，寻珍探宝，巧取其书，以便奇货可居，从中渔利。就在这段时间内，周叔弢在天津结识了杨敬夫，其以重金收购海源阁的第一部书是宋刻《南华真经》，接着是宋本《新序》，前后总得五十五种。"我收得

海源阁杨氏书凡五十五种,其见于《楹书隅录》及《海源阁书目》者凡五十种;《目》外者五种"(周叔弢:《历年收得杨氏海源阁旧藏善本目录》,李国庆编《弢翁藏书年谱》,黄山书社,2000年,第48—51页)。可以说海源阁的藏书精华,尽归于周叔弢。宋刻两陶集及宋刻《追和陶渊明诗》也从海源阁散出,转手书商,最后于20世纪30年代初先后归藏周氏自庄严堪。

(四)昔时陶陶室 今日在国图

黄丕烈当年陶陶室的两陶集及《追和陶渊明诗》,今日能完整地珍藏在国家图书馆善本书库,并能将其原样影印出版,公诸世人,几代藏书家都有不可磨灭的历史功绩。但功劳最为卓著、直接将陶陶室旧物完整移赠国家图书馆者,则是周叔弢。

前边已经说过,早在1942年,周叔弢就告诫自己的子女:"数十年精力所聚,实天下公物,不欲子孙私守之。四海澄清,宇内无事,应举赠国立图书馆,公之世人,是为善继吾志。"这是周叔老发自内心的肺腑之言。1949年,新中国成立。周叔老冀望已久的"四海澄清,宇内无事"的大好局面,呈现在世人面前,周叔老觉得"化私藏为公有"的时机已到,故于1950年便开始整理自己的藏书,遴选核对,准备捐赠。并说:"我将心爱的藏书贡献给我心爱的国家、人民,使这批古籍珍品永不遭受流失损毁之厄运,使之能发挥作用,由国家收藏,岂不比我个人收藏更好吗!"

经过一年多的努力,周叔老理清了自己的珍藏,于1952年8月,毅然将多年悉心搜采并视若拱璧的宋、元、明刻本、抄本中最为珍贵的七百一十五种,二千六百七十二册善本书,无偿捐献给了国家,入藏于北京图书馆(今国家图书馆)。周叔老这一旷古的义举,震撼了年轻的共和国,令世人肃然起敬。时任文化部文物局局长的郑振铎对这批捐赠叹为"满目琳琅,美不胜收"。特别是周叔老百费周折收集到的原陶陶室的三件珍品:宋刻《陶渊明集》十卷、宋汤汉刻《陶靖节先生诗注》四卷、宋嘉定六年淮东仓司刻施顾注苏东坡《追和陶渊明诗》二卷,也一并捐出,致使郑振铎说:"您把最心爱的两陶集都献了出来,真是毫无保留,难得!难得!"

今天，这三部书都珍藏在国家图书馆的善本书库，虽未再单设"陶陶室"，但陶陶室之物却风彩依然，隋珠赵璧之合仍在熠熠生辉。二百年几经颠沛流离的"陶陶室"，仍能毫发无损，不能不让人铭记历代藏书家的历史功绩。

 中国古籍十二讲

第十二讲　古书版本鉴定

"鉴定"一词，概括的解释就是"鉴别与考定"。具体到古书，"鉴定"则主要是指对古书版本的"鉴别与考定"。它与书画鉴定家们所说的"虚鉴实证"基本相同。古书版本鉴定可以称为"虚鉴实考"。"虚鉴"是指凭借眼力搜索所得之版式行款、字体刀法、印纸墨色、刊工讳字等纸面上显现出来的风格特点，先在内心做出的大致判断，也就是通常所说的通过"观风望气"所得出来的初步判别。"实考"是指对书内、书外所捕捉到的可资考证的各种证据，如序、跋、凡例、碑传、墓志、牌记、木记、刊记、署记、刻工、讳字等反映出来的证据，加以有逻辑地考辨。然后将"虚鉴"与"实考"两者有机结合起来，看它们是否能相互契合印证，最终得出可靠的鉴定意见。所以，鉴定既是鉴定者由眼入神并进行初步判别的心路过程，也是鉴定者寻求考据并加以逻辑思辨最后得出结论的考证过程。这两个过程都不是轻而易举所能掌握和完成的，必须靠长期深厚的知识储备和直接间接所获得的丰富经验，并具备相当的查询能力和优化的考定方法，才能有效掌控上述两个过程，从而达到眼别真赝，心识古今、慧眼识珠、得心应手。可世上总有一些人，老想在书画、版本鉴定上寻求灵丹妙药，希图一朝一夕就成为版本鉴定专家。笔者可以负责任地讲，灵丹妙药是没有的，快捷方式是走不通的，必须在上述两个方面下大力气，最终才能成为一名优秀的古籍鉴定人才。

一、深厚的知识储备

古书版本鉴定，或者说古书版本学，是个较小的学术领域，但它要求其从业人员所要掌握的知识却是十分广泛。所谓深厚的知识储备，指搞古书版本鉴定的人要不断储备知识，充实自己，鉴定起来才能得心应手。然而知识渊深似海，谁也无法领略殆尽。就古书版本鉴定而言，大概需要在历史知识、文化知识、学科知识和技术知识等几个方面特别下点工夫。

（一）历史知识

历史知识涵盖的内容十分深广，一部完整的正史，譬如《宋史》，不仅包括本纪，还包括天文、五行、律历、地理、河渠、礼仪、乐章、仪卫、舆服、选举、职官、食货、兵、刑法、艺文等诸志，还包括宰辅、宗室、外国、四夷等表传，全面掌握，不太可能，但也必须领略一二。诸如：中国历史上的朝代更迭与先后顺序、重要人物与重要事件、历史纪年与相互转换、地理沿革与区划演变、职官制度与职官职责的演变等。

（二）文化知识

文化知识包罗万象，诸如谥法、讳法、时令习俗、农桑医药、琴棋书画、玺印篆刻、鸟兽虫鱼等等。领略一二，对版本鉴定不无裨益。尤其是那些与古书版本鉴定关系比较密切的文化知识，如谥法、讳法、公私藏书、书法等，就更应该尽可能多地去掌握。以谥法、讳法为例。谥号，古人死后，依其生前行迹、品德、成就、特长而为之所立的名号，称为谥号。分为官谥和私谥两种。官谥，由朝廷赐予，如欧阳修谥号"文忠"，范仲淹谥号"文正"，鲁王朱檀谥号"荒"；私谥，由亲属、师友、弟子等给予，如陶渊明谥号"靖节"等。避讳，是中国封建社会特有的礼俗。帝制时代凡遇君主、尊长之名，不能直呼或直写，必须设法回避，这就是避讳。避讳分帝讳、家讳两种。有因犯帝讳而不能中试者；有因家讳而不能参与会试者，如唐朝的李贺，其父名李晋肃，"晋"与进士之"进"音同。韩愈虽专为之撰《辨讳论》，但李贺为避其父嫌名之讳，而终不参加进士考试。

（三）学科知识

学科知识很多，与古书版本鉴定关系比较密切的，有书史、造纸史、造墨史、文学史等知识。如版印技术知识，长期以来，搞古书版本鉴定的人多注意印好版叶上出现的某些现象，而忽略雕版、敷墨、刷印等技术方面知识的领略，致使很多现象解释不清。诸如大幅文告的雕版、家谱头像的雕版、敷彩套印、饾版拱花的印法等等，

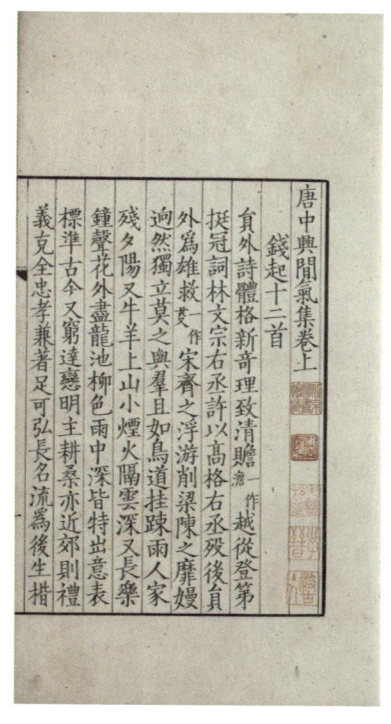

毛氏汲古阁影宋抄本《唐中兴间气集》 中国国家图书馆藏

中华再造善本本《唐中兴闲气集》

都还很值得研究。但知识的海洋广阔无垠，任何人终其一生的努力，也不可能将知识全部了然于胸。要解决具体问题，仅凭自己已有的知识，很难达到目的。必须学会查询，掌握查询的途径与方法，如此就能海阔凭鱼跃。这里笔者举个例子，读者一看就会感觉是么回事。

唐高仲武所辑《唐中興閒氣集》，现存最古的版本，是清初毛氏汲古阁影宋抄本，《中华再造善本》已经将之影印出版，但从书签到版权页，都印成了"唐中興閑氣集"。一字之差，不仅仅是个错字问题，而是根本不知道"间气"的意思。

《太平御览》卷七十六引《春秋演孔图》曰："正气为帝，间气为臣，宫商为姓，秀气为人。"因知"间气"当指大唐中兴后写诗的人臣。这类东西不查，只凭想当然就会酿成笑话。

二、丰富的经验积累

前边已言，版本鉴定有两个过程：一个是凭眼力捕捉古书叶面上出现的版式风格、字体刀法、印纸墨色、刊工姓名、讳字特质，乃至更加明显的刻书题记、牌记、署记等，在内心初步做出判别的心路过程；一个是根据眼力所捕捉到的可资考定的证据，进一步在该书序、跋、凡例，乃至在书外查询所得到的有用数据，进行综合论证的实际考定过程。两个过程有机契合，才能得出有效的结论。这两个过程，哪一个也不能省略。深厚的知识储备较难，丰富的经验积累也不易。经验积累，一为躬自实践所得的直接经验，一为充分借镜前人的间接经验。就间接经验而言，以魏隐儒先生古书版本鉴定之经验为例。

明隆庆五年（1571）豫章夫容馆刻本《楚辞章句》，初印时卷二第十三叶彗星的"彗"字误刻为"慧"，后印时发现此字之误，便改正过来。魏先生据此一字之改，便能判定其是初印本还是后印本。《全唐诗》康熙四十四年（1705）扬州诗局刻本，第一册目录总目内杨重玄之"玄"字缺末笔避讳，而仿刻本此字则由"玄"改成"元"字避讳。据此一字之变，魏先生亦可辨别出《全唐诗》是扬州诗局本还是仿刻本。又，乾隆五十六年（1791）翠文书屋程伟元用木活字排印《红楼梦》，销售很好，故于翌年再次重排印行。前者被称为"程甲本"，后者被称为"程乙本"。两本用的是同一套木活字，版式上也未做变动，缺乏经验的人难以区分。魏先生将两本摆在一起加以核看，发现第一回的"回"字，程甲本作"囬"，程乙本则作"回"，据此一字魏先生就能区分《红楼梦》程甲本与程乙本。魏先生之外，其前其后的不少藏书家，也都有过点睛之笔，都不妨采取"拿来主义"，变成自己的经验。

三、不断优化的考证方法

考证方法无定式，不同书由于所得证据不同，考证方法也不完全相同。但任何一书，直接所得、查检所得的证据，都要经过梳理消化，找出彼此之间的内在联系及事理之间的逻辑关系，然后有层次有逻辑地进行考证，最后得出有说服力的结论，是古书版本鉴定的终极目标。下面以西泠印社所拍宋刻颜体《妙法莲华经》的鉴定为例，足可反映知识储备、经验积累、考证方法在版本鉴定实践中的作用。

《妙法莲华经》七卷，后秦鸠摩罗什译，隋天台智者疏并记，宋四明沙门道威入注。

壹　　此经卷前有宋"四明住宝云院沙门道威"所撰《妙法莲华经入疏缘起》，落款为"皇宋政和六年岁次丙申五月初吉"。政和是北宋徽宗的年号，六年是公元1116年，距汴京失守、北宋灭亡还有十一年。

贰　　明（嘉靖）《宁波府志》卷十八《寺观志》"宝云讲寺"条载：宝云寺在"县治西南行春坊东，宋开宝元年建，名'传教院'。太平兴国七年赐额'宝云'。建炎、嘉定毁，重建"。（康熙）《鄞县志》卷二十一《方外考》"宝云讲寺"条载："宝云讲寺，旧在县治西南行春坊东。宋开宝元年，高丽僧义通来传净土教，乃延庆法智之师，漕使顾承徽舍宅为传教院以居之。太平兴国七年赐额'宝云'，谓天下讲宗十刹之一。建炎毁于兵。"宋释宗晓所作《宝云振祖集》，卷前有仲旻小序，谓宝云讲寺于"建

勒文殊及諸不退菩薩亦不能知此法華經唯佛與
佛乃能知之蓋此經是佛出世一大事因緣開權顯
實十界依正平等成佛難值難說難聞難解難聽難
得之經如何率以世間文字凡夫心口楷定言辭自
己臆輒注此經如以爝火助彼曦和如將藕絲欲
援須彌得非狂簡乎答實如所問若以世間文字凡
夫心口楷定言辭自己臆輒注此經的為誑妄實
不可從如四注淨名及注四十二章經等既將己見
注釋佛經猶難取信今則不然所入疏文依憑智者
章安荊谿聖師之語如牆頭之草實非莖幹頓超羣
木乃依棲得地實堪憑仗泠然無謬深可取信然依
憑有在者即智者大禪師跡也南嶽思大禪師一見
智者之來即便歎曰昔日靈山共聽法華夙緣所追

妙法蓮華經入疏緣起

四明住寶雲院沙門道威述

問以何因緣輒將疏記注解此經耶答專為祝延今上皇帝聖壽奉報興讚三寶大恩德故二見四眾受持此經多不解義故三見有不習祖師判教妄讚枝末毀法華根本法輪故四見本宗習學漸少慮聞見絕故五將疏入經顯有稟承非任臆說故六為信法兩機可承信故七為義觀俱習解行觀心故八為點示經文章節起盡故九為流通祖疏四海同霑妙益故十為自資妙解以防誤謬易討尋故為順佛音運大悲心利他行故所以將疏記注解經文也

問佛言我於十方無量萬億國土中所說諸經法華最為第一又於此土生四十餘年已今當說諸經之中此法華經最為第一又藥王十喻歎教此法華

一聽結集則非率爾文云二十七於金陵聽又六十九於丹丘添削四十餘年方始治定留贈後賢共期佛慧妙解修心具圓止觀知彼二部出自經文問羣賢才傑嘗關注解文理隱略曉者一二如此解注畢竟何濟荅若有羣賢三復數四能解此經文理一兩義者當知是人已是英傑上智之人已超勝舍利弗辟支佛不退諸菩薩等也何者此經佛欲即說根性未堪諸大羅漢辟支佛及不退諸菩薩如稻麻竹葦充滿十方剎一心以妙智於恒河沙劫咸皆共思求亦復不能知若人解此經一句一偈所得功德如第六卷隨喜功德品具明不可思議功德若人但解一句一偈當知是人趣菩提不遠注解之利則可知也皇宋政和六年歲次丙申五月初吉敘以冠之

今復來矣授與普賢道場修法華妙懺誦經至是真
精進寂然入定見靈山聖衆儼然矚目達諸法相如
赫日臨於萬象照了法華一乘實相似清風遊於太
虛將證白師師云非汝佛證非我莫識汝所入定是
法華三昧汝所發辯是旋陀羅尼荊谿歎云靈山親
聞佛說大蘇悟己心源以此二事驗無差忒當知智
者得旋陀羅尼摠持之辯摠持無文字文字顯摠持
旣是以摠持辯顯非世間文字智者旣位入五品與
四信齊功又是地涌等垂迹此土唐梁內翰歎云等
覺歟妙覺歟顯非凡夫心口也旣以旋陀羅尼旋空
入假旋假空中能於一字演無量字能於一義演無
量義旋轉無礙即非楷定言辭注文旣推憑智者則
非自己宵懺旣非世間文字凡夫心口楷定言辭自

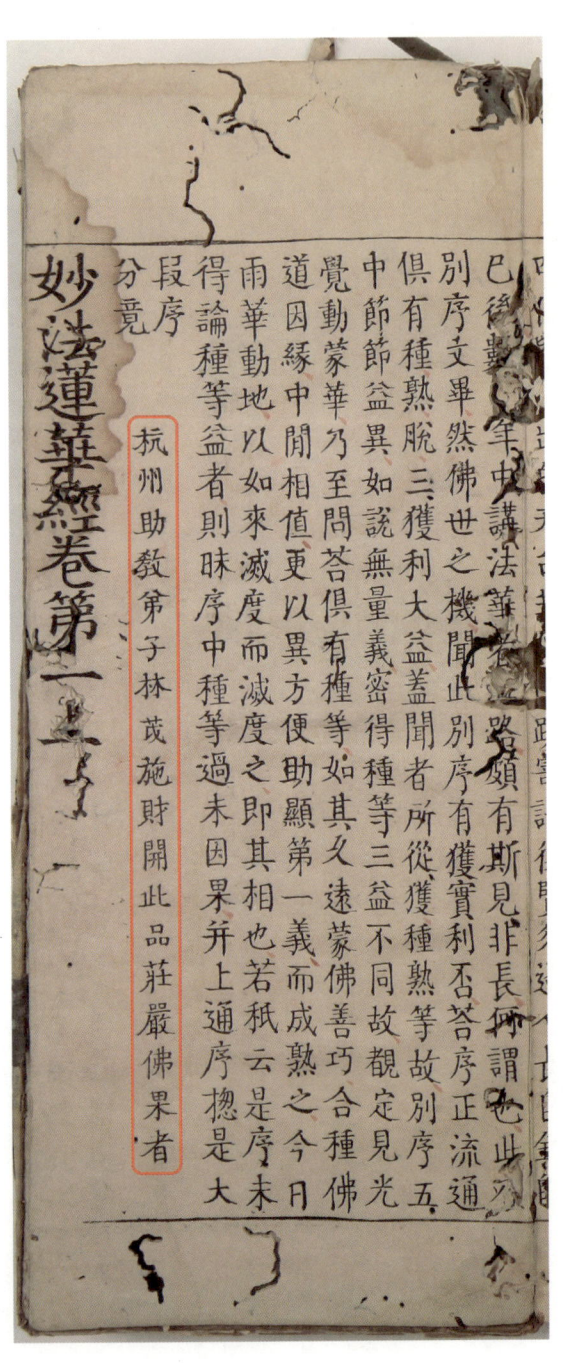

宋刻本《妙法莲华经》　西泠印社藏

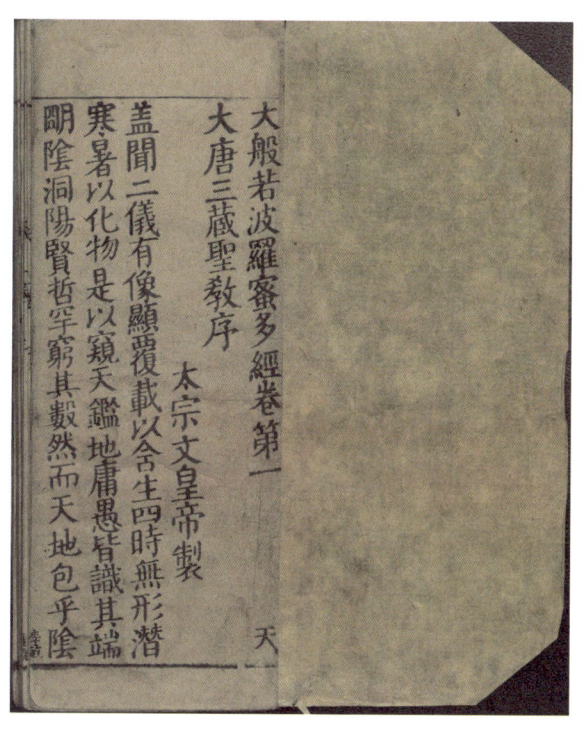

宋刻本《思溪藏》　　中国国家图书馆藏

炎庚戌春遭兵火，院宇一夕而空"。庚戌，为宋高宗建炎四年（1130），即是说，四明宝云寺至晚在建炎四年（1130）春，即已毁于兵火。设若此经刻于宝云寺，或者刻完版藏宝云寺，其开版之年都当在这一年之前。前到什么时候，又给我们留下思考的空间。

叁　《妙法莲华经》的镌刻施主有一百一十多人，其中卷一末镌"杭州助教弟子林茂施财开此品庄严佛果者"题记一行。此处仍称"杭州"，又为我们留下考证的余地。

宋（乾道）《临安志》卷二《历代沿革》载："建炎三年，翠华巡幸，是年十一月三日，升杭州为临安府，复兼浙西兵马钤辖司事。"同书卷三《牧守》又载："建炎二年七月庚戌，以徽猷阁待制康允之知杭州，三年八月罢，通判运事安自强权州事。

是年十一月三日，改杭州为临安府。"据此可知建炎三年（1129）十一月三日以后，杭州之名已无，故此经之刻必在建炎三年（1129）十一月三日之前。

肆　此本《妙法莲华经》出现了王彦诚、吴志、王睿、施宏、钱明、童通、王寔、天明、徐昇、余政、王询、禾明、王卉、王合等一批刊工姓名。其中钱明、王睿、天明、施宏、徐昇等，都曾与刻《思溪藏》。而《思溪藏》开版于宋钦宗赵桓靖康元年（1126），至南宋高宗绍兴二年（1132）藏事，凡六年。有这几位刻工出现，证明此《妙法莲华经》亦可能刻在北宋末或南宋初。

伍　宋程大昌《演繁露》卷五"讳"条曰："本朝著令则分名讳为二，正对时君之名，则命为'御名'；若先朝帝名，则改名为讳，是为庙讳也。"此经北宋末帝钦宗赵桓的"桓"字，凡七见，皆不回避；南宋首帝赵构的"構"字，也是七见，无一回避，证明此经可能刻于钦宗临政之前。

陆　此经字体，一手的大颜体。明谢肇淛《五杂俎》卷十三说："凡宋刻有肥瘦二种，肥者学颜，瘦者学欧，行款疏密，任意不一，而字势皆生动。"

北宋欧阳修《集古录跋尾》卷七《唐颜鲁公残碑》说："颜公书如忠臣烈士，道德君子。其端严尊重，人初见而畏之，然愈久而愈可爱也。"又，在《墨池编》卷三《神品三人》中赞美颜真卿之字"点如坠石，画如夏云，钩如屈金，戈如发弩，纵横有象，低昂有态，自羲、献以来未有如公者也"。又，在《经进东坡文集事略》卷六十《杂著·书吴道子画后》中，苏轼说："诗至于杜子美，文至于韩退之，书至于颜鲁公，画至于吴道子，而古今之变天下之能事毕矣。"北宋人的这些称道，反映了颜体字在其时的社会影响是十分深广的。特别是仁宗朝宰相韩琦独好颜书，影响朝野上下的士人皆学颜字，这就造成了一种浓重的社会风气，而风气所被，必然影响到雕版印书的写样上版，于是北宋刻书的字体，多浑朴厚重，颇存颜字风韵。今天存世的北宋刻书虽然很少，但从北宋所刻释家大藏零种或单经中，还不难见到颜体字在刻书中的流

风余韵。此《妙法莲华经》，无论经文大字，还是注文小字，其字体皆仿颜书，而且仿得惟妙惟肖，几乎不爽毫厘，在宋代颜体仿刻中是不多见的。

综合以上道威撰序之年尚在北宋政和年间；主要施主林茂头衔仍是"杭州助教"，镌版刻字工人多为北宋末、南宋初杭州地区名工，北宋末帝钦宗赵桓名讳、南宋首帝高宗赵构名讳均不回避，版刻字体颇存颜字风韵等诸种要素，基本可以判定此经之刻尚在北宋末年。

中国古籍十二讲

后　记

书稿校订完毕，李先生坚持让我写一篇序，谈谈自己参与制作国图公开课"中国古籍十二讲"的心得体会。心想自己是晚生后辈，即使李先生抬爱，也不能厚颜为书稿作序。于是作后记一篇，缀于本书之后，以谢先生盛邀之美意。

早在2015年秋，我便听说李先生将于明年夏在国家图书馆举办古籍系列讲座。想着能亲临李先生讲座，并听其传授古籍知识，何其有幸！但当时只想着当一名忠实的听众，从没有将自己与讲座的制作联系起来。直至2016年四月底，突然接到李先生电话，说将于六月中旬至七月底举办"中国古籍十二讲"系列讲座，并让我负责幻灯片的制作。一听此言，自己既意外又惊喜，意外是没想到自己将要从讲座的听众变成讲座的制作者之一，惊喜是可以获得一次与先生深入交流并向先生集中学习的机会，于是爽快答应下来。

五月初，幻灯片的制作开始了。然而，制作过程却没有自己想象中那么简单。原本以为把李先生的讲义复制到幻灯片上，再调整字体和格式并使其美观，就可以了。但事实不然。国图公开课导演对幻灯片制作提出了两点要求：第一，图片要多，文字要少；第二，避免出现错误。于是自己不得不根据讲义内容寻找大量图片，并对获取的图片进行编辑和修饰。这还是次要的。占据幻灯片制作巨大工作量的是，核对讲义中的引文，以使引文准确无误。最后，再将图片和讲义合成，一讲幻灯片才算制作完成。同时，为了满足听众和李先生双方的需要，每一场讲座均做两套幻灯片。给听众看的幻灯片，图片多，文字少，以引发听众的兴趣；给李先生看的幻灯片,既有全部图片,又有全部文字,以使李先生更好地讲解。两套幻灯片在讲座现场同时播放。于是,十二场讲座办下来,自己实际做了24个幻灯片。还好,在整个讲座举办过程中国家图书馆领导以及国家古籍保护中心、古籍馆、社教部均给予大力支持,讲座总算圆满结束。

在整个幻灯片制作过程中,对于讲义的梳理亦是一项重要内容。讲义绝大部分是已经成型的文章,但也有一小部分需要梳理,如第九讲《明内府写本〈明解增和千家诗注〉》。按原来讲义"《明解增和千家诗注》的流转"一节,李先生引用了台北故宫博物院冯明珠女士的观点。即认为,国家图书馆所藏《明解增和千家诗注》下册早在20世纪20年代便入藏由中基会成立之北京图书馆。依据是该册首叶右下角钤有"北京图书馆藏"印记。但是,对于那枚印记,我还是比较熟悉的。由于参与编纂《国家图书馆藏善本古籍书志》的缘故,自己在2015年夏入馆后翻阅了上百种馆藏善本古籍。在这些古籍当中常常出现的印记便有此印。而此印显系新中国成立以后之北京图书馆古籍藏书印记,怎会钤在20世纪20年代"北京图书馆"的藏书上呢?因对冯女士的观点产生怀疑,并认为此册《明解增和千家诗注》是新中国成立以后入藏于当时的北京图书馆(今国家图书馆)。于是,将自己的想法告诉了李先生。当时李先生并没有对我的想法遽然加以肯定,而是慎重地拿出放大镜,将中基会所成立之北京图书馆藏书印记与新中国成立后北京图书馆之藏书印记排列一起,仔细对比,发现两枚印记虽然印文都是"北京图书馆藏",形状都是朱文方形,且大小都近乎一样,但二者之"图"字、"书"字、"馆"字、"藏"字均明显不一样。于是,李先生转而支持我的想法,但还不能就此便完全肯定。为了寻求更加可靠的证据,李先生又亲自调查国家图书馆古籍采购账本,从而查明此册《明解增和千家诗注》确实是1956年才入藏北京图书馆。由此,给该册《明解增和千家诗注》的流转做出比较可靠的交待。而两枚非常相似却又有着细微差异的"北京图书馆藏"印记的发现,也可以说是为国家图书馆古籍收藏史的研究做出一个小小的贡献。

讲座进行中,李先生有了此书的出版计划。于是在十二场讲座结束后,李先生和我将全部讲义合成一部书稿,插入图片,统一体例,并对全书通校,形成今日之

书稿。最后我想说，整部书稿是李先生几十年古籍版本鉴定与研究的成果。虽然全书仅有十二讲，但每一讲都饱含着李先生的心血和智慧。如书中所叙某些珍贵古籍的发现，看似轻而易举，实则是先生厚积薄发。以第五讲宋版《文苑英华》卷271—卷280一册在台北"中研院"史语所的发现为例。若不是有着丰富的版本鉴定经验、深厚的知识积累，以及对古籍研究现状的了解，恐怕难以单凭一张陈列室说明上的图版便发现台北遗珠宋版《文苑英华》，并一举结束当时学界对《文苑英华》存况的争论。总之，"'高山仰止，景行行止。'虽不能至，然心向往之"，我等当努力奋发向先生学习之。

定州芦婷婷谨记

2016年9月初识于国图

2017年9月再识于首师大

图书在版编目（CIP）数据

中国古籍十二讲 / 李致忠，芦婷婷著 .—北京：
北京联合出版公司 , 2018.8
ISBN 978-7-5596-0923-6

Ⅰ.①中… Ⅱ.①李…②芦… Ⅲ.①古籍研究
—中国 Ⅳ.① G256.22

中国版本图书馆 CIP 数据核字（2017）第 214855 号

中国古籍十二讲

责任编辑：张永奇
整体设计：李洪波
出版发行：北京联合出版有限责任公司 / 北京联合天畅发行公司
社　　址：北京市西城区德外大街 83 号楼 9 层
邮　　编：100088
电　　话：（010）64256863
印　　刷：北京旭丰源印刷技术有限公司
开　　本：787mm×1092mm　1/16
字　　数：225 千字
印　　张：14
版　　次：2018 年 10 月第 1 版
印　　次：2018 年 10 月第 1 次印刷
ISBN 978-7-5596-0923-6
定　　价：78.00元

文献分社出品
未经许可，不得以任何方式复制或抄袭本书部分或全部内容
版权所有，侵权必究